김성일 전작 장편소설

제국과 천국

上

차   례

스며드는 바람

유리처럼 푸른 지중해에 태양은 아직도 화사한 햇살을 쏟아붓고 있었다. 하얀 꼬리를 끌면서 이제 막 스파르타와 그레테 섬 사이를 지나 에게 해로 들어서는 상선 베스타 호의 치켜올린 돛에는 부풀어오르는 봄내음이 가득히 담겼고, 이따금씩 허공을 가르며 지나가는 물새의 날개에도 새파란 하늘이 묻어날 듯한 한낮이었다.

"좋은 날씨입니다, 도미누스."

우람한 체격의 사내로부터 도미누스(주인님)라고 불리어진 젊은이는 구름 한 점 없는 하늘을 힐끗 바라보더니 다시 고개를 숙이며 뭔가 생각에 잠기는 것이었다.

배가 에게 해로 들어서면서부터 흰 돛을 단 배들이 제법 보이고 있었다. 소아시아 반도와 헬라의 펠로폰네소스 반도가 서로 마주 잡으려는 듯 손가락을 펴고 있는 에게 해는 바로 동서교역의 통로였고 교차로였기 때문에 언제나 상선들의 왕래가 끊이지 않는 곳이었다.

"……벌써 6년이 지나간 셈이로군요."

우람한 체격의 사내는 젊은 주인의 옆얼굴을 훔쳐 보면서 짓궂게 이야기의 실마리를 잡아당기고 있었다. 과연 젊은 주인은 그 말을 듣고 고개를 들었다.

"그렇군, 헤스테네스. 우리가 에베소를 떠난 지도 벌써 6년이 되었어. 그때 나는 철없는 열일곱 살의 소년이었지……."

젊은이의 눈빛에 갑자기 생기가 돌기 시작했다. 그는 필경 열일곱 살 때쯤의 어떤 반짝거리는 기억들을 더듬어 내고 있음에 틀림없었다. 그러나 이번에는 헤스테네스라는 이름의 사내 쪽에서 오히려 젊은 주인의 관심을 제쳐두고 딴전을 피웠다.

"그렇습니다. 에베소 부두의 노예시장에서 주인님이 저를 사신 것은 바로 6년 전이었지요……."

헤스테네스의 짓궂은 버릇을 알고 있기라도 한 듯 젊은이는 자기가 찾아낸 기억의 끄나풀을 놓치지 않으려고 다시 그것을 향해 손을 뻗었다.

"에베소는 지금쯤 어떻게 변해 있을까……?"

주인의 관심이 에베소가 아닌 줄을 알면서도 헤스테네스는 천연덕스럽게 중얼거렸다.

"여전하겠지요……. 피온 산 기슭의 대극장에서는 유리피데스의 비극이 공연되고, 테트라고노스 시장에서는 세계 각국에서 몰려온 상인들이 식료품, 향료, 옷감에서부터 금은 보석, 도자기에 이르기까지 온갖 상품들을 팔고 사느라 정신들이 없을 테지요."

그의 말대로 에베소는 세계 무역의 중심지였다. 소아시아 반도를 흘러내려 에게 해로 들어가는 카이쿠스 강, 헤르무스 강, 메안데르 강들을 따라 아시아로부터 건너온 도로들이 줄줄이 기어드는 가운데서도 특히 페르시아 왕도와 사르디스 대로는 카이스테르 강 하구에 위치한 에베소를 종점으로 하고 있었다.

그래서 에베소에는 물자 뿐만이 아니라 각처에서 많은 사람들이 몰려들고 있었다. 상인들과 환전업자, 창고업자, 운수업자들은 물론이고 분쟁을 해결하기 위한 법률가, 대서업자에서부터 학자, 예술가에 이르기까지 수많은 사람들이 에베소로 몰려들고 있었던 것이다.

그래서 이 풍요로운 무역항 에베소에는 없는 것이 없었다. 시민들의 위락을 위한 극장, 경기장, 음악당, 체육관과 거대한 목욕탕이 있는가 하면 지식층들을 위한 도서관과 학교들도 있었고 심지어는 여행자들을 위한 여관과 유곽에 이르기까지 모든 것을 갖추고 있었던 것이다.

그래서 세계의 모든 여성들은 에베소에 한번 가보는 것이 소원이었다. 로마의 집정관 케사르가 죽자 안토니우스와 결혼했던 이집트의 여왕 클레오파트라 같은 여자는 수시로 그 남편 안토니우스와 함께 에베소에 들러 보석이며 화장품을 구입했을 정도이다.

에베소가 여성들로부터 동경의 대상이었기 때문에 전쟁이 일어나면 당연히 쟁탈의 대상물이 되었다. 본래 아마존 여인국의 소유였다고 하는 이 땅은 아테네의 왕자 안드로클레스에 의하여 점령된 이래 아테네에서 페르시아로 페르시아에서 다시 알렉산더에게로 그리고는 또 로마로 수없이 주인이 바뀌는 도시가 되었던 것이다.

그렇기 때문에 지금도 에베소는 여전히 여성들의 도시였다. 에베소를 다스리는 여신은 유방이 스물네 개나 달린 풍요의 여신 아르테미스였고, 에베소에서 거래되는 모든 사치품은 오로지 여성들을 위한 것이라 해도 과언이 아니었다. 페르시아도 그리고 이제 사상 최대의 제국 로마까지도 여성들의 향수 내음 속에 그늘이 지기 시작하고 있었던 것이다.

헤스테네스는 계속해서 중얼거리고 있었다.

"대경기장에서는 지금도 검투사들과 야수들이 피를 흘리며 죽어가고 있겠지요. 아르카니아네의 대광장에서는 지금도 학자들이 인생과 철학을 논하고 있을 것이며…… 푸르타네온에는 여전히 아르테미스의 성화가 불타고…… 크레테 가의 여학교에서는 가랑머리의 처녀들이 조잘거리며 몰려나와……."

바로 그 대목에서 젊은이는 헤스테네스의 말꼬리를 낚아채었다.

"맞았어, 드루시아나는 그때 여학교에 다니는 철부지였지."

겨우 기억의 실마리를 주인에게 쥐어 준 헤스테네스는 비로소 싱긋 웃으며 한가롭게 떠 있는 섬들을 바라보고 있었다. 그러나 아직도 그의 귀는 주인으로부터 건너올 다음 말을 향하여 열려 있는 것이었다.

"드루시아나는 지금쯤 어떻게 변해 있을까……?"

문득 하인의 눈 속에 물새의 그림자가 스쳐가고 있었다.

"……6년이란 정말 짧지 않은 세월이지요. 주인님 자신부터 이렇게 변하셨으니까……."

"내가 그렇게 많이 변했나?"

"생각해 보세요. 주인님이 기병대에 입대하셨던 그 때엔 겨우 열일곱 살의 소년이 아니셨습니까? 지금은 저 사투르니누스 반란 진압에 혁혁한 공을 세운 청년 장교이시고, 로마 제국 역사상 최초로 23세에 쿠아이스토르가 되신 마리우스 안드로니쿠스 재무관이십니다. 이제 곧 멀지 않아 원로원 의원과 행정관까지 거치시면 이 나라 최연소의 집정관 각하가 되실 수도 있는 것입니다. 도련님은 이제 로마의 샛별로 떠오르고 계시는 것입니다."

헤스테네스가 거기까지 말했을 때, 그의 젊은 주인 안드로니쿠스 재무관은 갑자기 긴장된 표정을 지으면서 주위를 살폈다.

"헤스테네스, 로마 제국의 방방곡곡에는 황제 폐하의 정보원이 깔려 있음을 잊으면 안돼."

그러자 헤스테네스 자신도 제 목소리가 너무 컸음을 깨달았는지 목을 움츠리며 주위를 살폈다. 그러나 젊은 주인은 아직도 크레테 가의 여학교 근처에서 서성거리고 싶은 모양이었다.

"그러니 드루시아나도 많이 변했겠지?"

"주인님, 사람이란 언제나 두 가지의 가능성 사이에서 살아갑니다."

"무슨 말이지……?"

"드루시아나 아가씨는 지금 둘 중의 하나가 되어 있을 것입니다."

"……?"

"아주 심보가 고약한 마녀가 되었거나……."

주인의 표정이 일그러지는 것을 바라보며 헤스테네스는 말을 이었다.

"……바람에도 산들거릴 만큼 예쁘고 상냥한 처녀가 되었거나."

주인의 눈이 다시 꿈을 꾸는 듯 파란 하늘을 바라보고 있었다.

"드루시아나는 아직도 나를 기억하고 있을까……?"

"에베소 제일가는 명문가의 안드로니쿠스 도련님을 어떻게 잊을 수가 있겠습니까? 드루시아나 뿐만 아니라 에베소의 모든 처녀들이 주인님을 잊지 못하고 있을 것입니다. 이제 주인님께서 에베소에 도착하시면…… 온 에베소 시내는 처녀들의 울음소리로 가득차게 되겠지요.”

“……?”

“그녀들은 이제 로마 제일의 신랑감을 드루시아나 아가씨에게 빼앗겨 버리게 될 터이니 말씀입니다.”

“과연 너는 예술적 감성이 풍부한 헬라 인의 혈통임을 어쩔 수가 없구나.”

“물론입니다, 주인님. 알렉산더가 요절하지만 않았더라도 헬라는 로마를 다스렸을 것이고, 아마도 저는 노예로 사들였던 마리우스 안드로니쿠스라는 청년을 몹시 사랑해서 자유인으로 해방시켜 주었을 것입니다.”

그러나 헤스테네스의 뼈있는 익살도 안드로니쿠스를 더 이상 즐겁게 하지는 못하고 있었다. 그는 조금 더 그늘진 얼굴로 바다를 바라보고 있었다.

“헤스테네스, 넌 무슨 말을 하고 있는 거냐? 로마 제국은 신의 뜻으로 건설된 나라인데…….”

실제로 로마 사람들은 그렇게 믿고 있었다. 케사르가 죽은 후 악티움 해전에서 안토니우스를 제압한 케사르의 양자 옥타비아누스는 사실상 로마 제국을 완성시켰다. 아프리카, 팔레스타인을 비롯해서 소아시아와 펠로폰네소스 반도, 그리고 갈리아와 에스파니아에 이르기까지 로마 제국의 영토는 병풍처럼 지중해를 둘러싸고 있었다. 늑대의 젖을 먹고 자랐다는 고아 로물루스가 제 동생 레무스를 죽이고 티베리스 강가의 일곱 언덕에 건설했다는 로마는 마침내 전 세계를 지배하게 되었고, 원로원 옥타비아누스에게 아우구스투스(존엄한자)라는 칭호를 얹어 주었다.

뿐만 아니라 아우구스투스는 로마의 아버지인 동시에 신으로 추대되었고, 달력의 제 8월에는 그의 이름이 붙여졌다. 로마의 고속도로는 전 세계를 향하여 뻗어갔고, 도로가 닿는 곳마다 로마식의 도시가 생기면서 경기장과 신전과 수도(水道)와 목욕탕이 건설되었다.

로마의 힘과 정치력은 가는 곳마다 나라들을 제압했고, 전쟁마다 승리로 이끌었다. 역사가 리비우스는 물이 낮은 곳으로 흐르듯이 로마는 이기게 되어 있다고 말했다.

헤스테네스는 어깨를 흠칫하며 주인을 바라 보았다.

"그렇습니다, 주인님. 로마는 영원한 지중해의 태양입니다. 주인님의 미간에 떠도는 그 수심만 없다면 말씀입니다."

그러나 아직도 안드로니쿠스의 낯빛은 좀처럼 밝아지지 않고 있는 것이었다. 헤스테네스는 다시 재치있게 말꼬리를 돌리고 있었다.

"이번 항해는 꽤 인상적인 셈입니다. 지금 베스타 호는 아테네를 지나 아르테미스의 에베소로 향하고 있지 않습니까?"

본래 베스타는 로마의 수호신인 화로의 여신 이름이었고, 아테네의 여신은 지혜를 담당한 아테나였던 것이다. 그리고 에베소의 수호신은 저 스물네 개의 유방이 달린 풍요의 여신 아르테미스였다. 헤스테네스의 이 상징적인 표현은 바로 로마 제국의 역사를 말하고 있는 것이었다.

본래 로마인들은 그 진취성과 강건함에도 불구하고 상상력이 부족하여 신들의 계보가 시원치 않았다. 그래서 그들은 모든 속주(屬州)의 신들을 영입하여 포용했다. 신들을 포용하는 것은 바로 속주를 무리없이 통치하는 데에도 큰 효과가 있었다. 그렇기 때문에 로마의 속주에는 가는 곳마다 온갖 신들이 백화점처럼 진열되고, 경배되고 있었다. 그러나 로마는 아테네의 지혜보다는 아르테미스의 풍요와 환락 쪽에 더 끌려가고 있는 중이었다. 마치 지금 베스타 호가 아테네를 지나쳐서 에베소로 가고 있는 것과 같은 것이었다. 안드로니쿠스도 헤스테네스가 말하고 있는 이야기의 뜻을 알았다는 듯이 고개를 끄덕이고 있었다. 헤스테네스의 수사학적인 연설은 계속 되었다.

"이제 지중해는 온통 여신들의 신전이 되었습니다. 덕분에 타의에 의해 통합된 로마의 유피테르와 희랍의 제우스는 여신들 틈바구니에서 난봉을 피우다가 녹초가 되어가고 있는 것이지요. 로마 제국은 이제 다시 아마존 여인국과 손을 잡아야 할 모양입니다. 하기야…… 처음부터 로마는 여자로부터 시작되었으니까요."

헤스테네스의 그 지적은 바로 사비네 전쟁을 말하고 있는 것이었다. 로물루스가 로마를 세우고 나서 벌인 최초의 전쟁은 바로 사비네 족으로부터 여자들을 납치해 오기 위한 전쟁이었던 것이다.

꼭 그것 때문만은 아니라 하더라도 지금의 로마는 여자들 때문에 몸살을 앓고 있는 것은 사실이었다.

속주로부터 많은 물자들이 수입되고, 곳곳에 즐비하게 들어선 아파트에는 수도가 들어가고 목욕탕이 들어갔다. 넓은 세계와 교역하고 교섭하기 위해 남자들은 날이 갈수록 바빠지는데 여자들은 점점 더 편해지고 한가해지기 시작했다. 여자들의 유행은 하루가 멀다는 듯 바뀌었고 로마의 남편들은 여자들의 끝없는 욕망을 채워주기 위해 헌신하였다.

여자들은 낮이면 원형경기장에서 잔혹한 격투를 구경하며 시간을 보냈고, 밤에는 끝없이 계속되는 파티에서 날을 새웠다. 어쩌다 집으로 돌아오면 더 좋은 옷과 더 좋은 보석을 구해오라며 남편들을 들볶았고 남편의 능력에 대한 불만은 마침내 로마의 여인들을 탈선의 광장으로 내몰기 시작했다. 의사들은 낙태수술로 떼돈을 벌었고, 티베리스 강은 내다버린 아기들의 시체로 가득차고 있었다.

안드로니쿠스가 결혼 상대로 로마의 명문가 처녀들을 마다하고 고향의 드루시아나를 점찍었던 것도 바로 그런 연유가 있었던 것이다. 물론 에베소의 여자들이라고 예외는 아니었다. 그러나 드루시아나는 에베소에서도 알아주는 학자의 집안 두란노 가의 처녀였던 것이다. 안드로니쿠스는 에베소를 떠난 후 6년 동안 피비린내 나는 전장에서도, 로마의 바쁜 나날 속에서도 그 야무진 소녀 드루시아나를 잠시도 잊어본 적이 없었다. 그리고 어느새 그는 이 세상에서 자기와 결혼할 수 있는 여자는 드루시아나밖에 없다고 단정해 버리게 되었던 것이었다.

"그러나 주인님, 너무 걱정 마십쇼. 로마의 강한 군대는 전 세계 위에 군림하고 로마의 유능한 정치력과 행정력은 대제국을 통치하는데 조금도 손색이 없습니다. 게다가 이제 로마는 마리우스 안드로니쿠스라는 새로운 영웅을 얻었지 않습니까?"

안드로니쿠스는 천천히 고개를 저으며 말했다.

"아니…… 네 말대로 로마의 철벽에는 어디서부턴가 구멍이 뚫리고 있다. ……어쩐지 수상한 느낌이 든단 말이야……. 어쩐지 불길한 바람이 스며들고 있는 것 같은 느낌이거든."

"그러나 주인님, 매번 아우구스투스 같은 영웅이 나올 수는 없지 않습니까? 그 동안 몇 번이고 무능한 황제가 임페리움을 휘둘렀지만 로마의 조직과 능력은 넉넉히 그것을 감당해 오지 않았습니까？”

임페리움이란 곧 황제의 통치 대권을 의미하는 것이다. 아우구스투스의 임 페리움을 물려 받았던 티베리우스는 원로원과 군대를 다루는 데 있어서 그의 양부였던 아우구스투스의 흉내만 내기에도 힘겨워서 허덕거리다가 죽었고, 그 다음 대의 칼리굴라는 정신이상자였으며 그가 암살된 뒤에 옹립된 클라우디 스는 여자들 틈바구니에서 놀아난 약골이었다. 결국 그는 자기의 네번째 아내 아그립피나에게 독살되었고, 그 뒤를 이은 것이 아그립피나의 전 남편 소생인 네로였다. 그리고 이 과대망상적 예술가는 로마에 불을 질러놓고 안티움의 별장에서 노래를 부르다가 마침내 원로원의 불신임을 받고 자살했던 것이다.

네로가 죽은 후의 로마는 어이없게도 무법천지가 되어버렸다. 근위군들의 지지를 업고 황제가 된 노령의 갈바는 마침내 자기를 지지하던 군대에 의해 살해됐고, 다시 그 자리가 에스파니아 지사 오토에게 돌아가자 라인 지역 사 령관 비텔리우스가 황제를 자칭하며 로마로 쳐들어왔다. 마침내 패전한 오토는 자살해버렸고, 원로원은 다시 비텔리우스를 황제로 승인할 수밖에 없었다.

바로 그 난국을 지켜보다가 드디어 로마의 임페리움에 도전하기 위해 일어 선 무서운 사나이가 있었다. 그가 바로 저 유대 지방의 사령관, 어린 아이의 울음도 그치게 하는 사내 플라비우스 베스파시아누스였던 것이다. 무서운 사내 베스파시아누스는 세무관리 플라비우스 사비누스와 누르시아 지역 사령관의 딸인 베스파시아폴라 사이에서 태어난 둘째 아들이었다. 늘 사이가 좋지 않은 부모들 때문에 그는 할머니 테르툴라의 손에서 자라났고, 어머니 쪽에 비해 혈통상 열세에 놓여 있었던 아버지 탓으로 그는 어려서부터 출세의 야망을 품고 있었다. 그도 역시 안드로니쿠스처럼 어려서부터 기병대에 입대하여 유 대와 이집트 등 변방근무를 거쳤고 25세에 재무관이 되었으며 29세에 조영관, 그리고 드디어 30세에는 프라이토르, 즉 행정관에 올랐던 것이다.

헤스테네스는 아직도 수심에 잠겨 있는 주인을 위로하려는 듯 말투를 부드 럽게 바꾸었다.

“로마의 조직력은 더러 무능한 지도자가 있었다 하더라도 제국을 통치할 수 있었습니다. 생각해 보십시오. 위대한 통치자 베스파시아누스가 나타난 것은 아우구스투스가 죽은 후 55년 만이지 않습니까？ 아니, 베스파시아누스는 이미 티베리우스 황제가 들어선 지 5년 되는 해에 태어나고 있었던 것입니다. 안심하십시오. 로마는 절대로 흔들리지 않습니다. 이제 로마에는 다시 에베소 출신의 마리우스 안드로니쿠스 재무관이 떠오르고 있는 것입니다.”

“헤스테네스…… 너는 지금 나를 베스파시아누스 황제와 비교하고 있는 거냐?”

“그렇습니다. 게다가 주인님께서는 지금 베스파시아누스보다 2년 빨리 재무관이 되셨습니다.”

“헤스테네스…… 난…….”

그는 천천히 고개를 젓고 있었다. 자기는 도저히 그 무서운 사내 베스파시아누스를 따라가기 어려울 것 같다는 뜻이었다.

무엇보다도 먼저 베스파시아누스에게 닥쳤던 위험은 그의 능력을 두려워한 집권층의 살의였다. 제일 처음 그를 죽이려고 계획했던 사람은 바로 네로의 모친 아그립피나였다. 그러나 그는 용케도 그녀의 칼날 같은 그물을 피해 다녔고, 오히려 그들 모자간의 사이가 벌어지게 하여 마침내 아들이 어머니를 죽이는 비극을 연출하였던 것이다.

아그립피나뿐 아니라 그 아들 네로도 역시 살인광이었다. 그는 자기 모친뿐 아니라 이복 동생 브리탄니쿠스, 자기 아내 옥타비아, 그리고 자기의 가정교사이며 동조자였던 세네카까지도 살해했으며 마치 유회하듯 정계의 거물들을 차례로 잡아 죽였다. 그러나 그런 와중에서도 베스파시아누스는 교묘하게 변방근무를 돌면서 네로의 시선을 피해 다녔던 것이다.

그러한 베스파시아누스의 무서운 성격을 설명하려면 무엇보다도 전쟁할 때에 사용하는 철저한 유린방법을 빼놓을 수 없었다. 소년시대로부터 기병대로 속주 전쟁에 참가해 온 그는 누구보다도 확실한 지배방법을 체득하고 있었다. 속주의 점령지는 일단 점령군이 지나가면 다시 풀처럼 고개를 드는 속성을 가지고 있었기 때문에 그것을 완전히 굴복시키려면 바로 그러한 유린방법이 필요했던 것이다.

그가 30대 초에 수행했던 갈리아 지방과 브리타니아 지방 원정에서의 철저한 승리가 그것을 말해 주고 있었다. 그의 군대가 가는 곳마다 철저한 약탈과 파괴가 뒤따랐고, 여자들은 능욕되었으며 남자들과 아이들은 학살되었다. 그리고 그 중에서 가장 완벽했던 것은 바로 유대의 예루살렘 유린이었던 것이다.

유대 지방에서 일어난 반란은 그것이 비록 끈질기게 저항하는 민족세력과 종교세력의 결탁에 의한 것이긴 했으나 로마 행정부의 통치력에 문제가 생겼다는 것을 암시하고 있는 것이었다. 칼리굴라, 클라우디우스, 네로 등 문제 있는 통치자들이 중앙정부에서 혼란을 야기하고 있는 동안에 속주의 총독들도 덩달아서 부패하게 된 것은 어쩔 수 없는 일이었다. 곳곳에서 행정력은 마비되고 수탈과 착취가 자행되니까 시기를 노리고 있던 저항세력들이 우후죽순처럼 들고 일어났던 것이다.

그러나 기병대 시절에 갈릴리 지역에 주둔해 본 적이 있는 베스파시아누스는 이 지역 사태의 심각성을 잘 알고 있었다.

로마 제국 내의 어느 속주보다도 통치가 까다로운 곳이 유대 지방이었다. 그들은 다른 속주의 백성들과 달라서 생활의 계율이 까다로웠고, 그들의 종교는 융통성이 없고 배타적이었다. 어느 총독도 그들이 가지고 있는 경전을 인정하지 않고서 그들을 통치할 수가 없었다. 물론 각국의 신들을 포용했던 로마 정부는 유대인들의 종교도 인정했고, 그 종교지도자들의 기관인 산헤드린 공회의 종교 재판권도 살려 두었었다.

그러나 어찌된 셈인지 유대인들은 로마에 대해서 만만치가 않았다. 그들은 자기들의 도시에 황제의 동상을 세우지 못하게 했고 자기들의 안식일에는 어느 누구도 일하는 것을 거부했다. 베스파시아누스는 그 만만치 않음을 처음부터 느끼고 있었다. 그가 체류하고 있을 당시만 해도 유대인들은 끈질기게 소위 메시아…… 구세주라는 것을 기다리고 있었다. 유대 백성들 가운데서 구세주가 나와 유대인들의 원한을 풀어주고 그가 세계를 통치하게 되리라는 꿈이었다.

베스파시아누스가 있었을 때에도 유대는 몇몇 사람의 메시아로 지목된 인물들이 나타났었다. 그 중 하나는 괴이한 가죽옷을 입고 광야로 떠도는 사람이었는데 그는 당시 속주 유대의 왕으로 임명되었던 헤롯 안디바의 비행을 비난하다가 체포되어 죽임을 당했다.

그 광야의 기이한 인물 요한이 죽은 후에도 유대에는 또 하나의 인물이 사람들 입에 오르내렸다. 그는 갈릴리 지방 나사렛 출신의 청년으로 예수라는 이름을 갖고 있었다. 그는 자기 고향에서 목수일을 하던 자로서 나중에 베스파시아누스가 전해 들은 바로는 오히려 유대의 종교지도자들로부터 이단자로 몰려 고발되어 유대 총독 본디오 빌라도에 의해 처형되었다는 것이었다.

어쨌든 이 메시아 출현에 대한 유대인들의 꿈은 베스파시아누스 쪽에서 볼 때 미신적인 것이기는 했으나 로마 정부에 대해서 두고두고 골칫거리가 될 만한 것이었다. 이제 그 메시아를 기다리다 못해 유대인들이 반란을 일으켰다 하더라도 그보다 더 중요한 것은 그들의 허망한 메시아 기대를 말살시켜 주는 것이었다.

그래서 아프리카의 집정관으로 있다가 네로의 진압명령을 받았을 때 그는 이 기회에 유대의 화근을 뿌리 뽑아야 되겠다고 생각하게 되었던 것이다.

작은 속주 유대의 반란을 진압하는 데 동원된 베스파시아누스의 병력은 무려 3개 군단 6만 명에 달하는 대군이었다.

베스파시아누스는 결코 서두르지 않았다. 그는 갈릴리의 변경부터 시작하여 유대의 도시들을 하나하나 이잡듯이 철저하게 짓밟기 시작했다.

시리아의 안디옥으로부터 병력을 발진시킨 베스파시아누스는 프톨레마이스에서 그의 장남 티투스와 합류하고 셉포리스를 거쳐 요타파타를 공략, 무능한 유대인 사령관 요세푸스를 생포한 다음 계속해서 남진했다. 그는 디베리아, 가말라, 야비아, 다불산 등을 차례로 점령하고 가다라 지역과 사마리아 지역을 짓밟은 다음 가이사랴와 얌니아를 유린하는 한편, 반란군의 본부인 욥바를 공략하여 해로를 차단시키고 나서도 곧장 예루살렘으로 들어가지 않고 다시 베뢰아 지역으로 우회하여 엠마오를 지나 여리고를 짓밟았다.

마치 작은 짐승을 잡아놓은 맹수가 그것을 대번에 물어뜯지 않고 차츰차츰 목을 조여가는 형국이었다. 이렇게 유대의 전역을 이잡듯이 뒤지면서 최후의 숨통을 끊으려고 예루살렘을 포위할 때까지 베스파시아누스는 무려 3년의 시간을 끌었다. 참으로 무서운 일이 예루살렘에서 일어나고 있었다. 사람들은 아귀가 되어 서로의 살을 베어먹고 자기들의 아이를 구워 먹었다. 마치 원형극장에서 검투사의 경기를 즐기듯 베스파시아누스는 유대인을 짓씹다가 이제 막 그 숨통을 물어뜯으려는 참에 네로가 죽었다. 로마로부터 권력쟁탈전의 소식이 들려오자 베스파시아누스는 아까운 구경거리를 아들 티투스에게 인계하고 로마로 돌아갔다.

베스파시아누스가 즉위한 다음 해 아우구스투스의 달 8월 28일, 유대인들의 달력으로 아빕월 9일에 유대진압군 사령관 티투스 장군은 그의 부친 베스파시아누스 황제에게 보고서를 썼다.

케사르 베스파시아누스 아우구스투스 황제 폐하

소직 티투스 플라비우스 사비누스 베스파시아누스 사령관은 오늘 황제 폐하의 모든 명령을 완수하였습니다. 예루살렘 신전은 흔적도 없이 파괴되었고, 성내에는 굶어 죽은 백성의 수가 약 1백10만이며 시체의 썩은 물이 강처럼 흐르고 있습니다. 쓸 만한 장정은 골라서 쇠사슬에 묶은 뒤 이집트 사역장으로 보냈으며 17세 미만의 생존자 약 9만 명은 각지의 노예시장으로 보내 팔도록 조치했습니다. 그리고 쓸모도 없어 보이는 자들은 모두 로마의 칼로 숨통을 끊었습니다. 이제 예루살렘에 살아 있는 자는 오직 로마 제국의 충성스런 병사들뿐입니다…….

갈릴리의 요타파타 성에서 베스파시아누스에게 붙잡힌 유대인 사령관 요세푸스는 그대로 로마까지 끌려가서 그의 극진한 대접을 받았다. 그는 황제의 측근에서 유대 멸망사를 집필하면서 이렇게 고백하였다.

……황제 폐하, 저는 유대인의 경전에 예언된 메시아가 꼭 유대인 속에서만 나타날 것으로 오해했습니다. 이제 와서 보니 저를 비롯한 유대인들의 안목이란 폐하의 거대한 세계관에 비해 얼마나 편협한 것이었나를 깨닫고 있습니다. 결국 유대인의 해방이란 로마 제국에 대항하는 것이 아니라 바로 로마의 자유로운 시민이 되는 것이며…… 유대인의 경전에서 예언한 메시아, 구세주야말로 전 세계를 평화 속에 지도하시는 베스파시아누스 황제 폐하뿐이시라는 것을 확신하고 있습니다…….

안드로니쿠스는 무겁게 고개를 가로 젓고 있었다.
"헤스테네스, 난…… 절대로 베스파시아누스가 될 수 없을 것 같애."
"그분의 통치력 말씀입니까. 아니면 그분의 냉혹함 말씀입니까?"
그는 여전히 고개를 젓고 있었다.

"양쪽 다야."

이탈리아로 진격해 들어간 베스파시아누스는 황제를 자칭하는 비텔리우스와 크레모나 시에서 마주쳤다. 베스파시아누스의 군대는 삽시간에 크레모나 시를 휩쓸었고, 4만 명의 장병이 시내 전역에서 약탈과 강간과 살육을 감행했다. 여전한 그의 수법대로 크레모나 시민은 어린 아이까지도 전멸되었다. 이 전쟁에서 비텔리우스는 살해되었고, 크레모나 약탈의 무서운 소문은 로마로 날아들어 갔다. 새파랗게 질린 원로원은 그에게 즉시 황제의 칭호를 부여하였고, 그는 황제의 직 외에도 감찰관, 집정관 직을 겸임하였다.

황제의 자리에 올라선 베스파시아누스가 제일 먼저 행한 업적은 제국 시민들의 관심을 통치자로부터 로마 제국으로 돌려놓은 것이었다.

그는 거대한 공무원 조직을 구성하고 군대조직을 정비하는 한편 로마 군대에 복역하는 모든 속주민에게 로마 시민권을 부여했다. 또한 많은 지방자치 시들과 속주 출신의 인재들을 원로원 의원으로 끌어들이고 원로원의 권위를 회복시켰으며 그는 또 야누스의 신전 자리에 세계 평화를 상징하는 거대한 건축물 '평화의 신전'을 세웠다. 그는 또 개인들이 불법으로 점유하고 있던 토지들을 모두 환수하는 한편 귀족의 가문을 2백에서 1천 가문으로 늘렸으며 전 세계 속주에서 대규모 건설공사를 시행하여 실업자들을 고용하였다.

원로원은 다시 그에게 대신관의 직위를 더해주고 국부 집정관의 존칭을 주었으며, 마침내 유대인 역사학자 요세푸스의 고백대로 세계의 평화를 수호하는 신으로 추대되었다. 그러나 베스파시아누스의 연설은 늘 겸손했다. 그는 로마 시민들에게 통치자를 존중하지 말고 로마 제국을 존중하라고 부탁했던 것이다.

이 평화의 수호신은 가벼운 열병에 걸려 그의 고향 사비네 지방에서 휴양하던 중 갑자기 의문의 독살을 당하였다. 40세가 되도록 황제가 되기를 기다려오던 그의 장남 티투스가 아버지를 독살했다는 소문이 파다하게 나돌았다.

그렇게 베스파시아누스가 즉위 10년 만에 죽고 티투스가 황제 위에 오른 지 꼭 두 달 만인 8월 24일, 마침내 역사상 대사건이 발생했다. 베수비우스 화산의 폭발로 대도시 폼페이가 통째로 화산재에 매몰되어 버린 엄청난 참사가 일어난 것이었다. 이 일로 인하여 유능한 군인이었던 티투스는 상당한 충격을 받았는지 전혀 딴 사람처럼 변해버렸다. 그는 제국 도처에 깔린 빈민들의 구제와 환자들의 진료사업에 전력하는 한편 정보정치를 철폐하고 정치범들을 사면하는 등 선정을 베풀려고 노력하였다. 그러나 그 다음 해가 되자 이번에는 로마에서 대화재가 발생하였고, 티투스는 이재민들의 구호에 힘쓰다가 갑자기 원인 모를 병으로 급사하고 말았다.

그리하여 티투스의 뒤를 이은 황제가 바로 티투스의 열두 살 아래인 지금의 도미티아누스였던 것이다. 본래 도미티아누스는 그의 아버지 베스파시아누스처럼 냉혹하지도 못하고 티투스처럼 유능하지도 못한 보통사람이었다. 그러한 그는 대베스파시아누스의 그늘과 엄청난 티투스의 인기에 가리워져서 좀처럼 인기를 끌지 못했다.

도미티아누스는 점점 의심 많은 사람이 되어 갔다. 티투스 치하에서 사라졌던 델라토르(정보원)들이 다시 설치기 시작했고 툭하면 원로원 의원들이 반역혐의로 체포 투옥되었다.

게다가 베스파시아누스 시절의 고용확대는 조금 나아지는 듯 싶었던 로마의 경제사정은 다시 악화되기 시작했다. 속주에서의 수탈과 착취로 큰 돈을 쥐게 된 지방 관리들이 귀국하기만 하면 농지와 과수원을 사들였다. 점점 농장은 대단위화했고, 땅을 팔아버린 농민들은 막연한 기대만을 안고 도시로 몰려들었다. 도시마다 이런 빈민들이 우글거렸다. 각지에서 잡아들인 전쟁노예들은 상당수를 투기장에서 소모하거나 대농장에 수용하는데도 걷잡을 수 없이 늘어나고 있었다. 그래서 로마는 그것을 구성하고 있는 귀족과 시민 이외에도 이들 빈민과 노예들, 그리고 각국에서 흘러들어온 유랑민들까지 합쳐서 또 하나의 세력을 형성해 가고 있었던 것이다.

"헤스테네스, 넌 나와 같이 있는 것이 불편하다고 생각되면 언제고 말해라. 네가 원하면 난 즉시 너를 해방시켜 줄 테니까."

"고마우신 말씀이로군요, 주인님. 그러나 주인님의 수입으로 아직도 스무 명의 노예를 충분히 거느릴 만하실 텐데 벌써 식구 줄일 궁리를 하십니까? 결혼도 하시기 전에 구두쇠부터 되시려는가 본데……."

안드로니쿠스의 재정 형편이 궁색하지 않은 것을 잘 알면서도 그런 말을 하는 것은 그의 빈정거리는 말투가 또 나타난 것이었다. 사실 안드로니쿠스는 지금 독신인데도 거느린 아랫사람이 노예인 헤스테네스 외에도 집사 1명, 비서

3명, 주치의사 1명, 경리담당 2명, 마부 2명, 잡역부 2명, 그리고 하녀 4명 등 16명에 이르고 있었다. 게다가 이번 여행은 황제의 특명을 겸하고 있었기 때문에 황제의 근위병 4명까지 그를 수행하고 있었던 것이다. 물론 그 근위병들은 재무관 안드로니쿠스를 보호하는 임무와 동시에 황제의 정보원으로서의 임무를 띠고 있는 것이었다.

"헤스테네스, 널 해방시켜 주겠다는 건 재정문제 때문이 아니고 제2의 스파르타쿠스를 예방하기 위해서야."

스파르타쿠스는 공화정시대에 7만 명의 노예를 이끌고 노예 반란을 주도했던 검투사의 이름이었다. 스파르타쿠스의 반란군은 집정관 크랏수스의 정부군에 의하여 진압되고 로마에서 카푸아에 이르는 도로변에는 사로잡힌 노예들을 처형한 6천 개의 십자가가 늘어서게 되었던 것이다.

"주인님, 적어도 이 헤스테네스는 검투사 따위들보다 덜 미련하지요. 로마 제국을 칼로 무찌를 수 없다는 것은 삼척동자도 다 아는 일이 아닙니까? 용기를 가지십쇼. 대로마 제국의 젊은 재무관께서 노예들 따위 때문에 겁을 먹어서야 되겠습니까?"

"헤스테네스, 너야말로 로마에 태어났으면 위대한 통치자가 될 뻔했구나."

"천만에요, 전 본래 앞에 나서기를 싫어한답니다. 그대신 지금 막 로마의 새 통치자를 길러내고 있는 중이지요. 어쨌든 주인님, 베스타와 아테네와 아르테미스 세 여신이 보호하고 있는 로마 제국에 대한 걱정일랑 신들에게 맡기시고 신혼의 단꿈이나 꾸시는게 어떻습니까?

"네 말이 맞는 것 같다. 지금 나는 얼빠진 노예 따위와 국사를 의논할 입장이 아닌 것 같다."

"그렇습니다. 지금은 신들의 합창이 들리는 4월입니다. 아름다운 드루시아나 아가씨의 꿈이나 꾸십시오."

"아폴리니우스가 제대로 중매를 섰을까……?"

안드로니쿠스는 자기보다 먼저 집사를 에베소에 보내면서 드루시아누스의 셋째 딸 드루시아나와 결혼하고 싶다는 것을 어머니에게 전하고 필요하다면 아폴리니우스 선생을 중매로 내세우는 것이 좋을 것 같다는 의견을 덧붙여 보냈을 뿐 아직 그쪽 집으로부터 승낙의 통첩을 받지 못한 상태였던 것이다.

사실 헤스테네스의 말대로 그는 에베소의 제일가는 가문 출신인데다가 모두들 장래가 촉망되는 청년이라 지목하고 있었으므로 당연히 두란노 가문에서는 승낙을 할 것으로 믿고 있었다. 더구나 제국 내에서도 유망한 대학자 아폴리니우스가 중매에 나선다면 적어도 에베소에는 거절할 사람이 없을 것이다.

"……만약 드루시아나 아가씨가 야심 있는 처녀라면 청혼을 받아들이지 않을 것입니다."

"무슨 소리지?"

"장래 로마 제국을 다스릴 마리우스 안드로니쿠스 재무관을 딱지 놓았다면 틀림없이 역사에 남을 터이니 말씀입니다."

"황제의 델라토르들을 조심하라고 했는데도."

"노예는 본래 자기 보호본능이 예민한 법입니다. 지금 우리 이야기를 엿듣는 것은 저 물새밖에 없습니다."

아닌게 아니라 물새 한 마리가 허공을 가르며 날아가고 있었다.

"도미티아누스 황제 폐하께서는 아직 물새 가문을 자기 통치 휘하에 넣지 못했거든요."

"무슨 말이야, 황제의 정보망은 날으는 새도 옭아넣을 수 있어."

"그런데도 안드로니쿠스 가문의 후계자는 이렇게 빠져나오고 있지 않습니까?"

역시 헤스테네스는 주인의 의도를 속속들이 꿰뚫고 있었던 것이다.

사상 최연소의 나이로 재무관이 되었을 때 안드로니쿠스는 황제 도미티아누스로부터 그의 일가 처녀와 결혼하지 않겠느냐는 제의를 받았던 것이었다. 그때 안드로니쿠스의 등에서는 식은땀이 흐르고 있었다. 황제의 인척과 결혼 권유를 받았다는 것은 자기가 그만큼 위험한 인물로 지목을 받았다는 의미였다. 실제로 역대의 폭군들은 자기와 가장 가까운 자들부터 차례차례로 묶어 두든가 제거하든가 했던 것이었다.

그는 자기도 모르게 고향에 정혼한 처녀가 있노라는 말로 황제의 제의를 완곡하게 사양했다. 어떻게 그런 묘책이 나왔는지 안드로니쿠스 자신도 놀랄 지경이었다. 어쨌든 그가 에베소의 처녀와 결혼할 것이라는 의중을 이야기했을 때 황제의 표정은 대번에 풀려버렸던 것이다. 아마도 황제는 이 젊은 표범이 주의해야 할 상대로 알았는데 뜻밖에도 촌놈이 아닌가 하고 판단했음에 틀림없었다.

누구나 야망을 가진 청년이라면 당연히 로마의 명문가와 인연을 맺어야 할 것이기 때문이었다.

"빠져나오는게 아니라 쫓겨가는 거야."

헤스테네스는 설레설레 고개를 흔들었다.

"역시 주인님께서는 한 수 높은 야심가이십니다. 이 헤스테네스의 예리한 안목을 아시면서도 잡아떼시는 걸 보면……."

"무얼 잡아뗀다는 말이냐?"

"제가 모르는 척 해두어야 주인님께 대한 예의가 되겠지요. 그러나 어쨌든 주인님께서는 위대한 통치자 베스파시아누스 황제를 쏙 빼 닮으셨습니다."

"내가 베스파시아누스를…… ?"

"그렇습니다. 베스파시아누스는 칼리굴라 이후로 연속된 난정시대에 계속해서 변방으로 떠돌았습니다. 그리하여 그는 아그립피나와 네로의 마수에서 벗어날 수가 있었던 것입니다. 더군다나……."

"더군다나…… ?"

"그렇습니다. 베스파시아누스와 결혼한 도미틸라는 결코 명문가의 출신이 아니었지요."

그로써 로마 제국의 역사에는 세 사람의 도미틸라가 기록되었다. 그중 먼저가 베스파시아누스의 아내 도미틸라요, 또 하나는 도미티아누스의 아내 도미틸라 그리고 세번째가 티투스의 딸이요, 도미티아누스의 질녀가 되는 플라비아 도미틸라였던 것이다.

"헤스테네스, 난 지금 호신의 방법으로 드루시아나와 결혼하려는 것이 아니야, 그런 말을 그녀가 듣게 되면 난 대번에 비신사적인 남자로 낙인찍힐 거야."

"그렇습니다, 주인님. 이건 바로 신들이 주인님을 보호하고 있다는 증거입니다. 주인님은 그저 어릴 때의 추억을 찾아 그 아가씨와 결혼하시겠다는 것이지만 결과적으로 그것은 베스파시아누스 황제와 비슷한 운명을 가지게 되신 것이지요."

"그러나 두란노의 가문도 무시당할 만한 가문은 아니란 걸 명심해 둬야 해."

"물론입니다. 과거보다 미래가 더 중요하지요. 도미틸라는 나중에 여신이 되었으니까요."

도미틸라가 여신이 된 데에는 또 나름대로 이유가 있었다. 도미티아누스는 그 능력과 자질에 있어서 열등감을 가지고 있었을 뿐만 아니라 그 혈통에 대해서도 의문을 가지고 있었다. 그것은 바로 그 형과의 나이 차이가 열두 해나 된다는 사실 때문이었다. 아무도 그것을 입에 담지 않았지만 그는 모든 사람들이 이 문제를 놓고 수군거리고 있는 것처럼 느끼고 있었다. 그는 자기 형보다 명석하지 못하고 훨씬 우유부단하고 못난 것처럼 인식하고 있었으며 같은 부모 사이에서 태어난 형제라면 그렇게 다를 수가 없다고 생각하는 것이었다. 그리고 만일 자기가 도미틸라 아닌 다른 여인에게서 태어난 자식이라면 그것이 자기의 지위를 위협하는 중대한 문제로 부각될 것이라 판단하였다.

이렇게 해서 도미티아누스는 로마 제국 백성들에게 황제 숭배를 명령하기 시작했다. 그의 부친 베스파시아누스는 통치자보다 로마 제국을 존중하라고 외쳤는데 이제 도미티아누스는 자기를 숭배하라고 요구했던 것이다. 그는 모든 제국 백성들에게 자기를 '도미누스 에 데우스' 즉 '주인이며 신'이라 부를 것을 명령했다. 도시마다 도미티아누스 사원이 건설되고 그의 거대한 입상이 세워졌으며 모든 백성들은 위대한 신 도미티아누스의 우상에 경배해야 했다.

뿐만 아니라 그는 모친 도미틸라를 여신으로 추대하여 자기가 그녀의 틀림없는 소생이라는 것을 증명하려 했고, 자기 아내의 이름마저도 도미틸라로 바꿔서 그 혈통의 정당성을 주장했던 것이다.

안드로니쿠스는 하인의 지혜에 감탄하며 고개를 끄덕이는 수밖에 없었다. 그가 만난 헬라 인들은 대부분이 그렇게 사려 깊고 슬기롭고 감수성이 풍부한 사람들이었던 것이다. 그러나 결국 그 헬라도 로마의 지배하에 들어갔다. 철학이나 지혜보다도 더 강한 것은 바로 로마의 용기와 힘이었던 것이다.

"헤스테네스, 나는 여신을 원하고 있는 것이 아니라 슬기로운 신부를 구하고 있는 거야."

"하지만…… 혹시 주인님께서는 너무 큰 도박을 하시는 게 아닐까요?"

"도박……?"

"도련님께서 기억하고 계시는 것은 드루시아나 아가씨의 어렸을 적 얼굴뿐입니다. 만약 그 아가씨가 들창코에 곰보가 되었더라도 결혼을 하실 작정입니까?"

"네 말대로 이 결혼이 신들의 뜻이라면 그런 걱정은 필요 없을 것이다."

"허기야 걱정할 필요는 없겠지요. 클라우디우스 황제도 네번째 아내인 아그립피나의 손에 죽었으니까……."

"너는 또 황제의 이야기를 입에 담는 거냐?"

"염려마시라니까요. 제 육감과 제 입에는 안전하게 연결장치가 되어 있으니까……."

그렇게 큰소리치던 헤스테네스가 아닌게 아니라 갑자기 입을 다물었다. 안드로니쿠스가 고개를 들어보니 헤스테네스의 뒤쪽에 수상한 늙은이 하나가 뱃전을 의지하고 서서 바다를 내다보고 있었다.

안드로니쿠스는 천천히 발걸음을 옮겨 늙은이 쪽으로 다가갔다. 그가 다가서고 있는 것도 느끼지 못하는 듯 늙은이는 그냥 바다만을 바라보고 있었다. 안드로니쿠스 쪽에서 헛기침을 했다.

"노인께서는 어느 쪽으로 여행 중이십니까?"

늙은이는 그제서야 고개를 돌려 이쪽을 바라보는 것이었다.

"아…… 저 말씀입니까?"

"그렇습니다. 몹시 적적해 보이는 것 같아서 말을 걸었습니다만……. 노인께서도 에베소로 가시는 길입니까?"

그러자 늙은이는 안드로니쿠스의 행색을 잠깐 살펴보더니 조심스럽게 입을 열었다.

"네…… 에베소로 가는 길입니다."

"에베소가 고향이십니까?"

"……?"

그는 더욱 수상하다는 듯이 대답을 망설이고 있었다. 안드로니쿠스는 그제야 알겠다는 듯 자기 소개를 했다.

"이거 대단히 실례를 했습니다. 제 이름은 마리우스 안드로니쿠스이고 본래 에베소 출신입니다.”

늙은이는 눈빛이 조금 부드러워지며 고개를 끄덕거리고 있었다.

“어쩐지 비범한 분이라 생각했더니 바로 에베소 제일 가문의 후계자이시군요. 사상 최초로 법정 연령 이전에 재무관이 되신 분…….”

그는 뜻밖에도 안드로니쿠스 자신에 대해서 꽤 자세히 알고 있었다.

“어떻게 노인께서 저를 아시지요?”

“실은 저도 에베소 사람이올시다……. 에베소를 떠난 지가 오래되기는 했습니다만 댁의 가문은 워낙 유명해서 기억을 하고 있습지요. 게다가 재무관께서는 로마에서도 소문난 인물이시니까…….”

안드로니쿠스는 낭패한 표정으로 어깨를 치켜올렸다. 그 자신은 자꾸만 스스로를 숨기려 하는데도 로마 사람들의 입방아가 그를 놓아주지 않는 것 같았다. 너무나 앞서버린 전차경기의 선두주자처럼 그는 두려움을 느끼고 있었다. 그는 계속해서 늙은이의 정체를 캐들어 갔다.

“에베소를 떠나신 지는 얼마나 되셨나요?”

“글쎄요…….”

바다를 내다보는 늙은이의 시선 속에 한동안 지난 세월들이 흘러가고 있었다. 그는 눈을 껌뻑거리면서 말했다.

“하도 오래되어서 가물가물 합니다만…… 네로 황제 때의 로마 대화재가 있기 직전이었으니까 벌써 삼십 년도 넘은 것 같습니다.”

“저런…… 정말 오래간 만의 귀향이시군요. 그 이후론 주욱 로마에 계셨습니까?”

“웬걸요, 퍽 여러 곳을 떠돌아 다녔답니다. 사람이란 그저 고향을 떠나기만 하면 다 나그네지요. 아…… 제 이름을 알려드리지 않았군요. 전 두기고라고 합니다. 희랍어로는 우연이라는 뜻이지요. 이름이 그래서인지 제게는 참 우연한 만남들이 많았습니다. 오늘 이렇게 또 나그네길에서 안드로니쿠스 재무관님을 만나게 된 것도 그런 일들 중의 하나인 것 같군요…….”

안드로니쿠스의 얼굴에는 비로소 의심의 표정이 가시고 있었다. 아무래도 그 두기고라는 늙은이가 자기와 헤스테네스의 대화를 엿듣기 위하여 다가온 사람은 아닌 것 같았다. 그것은 아마도 그의 이름이 지닌 낭만적인 의미와 30

여 년 나그네길의 주름살들이 깊게 접혀져 있는 그 적막한 모습 때문인지도 몰랐다. 풍상 속에 서 있는 고목처럼 그의 온몸에는 거대한 평안이 충만해 있는 것 같았다.

"그렇게 세상을 돌아다녀 보시니까 어떻던가요?"

"세상이란 보는 사람 형편에 따라 달라지는 것이지요. 재무관님처럼 젊음과 야망 속에 사시는 분은 세상이 가질 만한 것으로 가득찬 큰 무대처럼 느껴질 테고 저같이 고달픈 인생을 살아온 사람에게는 그저 잠시 쉬었다 가는 장막일 뿐이지요."

그러자 뒤에 서서 이쪽을 바라보고 있던 헤스테네스가 두 사람 사이에 끼어들었다.

"에베소를 떠나신 지 30년이나 되셨다면…… 지금 그곳에는 누군가 친척이라도 살고 계십니까……?"

두기고는 고개를 가로저었다.

"아마도 없을 것입니다. 그저 막연히 옛날에 사귀던 친구들이라도 남아 있지 않을까 해서 한번 고향을 찾아가 보려는 것이지요."

"그러면 가족들은 모두 로마에 계십니까?"

그는 역시 고개를 젓고 있었다.

"가족도 없습니다. 저는 그저 이렇게 홀가분한 독신이지요."

"그러면…… 처음부터 결혼도 하시지 않은 채……."

다시 두기고의 눈에 흘러간 세월들이 지나가고 있었다.

"아내가 있기는 있었습니다. 하지만 이상한 방랑벽이 있어서 늘 아내를 내버려둔 채 떠돌아 다니기만 했으니 그 사람인들 배겨날 재간이 없었겠지요……."

안드로니쿠스는 더 이상 그의 아픈 곳을 건드리고 싶지 않아서 헤스테네스에게 그만 두라고 눈짓을 했다. 물론 안드로니쿠스는 자기 하인의 심경을 잘 알고 있었다. 나서부터 고아로 자라난 그는 나이가 지긋한 헬라 사람만 만나면 혹시 제 핏줄을 만날 수 있을까 해서 이리 저리 캐묻곤 하는 것이었다. 안드로니쿠스 쪽에서 다시 화제를 잡았다.

"노인께서는…… 로마에 대해 어떻게 생각하십니까?"

“……?”

두기고는 그의 질문 내용을 얼른 알아듣기 어렵다는 듯 머리 속에서 그것을 음미하고 있는 것 같았다.

“나와 내 하인은 조금 전에도 그런 이야기를 하고 있었습니다만…… 로마를 건설한 로물루스는 로마의 건설이 신의 뜻이었다고 말했습니다. 지금 로마는 세계를 지배하고 로마의 행정력은 팍스 로마나, 즉 로마의 평화를 관리하고 있습니다. 여러 곳을 돌아다니셨다니까 묻는 말씀인데…… 팍스 로마나에 대한 노인의 인식은 어떤 것입니까?”

“그것은 로마의 재무관으로서 묻고 계시는 겁니까, 아니면 개인적인 질문이십니까?”

“물론 여기는 세나투스(원로원)도 아니고 코미타아 캔투리아타(민중회의)도 아니고 페티알리스(재관단)도 아니니 개인적인 질문입니다. 노인께서는 그런 질문에서도 로마의 압력을 느끼십니까?”

“……그렇습니다. 본래 로마라는 이름은 헬라어로 야수의 힘을 의미합니다. 로마의 힘은 강대하고 로마의 애국심은 열렬하고 로마의 행정력은 치밀하므로 아무도 팍스 로마나에 이의를 말할 수가 없는 것입니다. 로마의 개인들은 끊임없이 자신을 로마 제국 안으로 밀어넣어야 하지요. 그렇기 때문에 재무관님께서 로마에 대한 인식을 물으셨을 때 주저했던 것입니다.”

“노인께서는 팍스 로마나의 그늘 아래서 만족하고 계십니까? 그 만족이 영원히 계속되리라고 생각하십니까?”

“또 어려운 것을 물으시는군요. 그러나 전 이제 살 만큼 산 사람이니 재무관님의 물음에 정직하게 대답해 드릴 수 있을 것 같습니다……. 로마는 강하고 큽니다. 누구도 그 힘을 꺾을 수가 없습니다. 그러나…….”

“그러나……?”

“과연 팍스 로마나가 사람들의 모든 것을 해결해 주고 있는 것입니까? 재무관님은 지금 어떠십니까? 혹시 어떤 어렴풋한 소망, 팍스 로마나에 결코 포함되어 있지 않는 무엇인가를 원하고 계시지는 않습니까? 만일에 사람들이…… 팍스 로마나를 다 주고라도 바꾸고 싶은 무엇인가를 원하게 된다면…… 로마 제국은 껍질만으로 무장한 허수아비가 될 것입니다.”

안드로니쿠스의 눈에 의혹의 빛이 스쳐 지나가고 있었다.
"그런 것이 있을 수 있을까요? 그것은 무엇이겠습니까?"
두기고 노인은 입을 다물었다. 그의 눈에는 파란 지중해가 가득 고이기 시
작하고 있었다.

낯선 사람들

베스타 호의 모든 승객들은 갑판으로 몰려나와 저녁 햇살을 받아서 아름답게 빛나는 에베소를 바라보며 넋을 잃고 있었다. 누군가 신음하듯 중얼거렸다.

"오오, 아름다운 아르테미스의 보석이여……."

황금으로 물든 에베소 항구의 한가운데에는 부드러운 이오니아 양식의 기둥들로 구성된 항구 기념문의 아름다운 자태가 서 있었고, 그 뒤로는 넓고 곧게 뻗어간 항구 대로(大路)가 에베소 시의 한복판을 가로지르면서 부채꼴 모양으로 펼쳐져 있는 대극장을 향하여 뻗고 있었다. 66층의 계단식 좌석에 2만 4천 명을 수용할 수 있는 그 대극장을 감싸 안으면서 여인의 유방처럼 부드럽게 솟아오른 피온 산도 저녁 햇살을 가득히 머금고 있었다.

"앗! 아르테미스 여신이 나오고 있습니다!"

누군가가 그렇게 소리치자 모두들 고개를 뽑으며 항구 쪽을 살폈다.

"어디, 어디?"

"저걸 보세요, 대극장 오른쪽 길에서부터 나오고 있어요!"

그들이 우선 알아본 것은 대극장 쪽으로부터 몰려나오는 인파였다. 수많은 사람들이 길을 메우기 시작했고, 인파는 또 꽃과 나뭇잎들로 뒤덮이고 있었다.

"우리는 운이 좋군요. 아르테미스의 봄 축제에 도착했어요!"

그 넓은 항구 대로를 가득히 메우면서 인파는 점점 항구 쪽으로 이동하고 있었다. 그리하여 베스타 호가 부두에 닻을 내린 것과 축제의 인파가 항구 기념문을 통과한 것은 거의 같은 시각이었다. 기념문의 세 출구, 직선형의 중앙문과 아치형의 좌우 문을 통하여 사람들이 물밀듯이 쏟아져 나오고 있었다.

워낙 부두가 소란스러웠기 때문에 안드로니쿠스와 헤스테네스는 아직 하선할 생각을 못하고 뱃전에 서 있었다. 그리고 축제 구경을 하려면 오히려 배 위에 있는 편이 더 좋았기 때문에 그들은 배 위에서 부두를 내려다 보고 있었던 것이다.

드디어 꽃과 나뭇잎으로 둘러싸인 아르테미스의 여신상이 중앙문을 통과하기 시작했다. 맨 앞에는 흰옷을 입은 대제관이 섰고, 그 뒤로 남자 제관들이 신상을 호위하며 걸어나왔다. 모두들 제 손으로 자기 불알을 잘라 아르테미스 제단 아래 묻어버린 여신의 호위병들이었다. 그리고 그 뒤로는 역시 흰옷을 입은 여제관들이 따라 나오고 있었다. 평생을 동정으로 보내야 하는 여제관들의 수는 아르테미스의 유방 수와 같은 스물넷이었다.

본래 이 봄의 축제 행렬은 피온 산 뒤쪽 늪지에 있는 아르테미스 신전에서부터 시작하는 것이었다. 신전으로부터 나와 열광하는 군중들의 행렬에 앞장선 아르테미스 여신상은 에베소 시를 동쪽에서부터 접어들어 마그네시아 문을 통해 입성하고 동방체육관과 테트라고노스 시장을 거쳐 음악당 앞을 지나 에베소 시청 앞에 이르게 되어 있었다. 이 에베소 시청 안에는 또 하나의 아르테미스 여신상이 밖을 내다보고 서 있었는데 두 개의 여신상 사이에서 군중의 열광이 절정에 달하면 에베소 총독이 관저에서 나와 여신에게 경의를 표하게 되어 있었다. 총독의 인사를 받은 여신은 다시 움직이기 시작하여 크레테 가를 지나 도서관 앞을 거쳐 에베소 광장에 이르고 에베소 광장 앞에서 왼쪽으로 방향을 틀어 항구 대로에 들어서게 되는 것이었다. 여신이 항구 대로를 지나 부두에 이르면 드디어 소들의 희생 제사와 축제가 벌어지고, 축제가 끝나면 행렬은 다시 대극장 쪽으로 들어가다가 대극장 앞에서 왼쪽으로 꺾어져서 대경기장을 지나 코레소스 문을 통과하게 되어 있었다. 여신상이 코레소스 문을 통과하여 피온 산의 서쪽 기슭을 돌아 다시 북행하여 신전에 도착했을 때 이 봄날의 소란스러운 축제는 끝나게 되는 것이었다.

"보세요, 드디어 피의 제사가 시작됩니다!"

헤스테네스가 손가락으로 가리키는 쪽에는 많은 수의 소들이 보였다. 소들은 가로 세로로 엮어진 통나무들 사이에 꼼짝 못하도록 묶여져 있었다. 그 소들이 모두 아르테미스에게 바쳐지는 황소들이고 그 수가 스물네 마리라는 것까지도 안드로니쿠스는 다 알고 있었다.

이윽고 소들의 다급한 비명이 울리기 시작하고 군중은 열광적인 함성들을 터뜨리기 시작했다. 지금 막 남자 제관들이 날카로운 칼로 소들의 불알을 자르기 시작한 것이었다. 핏빛의 함성이 터지는 가운데 잘려진 소의 불알들은 향유에 씻겨지고 노끈에 꿰어져서 아르테미스의 목에 걸리기 시작했다.

마침내 스물네 마리 황소의 불알들이 모두 여신의 목에 걸리자 터질 듯이 일렁거리는 음악에 따라 벌거벗은 무희들의 춤이 시작되었다. 고기를 굽기 위하여 마련된 제단에는 불길이 타오르고, 사타구니에서 선혈을 흘리는 소들이 차례로 도살되어 제단 위에 올려졌다.

이내 고기 타는 냄새가 부두 가득히 피어오르고 그것은 또 바다를 향하여 흘러나가는 것이었다.

"주인님!"

헤스테네스가 젊은 주인의 팔을 잡아당겼다. 고개를 돌린 안드로니쿠스 앞에는 군복 차림의 젊은 장교 하나가 군대식의 경례를 하고 있었다. 그는 씩씩한 음성으로 말했다.

"고향에 돌아오신 것을 환영합니다, 마리우스 안드로니쿠스 재무관님! 총독 각하의 명령을 받고 재무관님의 일행을 마중하러 나왔습니다. 보시다시피 에베소는 지금 축제로 인하여 매우 소란합니다."

장교의 뒤로부터 안드로니쿠스의 집사인 루키우스가 한걸음 나서서 인사를 했다.

"먼길에 오시느라고 수고하셨습니다."

"아……."

안드로니쿠스는 총독의 부하보다도 집사가 더 반가웠지만 여러 사람이 있는 데서 드루시아나에 관한 일을 물어볼 수도 없는 터이라 장교를 향해 말했다.

"이렇게 나와 주어서 고맙군. 자, 그럼 모두 하선하도록 하지."

장교가 데리고 온 여섯 명의 군인들이 사람들을 제치며 길을 열고 있었다. 주인을 따라 하선하려던 헤스테네스는 문득 아직도 뱃전에 서서 무엇인가 바라보고 있는 두기고 노인을 보았다. 그는 축제가 벌어지고 있는 쪽에는 관심도 없는 듯 항구 오른편에 있는 아스튜아게스 언덕 위의 망대를 물끄러미 바라보고 있는 것이었다. 몇 발자국을 더 걷다가 한번 더 노인에게 눈을 주었던 헤스테네스는 흠칫 하고 놀랐다. 그 노인은 언덕 위의 망대를 바라보며 눈물을 주르르 흘리고 있었던 것이다.

배에서 내린 일행은 피비린내와 고기 타는 냄새가 자욱한 부두의 광장을 가로질러서 항구 기념문을 지났다. 군인들은 이미 기념문 뒤쪽에 그들이 탈 말들을 대기시켜 놓고 있었다.

안드로니쿠스와 집사 루키우스, 로마에서부터 따라온 비서관과 주치의사, 그리고 총독이 보낸 장교가 말에 올라 탔고 헤스테네스와 다른 일행들은 도보로 뒤를 따랐다. 길 양편에 늘어선 열주(列柱) 위에는 로마와 헬라의 유명한 영웅 또는 학자들의 입상이 그들의 행렬을 내려다보고 있었다.

대리석으로 화려하게 포장된 항구 대로의 양쪽으로는 각종 호화 점포가 줄지어 있었고, 흰색, 회색 또는 연한 갈색의 대리석 기둥들로 이어지는 주랑(柱廊)에는 각각 50개의 등대가 멧돼지의 입상에 이르기까지 늘어서 있었다. 이 멧돼지는 에베소의 창설자 안드로클레스가 이 지역에 이르렀을 때 나타나서 그를 안내한 짐승이었다.

또 길 양편으로는 많은 사람들이 놀이판마다 둘러서서 도박에 열중하고 있었다. 이 항구 대로의 대리석 길바닥에는 아예 처음부터 도박을 위한 놀이판이 새겨져 있었던 것이다. 사람들은 둥그런 수레 모양 또는 사각형의 창틀 모양으로 새겨져 있는 놀이판을 둘러싸고 게임을 하고 있었다. 가끔씩 그들 가운데서는 환성이 터져나오기도 하고, 욕설이 튀어나오기도 하는 것이었다.

대로의 왼쪽에는 또 항구 체육관과 목욕탕이 있었다. 본래 신사의 정신을 중요시하는 로마의 시민들은 그 육체를 강건하게 가꾸며 청결하게 유지하도록 되어 있어서 가는 곳마다 체육관과 목욕탕을 세웠다. 뿐만 아니라 지배 계층이 늘어나고 직접적인 노동보다는 무역, 유통, 금융 등 주로 사무직에 종사하는 인구가 급속도로 늘어나는 데 비해 오히려 식생활은 육식을 중심으로 한 영양과잉의 상태가 되어갔기 때문에 비만해지는 자가 늘어가고 있어서 운동시설과 목욕시설은 필수적이었던 것이다. 그렇게 모든 사람들이 건강관리에 신경을 쓰는 데도 불구하고 로마 백성들의 기질은 점점 난폭해지고 잔인해져 갔다. 그래서 또 도시마다 대형 경기장이 늘어나고 검투사의 경기가 끊임없이 열리는 것이었다.

에베소에만 해도 여러 개의 대형 체육관과 목욕탕이 있었지만 특히 이 항구 체육관과 목욕탕은 초호화판의 시설이었다. 체육관에는 수천 명을 수용할 수 있는 실내경기 시설과 각종 육체단련을 위한 운동기구들이 완비되어 있었고, 대리석의 실내에는 호화로운 벽화와 조각들이 가득차서 마치 궁전을 연상할 정도였으며 운동을 끝낸 사람들은 바로 옆에 연결되어 있는 목욕탕으로 이동할 수 있도록 되어 있었다. 목욕탕 역시 대리석 건물로 되어 위로부터는 화사한 태양 광선을 그대로 받아들일 수 있도록 설계되고 욕탕은 온도에 따라 테피다리움, 칼다리움, 수다토이움 등 세 종류로 나뉘어져서 마음대로 바꿔 들어갈 수가 있었다. 이 목욕탕의 가장 멋진 특징은 목욕을 하면서 아름다운 에베소 항구를 내다볼 수 있도록 설계되어 있다는 것이었다. 손님은 각종 광석, 대리석, 목재, 식료품들을 에베소로 실어 들이는 화물선들의 모습이며 노예시장에서 매매되는 건강한 모습의 남자 노예와 아름다운 자태의 여자 노예들을 감상하며 목욕을 즐기게 되어 있었던 것이다.

또 이 목욕탕은 넓은 휴게실, 갱의실은 물론이고 휴게 중에 벗은 몸으로 회의를 할 수 있는 회의실, 독서실, 화랑까지도 완벽하게 갖추고 있어 시민 문화생활의 중심이었고, 정치가, 학자, 예술가에서부터 공무원, 실업가, 은행가 그리고 에베소를 찾아오는 모든 여행자에 이르기까지 수많은 사람들이 이곳에 들르고 있었다.

인간이 원하는 모든 것을 갖추고 있는 에베소 중에서도 이 항구 대로는 그 중심이었고 온 세계 여성들이 걷고 싶어하는 꿈의 거리였다.

여러 명의 수행원들을 거느리고 군대의 호위까지 받으면서 입성하는 안드로니쿠스의 일행을 바라보면서 시민들은 서로 수군거리고 있었다. 그들 중에는 안드로니쿠스 가문의 젊은 후계자를 알아보는지 웃으며 손을 흔드는 자들도 보였다.

루키우스 집사의 말이 다가서자 그는 물었다.

"어머님은 안녕하신가?"

"네, 아드님이 오신다는 말씀을 듣고 요즘 건강이 매우 좋아지셨습니다."

대로 끝에 마주 보이는 에베소 극장은 가까이 갈수록 더욱 장엄한 모습으로 다가서고 있었다. 하늘을 향하여 팔을 벌린 듯한 이 야외극장의 조형은 그대로 로마 제국의 웅대한 이상을 주장하고 있는 것 같았다.

그들이 극장 가까이에 이르자 왼편 로마 광장의 입구에는 대로마 제국의 위대한 통치자 옥타비아누스와 베스파시아누스의 입상이 거대한 대리석 기둥 위에 서 있는 것이 보였다.

안드로니쿠스는 그 두 개의 입상을 향하여 로마식의 군례로 경의를 표하면서 다시 루키우스에게 물었다.

"에베소의 분위기가 어떤가?"

"평온합니다. 로마 제국의 위엄이 온 도시에 충만해 있습니다. 시민들은 모두 사업에 열중하고 있으며 매우 높은 교육열 때문에 훌륭한 교사들이 좋은 대접을 받고 있습니다."

그들의 뒤를 도보로 따라 걸으며 하인 헤스테네스는 입가에 냉소를 흘리고 있었다. 로마 사람들이 교육에 열을 올리는 것은 옛날 헬라 인들처럼 진리에 대한 탐구열 때문이 아니었던 것이다. 농장이 대영화되고 물자의 교역이 많아지면서 직접 생산자가 아닌 상인, 금융업, 유통업 등 지식 산업이 늘어나게 되고 결국 사람마다 너도나도 이 분야에 몰려들었기 때문에 경쟁이 심해질 수밖에 없었다.

결국 로마사람들은 자식을 출세시키기 위해 또는 막일을 하지 않고 편하게 살도록 해주기 위해 막대한 교육비를 투자하고 있었다. 정규의 학교는 물론이고 그 밖에도 여러 명의 전문적 가정교사가 따라 붙는 게 예사였다. 그렇게 치열한 공부 중에서도 유독 철학만이 제외되었는데 그들에게는 헬라 인들이 추구하는 철학보다는 좀더 현실적인 법률학, 회계학, 정치학 그리고 상류사회 생활에 필요한 무예, 체육, 음악 등과 잡학적인 지식들이 집중적으로 필요하게 되었던 것이다.

그래서 자녀들에 대한 엄청난 교육비 때문에 로마 사람들은 더욱 산아제한을 할 수밖에 없었다. 쾌락의 결과가 아닌 정상적 부부의 아기들까지도 마구 티베리스 강에 버려졌다. 로마 시민들은 누구나 한번쯤 아기를 버린 기억을 가지고 있을 정도였던 것이다.

에베소도 이런 이상 교육의 열풍권에서 벗어나는 곳이 아니었다. 그렇기 때문에 헤스테네스는 루키우스 집사가 에베소의 교육열에 대해서 이야기 했을 때 쓴웃음을 참을 수가 없었던 것이다.

그들이 극장 앞에 이르러 경기장 쪽으로부터 가로질러 온 대리석 도로를 따라 오른쪽으로 돌고 있을 때 헤스테네스는 문득 뒤를 돌아보다가 어슬렁거리며 걸어오고 있는 한 사람을 발견하고 다시 긴장된 표정이 되었다.

어깨를 구부정히 한 채 길가의 상점들을 기웃거리며 걸어오고 있는 늙은이…… 그는 바로 베스타 호의 갑판에서 만났던 두기고라는 사람이었던 것이다. 그는 어디서 났는지 물고기 한 마리를 노끈에 꿰어서 손에 들었고, 어깨에는 짐보따리 하나를 둘러메고 있었다.

그는 지금 누군가를 찾고 있는 것 같지도 않았고, 어딘가 갈 곳이 있는 사람 같지도 않았다. 그는 꼭 유령과 같은 모습으로 상점들을 기웃거리다가 망연히 저녁 하늘을 바라보기도 하는 것이었다.

(……30년 만에 고향에 돌아온다는 에베소 사람!)

다시 시선을 거두고 계속해서 걸으면서도 왜 그런지 헤스테네스의 머리 속에는 그 노인의 모습이 지워지지 않고 있었다.

(……팍스 로마나를 다 주고라도 바꾸고 싶은 무엇인가가 있을지도 모른다……. 그 노인은 그렇게 말했었지. 뭔가 뼈가 있는 말이었어!)

일행은 화려한 대리석 도로를 지나 에베소의 중심가인 크레테 가로 들어섰다. 길 양편으로는 화려한 상점들이 즐비하였고 3층, 4층의 건물들과 연립주택들이 숲을 이루고 있었다. 도로 북쪽의 언덕에는 에베소 상류 계층들의 호화

저택들이 저녁 햇살을 받아 황금빛으로 빛나고 있었다.

갑자기 여인들의 웃음소리가 터져나오는 곳으로 안드로니쿠스는 눈을 돌렸다. 화려한 나들이 옷에 이집트식 화장을 한 여자들이 그를 향하여 손을 흔들고 있었다. 그들은 바로 에베소의 유명한 고급 유곽을 지나고 있었던 것이다. 아름다운 꽃들로 장식된 3층 건물의 창문마다 고개를 내민 아가씨들이 안드로니쿠스를 내려다보며 환성을 올렸다. 유곽의 출입구마다에는 여인들의 초상화가 그려져 있었고, 그녀들의 이름과 발자국이 찍혀진 타일의 안내판이 있었다.

로마 여인들의 발 모양은 바로 그 섹스의 상징이었다. 발이 예뻐야 몸매와 품성도 아름답다는 것이 로마 사람들의 통계학적 관찰이었던 것이다.

안드로니쿠스는 그들에게 손을 들어 답례했다. 여인들에게 정중히 대하는 것이 로마 신사의 도리였던 것이다.

한동안 고층 건물들 사이를 걸으며 감회에 잠기던 안드로니쿠스는 문득 고삐를 잡아당기며 말을 멈추게 했다. 멀리 테트라고노스 시장 입구에는 커다란 전각 하나가 보였고 전각의 동쪽으로 이어진 높다란 테라스에는 사람 키의 네 배쯤되는 거대한 입상이 서 있었다.

"저건…… 내가 에베소를 떠날 때까지만 해도 없었는데……."

그러자 집사 루키우스가 말머리를 나란히 하면서 설명했다.

"저 전각이 바로 주님이시오, 신이신 도미티아누스 황제 폐하를 모시는 신전입니다. 그리고 저 거대한 입상이 황제의 상이지요. 이곳을 지나는 시민은 누구나 저 입상에 경배를 해야 합니다."

"그래…… ?"

안드로니쿠스는 천천히 말을 몰아 전각 앞으로 다가갔다. 목은 굵고 턱이 짧은 황제의 얼굴이 지상의 인간들을 내려다보고 있었다. 전각의 긴 쪽은 열세개, 그리고 짧은 쪽에는 여덟 개의 기둥이 화려한 천개(天蓋)를 떠받치고 있었다. 안드로니쿠스는 말에서 내려 까마득히 높은 입상을 향해 군대식 경례를 올렸다.

"집정관이요, 총 검찰관이시며, 주님이시고 신이신 도미티아누스 황제 폐하께 재무관 마리우스 안드로니쿠스가 경배를 드리나이다……."

안드로니쿠스는 경례를 마친 후에도 그 자리에 선 채로 거대한 황제의 입상으로 바라보고 있었다. 베스파시아누스가 42세에 낳았다는 도미티아누스. 이제 그의 형 티투스가 죽고 그가 황제 자리에 올라선 지도 14년이 되었다. 아직도 세계 위에 군림하고 있는 로마 제국을 상징하듯 황제의 입상은 속주의 도시마다 자기의 신전과 입상을 세우게 했던 것이다.

그는 아직 말에 올라타지 않은 채 뒤쪽에 서 있던 헤스테네스를 바라보았다.

헤스테네스는 오른손을 쳐들면서 말했다.

"언젠가 에베소에는…… 또 하나의 콜로수스가 설 것입니다."

그것은 확실히 헤스테네스의 야유 같았다. 콜로수스란 곧 거대한 입상을 의미하는 것이었고, 그는 얼마 전까지 로마의 콜로세움 앞에 서 있던 네로의 콜로수스를 말하고 있는 것이었다.

네로와 도미티아누스…… 그들은 자기의 입상 세우기를 좋아한다는 공통점을 가지고 있었다. 그런데 짓궂게도 헤스테네스는 그 뒤에다가 마리우스 안드로니쿠스를 첨가하고 있었던 것이다. 안드로니쿠스는 짐짓 그의 말을 못들은 척 하늘을 바라보며 근엄한 얼굴을 보이다가 훌쩍 말에 뛰어 올랐다. 다시 대로로 나선 일행은 옥외 음악당을 향하고 걷다가 왼쪽에 자리잡고 있는 총독관저 앞에서 멈추어 섰다. 그들을 마중하러 나왔던 젊은 장교가 말에서 뛰어내리더니 관저 안으로 걸어 들어갔다.

안드로니쿠스가 말에서 내리자 안으로부터 다시 돌아나온 장교와 총독의 비서관이 나와서 그를 안내했다.

"안으로 드시지요."

그는 자기가 데리고 온 일행들에게 대기실에서 기다리도록 지시하고 집사 루키우스와 함께 안으로 들어갔다. 관저 안의 화려한 정원을 지나자 안채의 현관이 나타났다. 대리석의 조각들로 장식된 현관을 들어섰을 때 안으로부터 쾌활한 음성이 날아왔다.

"오오, 에베소 출신의 샛별이 도착하시었군!"

안으로부터 걸어나오는 건장한 모습의 사내는 보랏빛 줄무늬의 토오가를 걸친 정장을 하고 있었다. 그는 시청 앞으로 지나가는 아르테미스 여신의 행렬을 마중하기 위해서 정장을 하고 있었던 것이다.

"오래간 만에 뵙습니다, 총독 각하."

총독은 안드로니쿠스에게 다가와서 그의 어깨를 큼직한 두 손으로 잡으며 그 얼굴을 감회 깊게 들여다 보고 있었다.

"마리우스 안드로니쿠스 재무관, 자네 모습을 보니 정말 세월이 흘렀다는 것을 실감하겠군."

"각하께서는 조금도 늙지 않으셨습니다."

그는 희끗거리는 총독의 귀밑머리를 조심스럽게 바라보며 말했다.

"여기를 떠날 땐 철부지 소년이었는데 이렇게 정중한 인사말까지 할 줄 아는 신사가 되었어. 이제야말로 에베소는 자네 때문에 우쭐하게 생겼어."

"천만의 말씀이십니다. 에베소를 대표하시는 호민관 출신의 대장군이시고 행정관이시며 원로원 의원이신 류코메데스 총독 각하야말로 에베소의 자랑이시지요."

호민관(護民官), 즉 트리부누스는 바로 평민 세력을 대표하는 지도자의 관직이었다. 초기 로마의 프라이토르, 즉 행정관의 자리는 귀족 출신들만이 차지하고 있었으나, 결국 그들은 평민 세력의 정계진출을 허용하지 않을 수 없었다. 왜냐하면 로마의 막강한 국력 자체가 부족 세력을 중심으로 한 평민들의 중장병(重將兵)을 그 기반으로 하고 있었기 때문이었다.

그래서 이 호민관의 직위는 점점 강해졌고, 마침내 로마 정부는 행정관 뿐만이 아니라 콘술, 즉 최고 통치 직책인 집정관까지도 그 중의 한 명을 호민관 출신으로 임명하게 되었던 것이다.

류코메데스 총독은 바로 에베소 출신의 호민관이었고, 행정관까지 진출하였으며 원로원 의원이 되어 에베소 총독으로 부임한 사람이었다. 그는 안드로니쿠스의 어깨를 감싸안듯이 잡으면서 너털 웃음을 웃었다.

"이렇게 젊은 별들이 떠오르니 이제 나같은 구닥다리는 어서 자리를 내어주고 물러나야 하겠어."

"그 무슨 말씀이십니까, 로마는 개인의 안락을 허용하지 않습니다."

"허허…… 자네도 벌써 개인을 로마에 예속시킬 줄 아는 애국적 공무원이 되었군 그래. 자…… 목욕물이 준비될 때까지 우선 여기 앉아서 이야기나 좀 하세나."

그는 넓다란 대리석 거실에 놓여 있는 화려한 의자를 가리키며 앉기를 권했다.

"그래…… 로마는 요즘 어떤가?"

"여전하지요……. 로마의 시민들은 여전히 구경거리를 찾아다니고…… 로마의 휴일은 여전히 늘어나고 있지요. 지난 달에는 다시 황제 폐하의 죽은 아들을 신의 아들로 선포하고 그 날이 또 휴일로 발포되었습니다. 이로써 로마의 휴일은 모두 1백74일이 되었지요."

"그랬었군. 역시 로마의 백성은 행복한 백성들이야."

그러나 사실은 그와 다른 것이었다. 수재들의 관료사회에 끼어들지 못하고 낙오하는 사람들, 채산성이 없는 농사를 계속할 수가 없어서 땅을 팔아 버리고 도시로 몰려드는 농민들, 그리고 속주들로부터 흘러들어오는 사람들이 모두가 직업을 갖지 못한 채 빈민층을 형성하였고 그들의 불만은 바로 시민의 불만으로 직결되고 있었다. 그래서 로마는 시민들의 불만과 관심을 딴 곳으로 돌리기 위해 자꾸만 휴일을 선포하고, 축제를 열고, 자극적인 운동경기를 연출해 내는 것이었다. 정부는 가난한 빈민들에게 빵을 배급하고 그들을 경기장의 흥행 속으로 몰아넣었던 것이다.

"그래서…… 그 날은 무슨 경기가 있었나?"

"키르쿠스 막시무스에서 최대 규모의 전차 경주가 있었습니다. 전날 밤부터 몰려든 시민들과 지방에서 올라온 사람들이 경기장 밖에서 천막을 치고 야숙까지 했지요."

키르쿠스 막시무스란 26만 명의 관객이 들어갈 수 있는 로마 최대의 경기장이었다.

"장관이었겠군. 그래 우승자는 누구였지?"

대경기장 전차 경주의 우승자는 황제로부터 직접 월계관을 받는 영광을 입고 대번에 시민들의 영웅이 되는 것이었다.

"전혀 신진의 선수였습니다. 마리우스 안드로니쿠스라는 이름의……."

"정말인가?"

류코메데스 총독은 눈을 크게 뜨더니 젊은 귀공자를 와락 끌어안았다.

"장하군, 장해. 그렇게 중요한 소식을 아직도 못 듣고 있었다니……. 정말

대단해. 반란 진압 때의 이야기는 익히 듣고 있었지만 자네가 전차 경주에 출전할 정도로 담력 있는 젊은이인 줄은 정말 몰랐어.”

그는 다시 안드로니쿠스를 밀어서 떼어 놓고는 그 얼굴을 감격스럽게 바라보는 것이었다.

“자네…… 에베소에도 대경기장이 있다는 것을 알고 있겠지? 키르쿠스 막시무스보다는 약간 규모가 작으나 이오니아 지방에서는 최대야. 어때? 자네를 환영하기 위한 전차 경주를 개최할 수도 있어.”

“사양하겠습니다. 각하, 모처럼 고향에 돌아와서 흙먼지를 뒤집어 쓰고 싶지는 않군요.”

안드로니쿠스가 거기까지 이야기했을 때 현관 쪽으로부터 굵직한 음성이 스며들었다.

“그럴게야. 아무리 월계관의 용사라도 첫날밤에는 향유를 바르고 싶을 테니까…….”

“아…….”

안드로니쿠스는 자리에서 벌떡 일어섰다. 흰색의 토오가를 걸친 장년의 사내가 긴 수염을 쓰다듬으며 거기 서 있었다.

“안녕하셨습니까, 아폴로니우스 선생님.”

그는 바로 에베소의 아르테미스만큼이나 유명한 세계적인 대학자요, 수사학자이고 철학자인 아폴로니우스였다. 그는 비록 헬라 사람이었으나 총독까지도 친구처럼 사귀고 있는 신피타고라스 학파의 거물이었고, 에베소 사람들은 그의 고향까지도 존중하여 튜아나의 아폴로니우스라고 부르고 있었던 것이다. 그런 대가이니 젊은 재무관 안드로니쿠스가 벌떡 일어서는 것도 무리는 아니었다.

“어째서 일어서는가, 안드로니쿠스 재무관님, 나를 보고 반가워서인가 아니면 내 입에서 전해 듣고 싶은 말이 급해서인가?”

대학자의 입술에는 장난스러운 야유가 흐르고 있었다.

“돌아가신 아버님께서 선생님을 존경하셨으니 제가 경의를 표하는 것은 당연하지 않겠습니까?”

“허어…… 자네 아버지가 아니었으면 난 오늘 뺨이라도 맞을 뻔 했군.”

그는 총독이 권하는 대로 의자에 앉으며 다시 안드로니쿠스를 바라보았다.

"그래…… 황제께서는 어떠신가, 우리의 주님이시며 신이신 도미티아누스 황제께서는……."

그의 입술에는 아직도 냉소가 스며 있었다. 안드로니쿠스는 더 이상 그의 입에서 농담이 나오지 못하도록 정색을 하며 대답했다.

"네, 여전히 건강하십니다."

"다행이로군. 아직도 건강하다는 것을 보니 황제 폐하의 델라토르(정보원)들이 그 임무를 충실히 수행하고 있는 모양이로군. 요즘도 의원들이 근위대에 끌려가서 매맞고 죽고 하는가?"

"……."

안드로니쿠스가 대답을 못하고 꾸물거리자 아폴로니우스는 상체를 앞으로 내밀었고, 총독도 궁금하다는 듯 젊은 재무관의 심각한 표정을 살폈다.

"대답을 못하는 걸 보니 또 투옥 사건이 있었던 모양이로군?"

도미티아누스 황제의 의심병은 날로 심해 가고 있었다. 조금만 이상하게 보이면 황제의 델라토르들이 밀고를 했고, 밀고를 당하기만 하면 여지없이 체포, 투옥되어 엉뚱한 죄목을 뒤집어쓰고 처형당하는 것이었다. 총독이 다그쳐 물었다.

"최근에 투옥된 사람은 누구였나?"

"전 집정관이었던 아킬리우스 글라브리오 각하와……."

그러자 총독과 아폴로니우스는 똑같이 입을 벌렸다. 그는 바로 4년 전까지도 황제와 함께 최고 통치자 자리에 있던 사람이었던 것이다.

"그리고 또 있다는 말인가?"

"그렇습니다. 플라비우스 클레멘스 집정관 각하가 체포되셨습니다."

"뭐라고?"

그들이 놀라는 것도 무리는 아니었다. 플라비우스 클레멘스, 그는 바로 티투스의 딸이고 황제의 조카인 플라비아 도미틸라의 남편이었고, 또한 현임 집정관이며 유력한 황제 후보자였다. 로마의 모든 권력자가 다 거꾸러진다 해도 그만은 안전하리라고 누구나 인정하던 터였는데 이제 그마저 투옥되었다니 놀랄 수밖에 없었던 것이다.

아폴로니우스가 또 그의 버릇대로 비아냥거리기 시작했다.

"황제는 드디어 황제를 닮아가기 시작하였도다!"

아무도 그 말에 대꾸하지는 않았으나 그 의미는 알고 있었다. 그것은 바로 도미티아누스 황제가 지난날의 네로 황제를 닮아가고 있다는 야유였던 것이다.

네로가 제 이복동생, 제 스승 세네카 그리고 마침내는 그 모친 아그립피나까지 죽이더니 드디어 그 종말을 맞게 된 것처럼 이제 도미티아누스도 그 마지막을 향하여 가고 있다는 무서운 예고이기도 했다. 총독은 대학자의 독설을 막기 위해서 화제를 바꿨다.

"팔라티네의 원형경기장 콜롯세오에서는 요즘 어떤 경기를 하고 있을까?"

콜롯세오는 네로 황제의 황금색 대형 입상이 서 있는 팔라티네 언덕에 베스파시아누스 황제가 건설한 4층의 원형경기장이었다.

"여전합니다. 매일같이 관중을 열광시키는 혈투가 연출되고 있지요……. 지난 해 10월 24일, 도미티아누스 황제 폐하의 생신을 경축하는 경기에서는 사자, 표범, 코끼리 등 하루 동안에 살육된 야수의 수가 5천 마리를 기록하였고, 목숨을 잃은 검투사가 3백 명, 야수들에게 물어 뜯겨 죽은 크리스티아누스들의 수는 1천 명이 넘었습니다."

류코메데스의 표정이 다시 어두워지고 있었다.

"황제의 크리스티아누스 박해는 다시 심해지고 있군."

"그렇습니다. 베스파시아누스 황제가 돌아가시고 티투스 황제 때는 좀 뜸했었는데 이제 다시 본격화되고 있는 것 같습니다."

"도대체…… 로마에는 크리스티아누스들이 얼마나 있다는 거야?"

"그게 도무지 알 수가 없습니다. 그렇게 많은 자들이 경기장에서 야수에게 먹히우는데도 잡혀 들어오는 자들은 끊이지를 않습니다. 아무리 죽어도 그들은 또 나오는 겁니다……."

크리스티아누스들이란 유대인들 중에서도 좀 특이한 신앙을 가지고 있는 무리들에게 붙여진 이름이었다. 지중해 연안에 있는 로마의 속주들마다에는 많은 유대인들이 흩어져 살고 있었는데, 이들은 옛날부터 그 민족이 섬기고 있는 여호와라는 신을 믿고 있었다.

그들은 한때 상당한 세력을 형성하고 있던 민족이었다. 트로이 전쟁이 끝나고 아테네 등지에서는 도시국가가 형성되기 시작하던 때, 그리고 에트루리아 인들이 이탈리아 반도에 들어올 무렵 유대에서는 다윗, 솔로몬 등 유능한 군주가 나타나 세력을 펼치고 있었다. 그러나 그 후로는 어찌된 셈인지 나라가 두 조각으로 갈라지더니 점점 쇠락하기 시작하여 마침내 바벨론 왕국에 먹혀 버리고만 것이었다.

그 때부터 각지에 흩어지기 시작한 유대인들은 그 뒤로도 계속된 민족적 수난, 즉 알렉산더의 침입과 그 뒤를 이은 안디오쿠스의 종교박해 등으로 점점 더 나라 밖으로 흘러나오는 자들의 숫자가 불어나고 있었다. 이 흩어진 유대인들은 헬라어로 디아스포라라고 불리워졌는데, 그들은 끈질기게 본토에서처럼 여호와 신을 섬겼고 가는 곳마다 시나고그라는 회당을 세웠다.

로마에도 이 디아스포라가 상당수 흘러들어와 있었다. 그리고 로마 정부는 모든 속주의 종교를 포용한다는 원칙대로 그들의 시나고그와 여호와 신에 대한 예배를 허용하였던 것이다. 그러나 티베리우스 황제 시대의 중반기를 넘어서면서 디아스포라들 사이에는 이상한 변화가 일어나기 시작하고 있었다. 즉, 그 디아스포라 중에 또 하나의 이상한 유파가 나타났던 것이다.

그것은 바로 티베리우스가 즉위한 지 17년째 되는 해에 예루살렘에서 처형된 예수라고 하는 목수를 그들이 기다리고 있던 구세주였다고 믿는 사람들이었다. 이들이 나타나면서 유대인의 디아스포라들 사이에는 분쟁이 일어나기 시작했고, 때로는 로마 정부에 중재를 요청하거나 한 쪽에서 다른 쪽을 고발하는 일이 발생하기도 하였다.

로마 사람들은 이 디아스포라 안에서 발생한 또 하나의 유파를 크리스티아누스들이라고 부르고 있었다. 크리스투스란 바로 헬라어의 그리스도였고, 그것은 기름부음을 받은 자, 곧 히브리어의 메시아를 의미하고 있는 것이었다. 그러니까 크리스티아누스란 바로 그리스도를 믿는 자란 뜻이었던 것이다.

"크리스티아누스들이란 유대인의 유랑민 중에서도 극히 일부라던데 그렇게 많다는 것은 이해가 가지 않는군."

"그렇습니다. 더구나 최근에는 유대인이 아닌 아시아 인, 헬라 인, 심지어는 로마 시민들까지도 크리스티아누스의 혐의로 잡혀 들어오고 있는 것입니다."

"로마 시민들까지도……?"

"그렇습니다. 더구나 놀라운 것은 붙잡혀 온 로마 시민들이 배교를 거부하고 자진해서 처형장으로 걸어 들어가는 것입니다."

"무서운 일이로군."

아폴로니우스가 탄식하듯이 중얼거렸다.

"모든 종교를 포용한다는 로마 정부가 크리스티아누스만은 받아들이지 못하는 게 이상하다 싶었는데…… 딴은 그럴 만도 하겠어."

"그런데…… 더욱 놀라운 일은……."

안드로니쿠스가 심각한 표정으로 그렇게 말하자 총독과 아폴로니우스는 서로 얼굴을 마주보더니 다시 그의 입을 주목했다.

"……이번에 글라브리오 각하와 플라비우스 클레멘스 집정관 각하가 체포된 것은 크리스티아누스의 혐의가 있다는 밀고 때문이었습니다."

"뭐라구?"

총독과 아폴로니우스는 동시에 반문하면서 눈을 크게 떴다.

"단지 혐의뿐이라는 것이겠지요? 설마…… 글라브리오 각하와 클레멘스 각하가 크리스티아누스라는 말은 아니겠지?"

"아직은 알 수 없습니다. 아직…… 두 분은 아무런 변명도 하고 있지 않기 때문입니다."

"그럴 리가 없지…… 황제의 조카 도미틸라의 남편이요, 집정관인 그가 그 따위 사교집단에 빠졌다는 것은 있을 수 없는 일이야. 아마도…… 누군가가 그를 모함했음에 틀림없어. 그게 바로 델라토르들의 횡포거든."

이번에는 아폴로니우스가 총독을 향해 말했다.

"그 크리스티아누스들의 집단이 사교의 집단이라는 증거는 아직 없는 것으로 아는데……."

그러자 안드로니쿠스가 그 말을 받았다.

"그렇습니다. 저도 로마에 있을 때 원로원의 지시를 받아 크리스티아누스들의 신앙 내용을 조사해 본 적이 있습니다. 그런데…… 항간에 떠돌던 해괴한 소문은 사실과 다른 것 같았습니다."

"어떻게……."

"로마 시민들 사이에 퍼진 소문 중에서 가장 해괴한 것은 두 가지가 있었지요. 하나는 그들이 예배 집회 때마다 모여서 사람의 고기를 먹는다는 것이요, 또 하나는 예배 도중에 난교(亂交)의 연회를 벌인다는 소문이었습니다.”

“그래 조사해 본 결과는 어땠었나?”

“그것은 바로 크리스티아누스들의 예배 의식 때문에 생긴 소문이었습니다. 그들의 예배의식은 대개 새벽 동틀 무렵에 시작되는데 그 중요한 의식에는 두 가지가 있습니다. 그 하나는 새로 입교하기로 작정한 사람들에게 베푸는 세례라는 의식으로, 금식함으로써 세례 받기를 준비한 신자의 머리에 집례자가 물을 세 번 붓는 것입니다. 그리고 또 하나는…….”

동양풍의 옷차림을 한 여자 노예가 들어오더니 과일즙에 꿀을 탄 음료수 석 잔을 탁자 위에 올려놓고는 스르르 사라지고 있었다.

“그리고 또 하나의 의식이 있는데 바로 그게 성찬식이라는 것이었습니다.”

“성찬식?”

“그렇습니다. 그들이 그리스도라고 하는 예수는 체포되기 전날 밤 제자들과 같이 저녁 식사를 했는데, 그때 말하자면 작별 인사 같은 것이 있었던 모양입니다. 즉 그는 떡을 떼어 제자들에게 나누어 주면서 그것이 자기 몸이니 받아 먹으라고 했답니다. 또 그는 포도주 잔을 제자들에게 돌리며 그것 역시 세상 사람들을 위하여 흘리는 나의 피이니 받아서 마시라고 했다는 것입니다. 그 다음날로 그는 십자가형에 처해졌는데 그로써 그 떡과 피의 의미가 현실화되었던 것이지요.”

안드로니쿠스는 총독이 권하는 대로 음료수를 한 모금 마시고 나서 이야기를 계속했다.

“크리스티아누스들은 그들의 예배의식 가운데서 이 의식을 되풀이하고 있습니다. 즉 집례하는 자가 떡을 들어 축사한 다음 그것을 떼어 나눠 주면서 그리스도의 몸이니 먹으라고 말합니다. 다음에는 역시 포도주 잔을 돌리면서 그리스도의 피를 마시라고 하는 것이지요. 바로 이 의식의 내용이 밖으로 와전되어서 그들이 사람 고기와 사람의 피를 먹는다고 소문이 난 것 같습니다.”

아폴로니우스가 조용히 고개를 끄덕이면서 말했다.

“음…… 어쩐지 좀 으시시한 느낌이 들기는 하는군. 그런데 왜…… 그 예수라는 사람은 자기 살과 피를 세상 사람들에게 주었다는 것인가?”

“세상 사람들의 죄를 사하여 주기 위해서라고 합니다. 말하자면 모든 인류의 죄를 자기가 도맡아서 처벌받았다는 것이지요.”

“상당히 낭만적인 발상이로군. 허지만 도대체 죄란 무엇인데 그들은 계속해서 죄를 파고드는 것일까. 어떻게 보면 좀 자학적인 느낌이 들기도 하는데, 아마도 그것은 유대 백성들이 너무나 오랫 동안 고난을 당해 왔기 때문에 생긴 민족적 특성일지도 모르겠군. 그런데…… 그들이 난교(亂交) 생활을 한다는 것은 또 무슨 이유인가?”

“그들은 성찬식이 끝난 후 함께 식사를 합니다. 이 식사를 그들은 애찬(愛餐)이라고 하는데 헬라어로는 아가페라 부르지요. 이 아가페의 뜻이 로마어로는 그냥 사랑이기 때문에 혼음(混淫)의 연회를 벌인다는 소문이 난 것 같습니다. 아폴로니우스 선생님이 계십니다만 본래 헬라어에서 남녀간의 사랑을 나타내는 말은 에로스이고 아가페라는 말은 철학적, 헌신적인 자비를 나타내는 말이라고 하더군요.”

“안드로니쿠스, 자네야말로 지금 선생 앞에서 강의를 하고 있네 그려.”

“죄송합니다. 어쨌든 아가페라는 말을 만들어낸 헬라 문화는 위대한 것이라고 생각합니다.”

“위대한 것은 말을 만들어낸 사람들이 아니고 그것을 사용하는 사람들이지. 그런데……: 그 예수라는 사람은 아가페라는 말을 어떻게 사용했다는 것인가?”

“예수가 제자들에게 준 말들 중에 가장 중요한 것은 두 가지로 요약된다고 합니다. 그 하나는 마음과 뜻과 성품을 다하여 신을 사랑하라……는 것이고 또 하나는 이웃을 자기 몸과 같이 사랑하라는 것이었다고 합니다. 그것이 아가페의 뜻이라는 것이지요.”

“그것이 과연 기가 막힌 표현이로군. 역시 유대민족은 사색할 줄 아는 민족이란 말이야. 그래, 크리스티아누스들은 그렇게 서로 말로만 사랑한다는 것인가?”

“그들 집단에 들어가게 되면 모두가 서로를 형제 또는 자매라고 부릅니다. 그들 사이에는 오히려 남녀관계에 대한 계율이 매우 엄격해서 결혼한 사람이 배우자 아닌 사람과 관계를 가지면 당장에 파문된다는 것입니다.”

"아니…… 남녀를 불문하고 말인가?"

이번에는 류코메데스 총독이 그렇게 묻고 있었다.

"그렇습니다. 부부간의 신뢰는 그들 신앙의 기본이라고 합니다."

류코메데스 총독이 빙그레 웃으며 말했다.

"그 크리스티아누스라는 것은…… 남자들에게는 적합하지 못한 것 같군."

"그들은…… 부부간의 관계가 엄격한 외에도…… 더 이상한 것은 아이를 버리지 않는다는 것입니다."

안드로니쿠스의 이야기는 아폴로니우스를 실소케 하고 있었다. 왜냐하면 아이 버리는 것이 유행하고 있는 로마에서는 오히려 버리지 않는 사람들이 이상하게 보일지 모르나 그것을 듣는 아폴로니우스에게는 당연한 일이기 때문이었다.

"그들은…… 아이를 버리지 않을 뿐만 아니라 남이 버리는 아이들까지 주 워다가 기르는 것이었습니다."

"그것은…… 혹시 길러서 노예로 팔아 먹으려는 것 아닐까?"

"저 역시 그 점이 의심스러워서 면밀하게 조사하였습니다만 혐의가 없었습니다. 그들에 의하여 양육된 아이들은 크리스티아누스가 된 것만 빼놓고는 훌륭하게 자라서 자유인으로 생활하고 있었거든요. 또 그들은 고아들의 양육 뿐만이 아니라 환자들을 돌보고 광산에서 강제노동을 하고 있는 노예들에게 금품을 보내기도 하고 감옥에 갇힌 자들에게 사식을 넣기도 합니다. 그러한 사실은 지난번 황제 티투스를 매우 감동시키기도 했었지요."

아버지의 명령을 따라 예루살렘을 참혹하게 짓밟았을 뿐만 아니라 그 부친을 독살하고 황제가 되었다고 소문났던 티투스는 바로 그가 즉위하던 해에 발생한 폼페이 시의 매몰사건으로 인하여 엄청난 충격을 받았다. 유대의 도성 예루살렘을 유린했던 때의 그 처참했던 모습이 그의 뇌리에 다시 살아나기 시작하자 그는 괴로워서 어쩔 줄을 몰라했다. 그는 더 이상 견디지 못하고 환자들과 빈민들의 구제에 온 힘을 쏟았다. 그러면서 그는 자기와 같은 일에 헌신하고 있는 크리스티아누스들을 만났던 것이다. 속주의 유랑민들이면서도 구제에 열심인 그들의 헌신은 티투스를 너무나 경탄케 했다. 티투스는 그들을 본받아 구제 사업에 전념하다가 그 다음 해에 죽고 말았던 것이었다.

"그렇다면……."

수염을 쓰다듬고 있던 아폴로니우스가 과일즙을 마시면서 안드로니쿠스를 바라보았다.

"그렇다면 크리스티아누스들의 어떤 점이 로마의 법률에 저촉된다는 것인가?"

안드로니쿠스는 잠시 입을 다물고 있다가 아폴로니우스를 바라보았다.

"다만…… 위험하다는 것입니다."

"무엇이 위험하다는 것인가? 그들이 창이나 칼로 무장하고 있는가?"

"그들은 아무 것도 가지고 있지 않습니다. 그런데도…… 많은 사람들이 그들의 도를 믿고 있습니다. 여러 나라의 속주 백성들 뿐만이 아니라 로마시민들까지, 그리고 이제는 많은 수의 노예들까지도 그들의 집단에 가입하고 있습니다. 그들은 노예들에게까지도 형제 또는 자매라고 불러줄 뿐만 아니라 자유인의 처녀가 남자 노예와 결혼하는 일까지도 있습니다."

"그런 것들이 로마에 대해서 위험하다는 것인가?"

"적어도…… 도미티아누스 황제 폐하께서는 그렇게 생각하고 계십니다. 그들은 여호와 신이 아닌 다른 신에게 경배하는 것을 거부하고 있으며……."

"그리고 도미티아누스 황제의 입상에도 참배하기를 거부했을 테지."

"……그렇습니다."

"그리고 그들은 로마의 아픈 곳을 헤집어 내고 있어. 도시 빈민들, 죄수들, 낙오자들, 버려진 아이들, 광산의 노예들……."

그것은 아폴로니우스의 말대로 위험한 일이었다. 모든 나라의 온갖 신들을 다 포용하고 그 신상들이 경쟁하듯 세워지고 있는 로마에서 유독 크리스티아누스들만이 받아 들여지지 않고 있는 것은 바로 그 진실을 헤집어내는 위험 때문이었던 것이다.

"우선 두려운 것이 그들의 숫자이지요. 워낙 은밀히 행동하고 지하 묘지 같은 의외의 장소에서 모이기 때문에 좀처럼 꼬리를 잡기가 어렵지만 일단 덜미가 잡히게 되면 줄줄이 이어져 나오는데 끝이 없는 것입니다. 그렇게 많은 수가 투기장에서 불에 타 죽고, 십자가에 못박혀 죽고, 짐승에게 찢겨서 죽는 데도 그들은 여전히 꾸역꾸역 쏟아져 나오고 있습니다. 참으로 무서운 일이 아닐 수 없지요. 더구나 베스파시아누스 황제 때의 예루살렘 함락 이후로는 더 많은 사람들이 로마로 몰려들고 있습니다. 어떤 때는 저 자신도 온통 크리스티아누스들 틈바구니 속에 살고 있는 것 같은 느낌에 사로잡힐 때가 있으니까요."

"아마도……."

아폴로니우스가 또 입을 열었다.

"황제 폐하께서도 그렇게 느끼고 계실 것 같군."

"그런데…… 총독 각하."

안드로니쿠스는 류코메데스 총독을 바라보았다.

"에베소의 크리스티아누스들은 어떻습니까?"

"자네도 알다시피 에베소는 무역항이기 때문에 온갖 사람들이 드나드는 곳이거든. 이렇게 장사로 먹고 사는 도시에서는 검거선풍이라든가 험악한 분위기를 보여주게 되면 경기에 지장이 있단 말이야."

안드로니쿠스는 고개를 끄덕이고 있었다.

"그러나 크리스티아누스 단속에 대한 황제 폐하의 칙령이 내려온 이후로 나도 몇 명의 핵심 인물들을 체포하고 본보기로 그들 중의 몇 명을 처형하는 등 엄포를 놓았지. 그 덕에 버젓이 내놓고 포교를 한다든가 예배의식을 거행하지는 못하지만 여기서도 지하 묘지의 집회 같은 것은 계속하고 있는 모양이더군. 속주의 관리는 중앙과 조금 달라야 하는 때도 있지. 어쨌든 로마 행정부의 최고 목표는 제국의 안정과 번영이니까……."

"에베소의 그들 숫자는 어느 정도나 됩니까?"

"글쎄……."

아폴로니우스가 다시 빙그레 웃으면서 말했다.

에베소처럼 대수롭지 않게 놔두면 별일 아닐 텐데 로마는 너무 신경질적으로 구니까 그만큼 더 문제화되는 것 아닐까?"

"그럴 수도 있겠군요. 그런데 총독 각하…… 사실은 이번 제가 지니고 온 특명도 바로 그런 것에 관한 것입니다.

"특명……."

류코메데스는 상반신을 앞으로 내밀었다.

"크리스티아누스들을 본격적으로 박해하라는 특명을 가지고 왔나?"

안드로니쿠스는 조용히 고개를 저었다.

"어떤 사람을 체포해서 로마로 압송하라는 명령을 받고 왔습니다."

"누군가, 자네가 체포하려는 사람은? 설마 나는 아니겠지?"

"끔찍한 농담을 하십니다, 총독 각하."

"아니야, 워낙 살벌한 세상이니까 충분히 가능성 있는 일이거든."

"각하, 에베소 크리스티아누스들의 중심 인물은 누구입니까?"

"내가 아는 바로는…… 골로새 출신의 오네시모라는 사람이 우두머리라고 하던데……."

안드로니쿠스는 고개를 저었다.

"로마에서 들은 바에 의하면 에베소에는 매우 중요한 인물 하나가 아직도 생존해 있다고 합니다."

"……?"

"그들이 그리스도라고 믿는 예수에게는 본래 열두 명의 제자가 있었다고 합니다. 네로 황제 때에 로마에서 잡혀 죽은 베드로를 비롯해서 모든 제자들은 다 죽었는데 그 중의 하나가 아직 이 에베소에 살아 있다는 것입니다."

"예수의 제자가?"

"네, 그렇습니다. 특히 예수는 그 열둘 중에서도 세 사람을 가까이 했다는데 에베소에 살아 있다는 제자는 바로 그 중의 하나라고 합니다."

류코메데스는 고개를 갸웃거렸다.

"이거 역시 류코메데스의 정보망은 황제의 정보망에 비하면 맥도 못출 만큼 허약하군. 그래 그 생존자의 이름은 뭐라고 하든가?"

"요한…… 요한이라고 한답니다."

"요한……?"

"네, 유대인들에게 요한이란 매우 흔한 이름이지요. 예수보다 먼저 세상에 나타나서 구세주가 아닌가 하는 지목을 받았던 자도 요한이란 이름이었고, 네로 황제 때 반란을 일으켰다가 예루살렘 함락과 함께 최후를 마친 열심당(熱心黨)의 지도자도 요한이란 이름을 가지고 있었습니다."

"요한이라…… 어쨌든 그렇게 중요한 인물이 에베소에 있다는 것은 흥미 있는 일이로군. 그런데 안드로니쿠스, 자네는 어떻게 결혼문제 때문에 오면서 그런 살벌한 임무를 가지고 왔나?"

아폴로니우스는 그제야 결혼 이야기를 꺼내고 있었다.

"저…… 저의 어머니께서 선생님께 부탁을 하셨던가요?"

그는 고개를 끄덕이면서 젊은 신랑감의 눈 속을 들여다보듯 응시했다.

"좋은 신랑감인데…… 그 쪽에서도 만만치 않단 말이야."

안드로니쿠스의 얼굴이 긴장하고 있었다.

"……거절입니까?"

"거절은 아니네만…… 조건이 붙어 있어."

"조건이요……?"

"드루시아나 아가씨는 안드로니쿠스 도련님께서 신앙의 자유를 보장해 준다면 승낙하겠다는 것이었어."

"혹시…… 드루시아나도 크리스티아누스가 되었다는 것입니까?"

"그런 확증은 없네만…… 자네도 알지 모르겠는데 두란노의 서원(書院)은 전부터 크리스티아누스들의 집회장소로 많이 이용되었었지……."

안드로니쿠스의 팔뚝에 소름이 돋고 있었다.

(크리스티아누스들, 그들은 도대체 누구인가? 그들은 어떻게 하여 드루시아나에게까지 다가와 있는 것인가……?)

어둠을 헤치고

　붉은 태양이 지중해 속으로 빨려들어간 뒤에도 대극장의 계단들은 아직 희미한 빛을 머금고 있었다. 항구를 향하여 곧게 뻗어간 대로의 양쪽에는 하나씩 상점의 등불들이 켜지기 시작했고, 멀리 항구 쪽에서는 아직도 폭죽터지는 소리가 요란했다.

　앙금처럼 어둠의 가루들이 내려앉기 시작하는 대극장의 계단 중간층쯤에 아까부터 세 명의 청년이 아래쪽을 내려다 보며 서 있었다. 그들 중 비교적 키가 큰 청년이 조각처럼 깨끗한 얼굴의 청년을 바라보며 입을 열었다.

　"칼리마쿠스…… 너를 도울 수 있는 방법이 있었으면 좋겠구나."

　칼리마쿠스라고 불리워진 그 청년은 항구 쪽에 켜지기 시작하는 오색 꽃등의 요염한 빛깔들을 바라보며 차갑게 웃었다.

　"너무 걱정하지 말게, 폴리캅…… 이런 약한 모습을 보여주어서 정말 미안해. 어렸을 때부터 넌 언제나 나를 위로하는 역할이었고, 난 언제나 위로받는 입장이었지……."

"그러나 칼리마쿠스…… 우리는 소망을 가지고 살아가는 거야. 우리가 약할 때에 가장 강하다는 그 말을 나는 믿고 있어."

또 한동안 무거운 침묵이 지나가고 있었다. 갑자기 머리카락이 곱슬곱슬하고 어깨가 벌어진 청년이 손가락으로 아래쪽을 가리켰다.

"이쪽으로 올라오는 것 같애."

그러자 세 명의 청년은 다시 대로 쪽으로 시선을 몰았다. 곱슬머리 청년의 손가락은 손에 생선을 든 채로 곧장 극장 쪽을 향해 올라오는 노인의 모습을 가리키고 있었다. 폴리캅은 고개를 끄덕였다.

"우리들의 관찰이 틀림없는 것 같군."

서성거릴 때와는 달리 노인의 걸음은 제법 빠른 편이었다. 그는 순식간에 에베소 광장을 지나 대리석 도로를 횡단하여 극장 안으로 들어서고 있었다.

폴리캅이 다시 나직한 소리로 말했다.

"자…… 이쯤 되었으면 더 이상 노인 어른께 힘든 걸음을 시키지 말고 우리가 내려가는 게 나을 것 같네."

그들은 함께 계단을 내려오기 시작했다. 희미한 어둠 속에서 세 청년과 노인의 거리는 점점 좁혀지고 있었다. 노인은 분장실, 소도구실들로 이루어진 3층의 무대 건물을 지나 반원형의 광장으로 들어서고 있었다. 합창단과 악대가 들어서는 빈터였다. 마침내 노인은 계단을 다 내려선 청년들과 그 반원형의 마당에서 마주치게 되었다.

마당 한가운데서 그들은 잠시 서로를 바라보고 있었다. 이윽고 폴리캅이 한걸음 앞으로 나서며 입을 열었다.

"저어…… 손에 들고 계시는 것은 무엇입니까?"

노인은 어둠 속에 희끄무레하게 보이는 폴리캅의 얼굴을 물끄러미 바라보더니 나직한 소리로 대답했다.

"익두스."

익두스란 물고기를 의미하는 헬라어였다. 폴리캅은 다시 물었다.

"익두스를 알고 계십니까?"

그러자 노인은 익두스의 철자를 풀어서 짧은 글을 만들었다.

"예수 그리스도 데오스 위오스 소테르."

그것은 곧 예수 그리스도는 하나님의 아들이요 구세주라는 뜻이었고, 그리스도인들끼리 서로 신분을 확인하는 암호였던 것이다. 그의 말이 떨어지기가 무섭게 폴리캅은 달려들어 노인의 거칠고 깡마른 손을 움켜잡았다.

"반갑습니다. 어떻게 이 에베소에 오셨습니까? 저는 이곳에 사는 폴리캅이라고 합니다. 그리고 이 사람은 칼리마쿠스라는 저의 친구이고……."

그는 또 곁에 서 있는 곱슬머리의 청년을 가리키며 말을 이었다.

"이 사람은 프로코루스라고 합니다. 모두들 에베소 교회의 일꾼들지요."

"내가 에베소를 떠난 지 워낙 오래 되어서 젊은이들의 이름을 들어 본 적이 없구려. 그대들의 선친들은 모두 그리스도인들이었소?"

"이 프로코루스군의 조부님은 예루살렘 교회의 초대 일곱 집사 중 한 분이셨던 프로코루스님이십니다. 니코메디아 교회의 감독으로 계시다가 얼마전 돌아가셨지요. 그리고……."

폴리캅은 한 손으로 칼리마쿠스의 어깨를 잡았다.

"칼리마쿠스의 선친께서는 본래 아주 열심이시던 그리스도인이셨습니다."

"그 말은…… 지금은 그렇지 않다는 뜻인가?"

"저……."

폴리캅이 미처 대답을 못하자 노인은 칼리마쿠스를 향해 물었다.

"선친의 함자는……?"

"오네시포루스 입니다."

노인은 고개를 끄덕거리면서 다시 물었다.

"그랬었군. 오네시포루스님은 지금 어디 계시오?"

"제가 태어나기도 전에 병환으로 돌아가셨다 합니다."

"오네시포루스…… 그분은 훌륭한 분이셨지……."

칼리마쿠스가 고개를 숙이며 생각에 잠기자 폴리캅은 얼른 화제를 바꾸었다.

"그런데…… 노인께서는 누구를 만나시려고 에베소에 오셨습니까?"

"난 지금…… 30년 만에 에베소에 돌아온 사람이오. 믿는 형제들을 만날 수 있는 곳으로 안내해 줄 수 있겠소? 지금 에베소 교회의 책임자는 누구요?"

"네, 오네시모 감독이십니다."

"아, 오네시모……."

오네시모의 이름을 되뇌이는 노인의 음성은 다시 감격으로 떨리고 있었다.

"오네시모라면…… 혹시 골로새 교회에서 오신 분이 아니오?"

"그렇습니다. 오네시모 감독님을 잘 알고 계십니까?"

"알다마다…… 그가 아직 살아 있었군……."

노인은 손을 들어 손가락 끝으로 눈 가를 누르고 있었다. 잠시 그러고 있은 후에야 겨우 진정이 되었는지 노인은 말을 이었다.

"오네시모가 감독이 되었다면…… 디모데 감독은 어찌 되었소?"

"모르고 계셨군요. 그것은 저희들이 태어나기도 전의 일입니다만…… 저희가 들은 바로는 바울 선생님이 로마에서 순교하신 다음 해에 에베소로 돌아오셨다고 합니다. 돌아오신 그분은 바로 저 에베소 광장에서 아르테미스 숭배의 부당함을 주장하시다가 흥분한 군중들에게 몽둥이로 몰매를 맞고 돌아가셨습니다."

"……그랬었군."

노인의 눈에서는 또 눈물이 번쩍거리고 있었다.

"디모데 감독님을 잘 아십니까? 실례지만 노인장의 성함은 어떻게 되십니까?"

"내 정신좀 봐……. 아직도 내 이름을 말 안했었군. 난 디모데와도 그리고 오네시포루스와도 잘아는 사람이었소. 내 이름은 두기고라고 하지……."

그러자 세 청년은 깜짝 놀라며 어둠 속에 떠 있는 노인의 얼굴을 뚫어져라 쳐다보는 것이었다.

"왜들 그렇게 놀라시오?"

"선생님께서 바로 그…… 바울님의 편지에 나오는 그 두기고 어른이십니까?"

"……?"

폴리캅이 다시 말했다.

"선생님께서는 로마 옥중에서 쓰신 바울님의 편지를 오네시모 감독님과 함께 골로새 교회에 전하셨지요? 지금도 에베소의 성도들은 그 귀중한 편지의 사본을 보관해 놓고 자주 읽는답니다. ……내 모든 사정은 두기고가 여러분에게 알려줄 것입니다. 이 사랑하는 형제는 주님을 위해서 나를 충실히 도와 함께 일하는 일꾼입니다……."

"아…… 그렇게 쓰여져 있었던가?"

"그리고 선생님에 관한 기사는 바울님께서 디모데 감독에게 마지막으로 보낸 편지에도 적혀 있었습니다. 거기에는 두기고를 에베소로 보낸다고 적혀 있었지요. 그래서 에베소의 성도들은 두기고 선생님이 오시기를 손꼽아 기다렸다고 합니다."

두기고 노인은 가느다랗게 한숨을 쉬고 있었다.

"……그것이 30년 걸려서 도착한 셈이 되었소."

이번에는 프로코루스가 입을 열었다.

"선생님께선 바울님을 언제 처음 만나셨나요?"

"그분이 에베소에 처음 오셨던 것은 클라우디우스 황제가 즉위한 지 11년째 되는 해였지……. 그분은 이미 마게도니아 지방 선교를 끝내고 아테네, 고린도를 거쳐 에베소로 들어왔었다네. 그때 바울님은 안디옥에서부터 따라간 실라와 누가, 루스드라에서 만난 디모데 그리고 고린도에서 만난 가죽업자 아굴라와 브리스길라 부부를 대동하고 왔었어. 그분은 도착하자마자 유대인의 회당에서 복음을 전했는데 나는 거기서 처음 그분을 만나게 되었지……."

"선생님께서는 헬라 인이면서도 유대인의 회당엘 가셨었군요?"

"그랬었네. 난 왜 그런지 그들이 기다리고 있는 메시아에 대해서 신경이 쓰였었지……."

"바울님은 처음 여기 오셨을 때엔 얼마 머무르지 않으셨다지요?"

"그랬었어. 많은 사람들이 여러 가지로 질문을 했지만 그분은 안디옥 교회를 너무 오래 비워두었다면서 아굴라 부부만을 남겨둔 채 총총히 에베소를 떠나셨지……."

날은 이제 완전히 어두워지고 마당 가운데 선 네 사람은 서로의 얼굴을 분간하기도 어려울 지경이었다. 그러나 이번에는 폴리캅이란 청년이 끈질기게 바울의 일을 물었다.

"그러면…… 이 대극장에서 큰 소동이 있었던 것은 바울님께서 두번째 오셨을 때로군요?"

"그렇지…… 아, 그분이 오시기 전에 먼저 알렉산드리아 출신의 아볼로라는 전도사가 왔었어. 아마도 아그립바의 박해를 피해 그 쪽으로 갔던 성도들로부터 예수님의 복음을 들었던 것 같은데 각처를 돌면서 전도를 하고 있던 분이지. 그분은 이제 에베소에서 아굴라 부부를 만나 주님에 관한 더 많은 공부를 하고 아가야 지방으로 떠났는데 바로 그 후에 바울님께서 도착하셨다네."

"그러니까…… 바울님께서 다시 오신 것은 그분이 세번째로 안디옥을 떠나셨던 때이군요."

"그렇군…… 첫번째는 주로 갈라디아 지방 선교였고, 두번째는 마게도니아 지방과 헬라 지방…… 그리고 세번째 여행길에 에베소로 오셨던 셈이지. 그때 바울님은 이곳에서 거의 3년 가까이나 계시면서 교회 돌보는 일에 심혈을 기울이셨어. 낮에는 주로 두란노 가의 서원에서 말씀을 강론하시고 저녁에는 병든 이들을 위로하고 안수하셨지……."

"그때 많은 기적이 일어났다면서요?"

"그럼, 내 눈으로 똑똑히 보았어. 중풍 병자가 일어나고 미친 사람이 멀쩡해지고 벙어리가 말을 하게 되는 굉장한 일들이 벌어졌다네. 심지어는 바울님의 손수건을 가져다가 아픈 사람에게 얹기만 해도 병이 낫는 거야."

세 청년은 모두가 그것을 직접 목격했다는 두기고 노인의 이야기를 놀라운 표정으로 듣고 있었다. 두기고 노인은 다시금 그 때의 감격에 잠기는지 들뜬 목소리로 이야기를 계속하는 것이었다.

"지금도 그렇지만 그 때에도 에베소에는 마술사들이 많이 있었지. 그 마술사들이 바울님을 통해 나타나는 기적을 목격하고는 그만 기가 질려버려서 자기네들의 마술책들을 모조리 불살라 버릴 지경이었다네. 그런데 문제는…… 바로 이 도시의 수호신인 아르테미스의 위신이 떨어지기 시작했던 점이야. 시민들은 아르테미스는 제쳐 놓은 채 예수 그리스도를 열광하게 되었고, 아르테미스의 감실(龕室: 신주를 모셔두는 벽장)과 기념품들을 만들어 팔아서 먹고 살던 은세공업자들이 밥벌이가 떨어지게 되었거든."

"그래서 데메드리오의 폭동이 일어나게 되었군요."

"그렇다네. 그도 역시 은세공업자였는데 에베소 상인들 중에서 상당히 영향력이 있는 거물이었어. 그는 모든 에베소 시의 세공업자들과 상점 주인들을 선동해서 난리를 일으켰지. 타관으로 온 바울이라는 자가 에베소 뿐만 아니라

온 아시아 지방을 돌아다니며 해괴한 사교를 퍼뜨리고 있으니 아르테미스 덕으로 먹고 사는 에베소 상인들이 다 망하게 되었다고 선동했던 것일세. 근 상인들과 더불어 시민을 선동하여 이 대극장에 모이게 하고 난동을 벌였지. 가이우스와 아리스다고를 비롯해서 많은 형제들이 붙들려 폭행을 당하고 시민들은 두 시간이 넘도록 흥분하여 고함을 질러댔다네.”

두기고는 지금도 그 때의 함성이 들리는 듯 손가락으로 귓구멍을 후볐다. 그것은 참으로 무서운 수라장이었던 것이다.

—위대한 아르테미스여!

—위대한 에베소 사람들의 아르테미스여!

그것은 바로 그들의 밥벌이를 위한 절규였고 아우성이었다. 그들의 눈에는 한결같이 핏발이 서 있었다.

그때 프로코루스가 손을 들어 항구 쪽을 가리켰다.

“아르테미스가 오고 있습니다.”

네 사람은 일제히 몸을 돌려 항구 대로를 바라보았다. 수많은 오색 꽃등의 무더기가 항구 기념문을 통해서 쏟아져 들어오고 있었다. 항구에서의 축제가 모두 끝났고 다시 아르테미스의 행진이 시작된 모양이었다.

폴리캅이 다시 물었다.

“바울님께선 그때 무사하셨나요?”

“말도 말게. 바울님께선 당장 극장으로 들어가시겠다는 게야. 초기에 그리스도인들을 핍박하다가 전향한 분답게 성미가 보통이 아니셨지. 그래서 별수 없이 우리는 총독의 부하들 중에 믿는 이가 있었기 때문에 그들에게 부탁해서 바울님을 체포하도록 했네. 그분의 안전을 위해서였지. 그래서 바울님은 저 아스튜아게스 망대에 폭동이 끝날 때까지 갇혀 계셨다네. 그 기발한 생각을 해낸 자가 바로⋯⋯.”

두기고 노인은 칼리마쿠스의 소매를 잡으며 말했다.

“자네의 부친 오네시포루스였지⋯⋯.”

결국 폭동은 시청 서기장의 설득으로 진정되었고 바울은 에베소를 떠나게 되었던 것이었다.

폴리캅이 다시 두기고 노인을 바라보았다.

"그때…… 바울님께서 떠나실 때 선생님도 함께 가셨지요?"

두기고 노인은 깜짝 놀라며 폴리캅을 바라보았다.

"아니…… 그것을 어떻게 알았지?"

"바울님과 동행하셨던 의사 누가님의 기록이 저희들 손에 들어왔습니다."

"누가의 기록이……."

"그렇습니다. 그분은 사도님들의 행적을 기록한 두루마리를 남기셨고, 그분의 행적은 알 수 없습니다만 이상한 경로를 통해 그 사본이 에베소에 흘러들어왔습니다. 거기에는…… 바울님께서 에베소를 떠나실 때 소바더, 아리스다고, 세큰두스, 가이우스, 디모데와 드로비모 그리고 두기고 선생님께서 동행하셨다고 적혀 있습니다."

"그렇지. 아주 정확하게 적었군. 그러고 보니 자네들은 많은 기록들을 모아두고 있는 모양인걸."

"그렇습니다. 저희들은 예수 그리스도를 직접 만나지 못한 후세들이기 때문에 사도님들의 기록이나 편지를 계속해서 모으고 있습니다. 뿐만 아니라 저희는 마가 선생님이 기록한 복음서와 안디옥 교회의 신입성도들을 위하여 마태 사도가 기록한 복음서의 사본도 가지고 있습니다."

폴리캅의 이야기를 들은 두기고 노인은 손에 들고 있던 생선을 떨어뜨리더니 두 손을 높이 치켜들었다.

"오오, 자비로우신 하나님. 당신은 험한 환난 가운데서도 자랑스러운 후예들을 예비하셨군요! 이 에베소 교회의 창설자 바울님의 그 피를 헛되게 하지 않으셨군요! 감사합니다, 예수 그리스도의 이름으로 감사를 드립니다!"

두기고는 그러한 자세로 오랫 동안 서 있었다. 폴리캅과 프로코루스도 가슴에 손을 모으고 있었다.

군중들의 왁자지껄하는 소리가 점점 가까이 들려오고 있었다. 아르테미스 여신이 항구 대로를 통과하고 있는 것이었다. 횃불을 든 청년들이 앞장을 서고 있었다.

스물네 개의 유방을 내놓은 채로 스물네 개의 황소 불알을 목에 건 아르테미스 여신이 당당하게 대로를 행진하는 가운데 마구 폭죽이 터지고 음악이 넘쳐흘렀다. 아르테미스의 요염한 얼굴이 횃불의 불빛을 받아 더욱 더 이글

거리고 있었다.

사람들의 행렬은 극장 앞의 에베소 광장에서 아까 들어온 길과는 반대 방향인 대경기장 쪽으로 돌고 있었다.

두기고 노인은 내려놓았던 생선을 집어들며 폴리캅을 향했다.

"……어디로 가면 오네시모 형제를 만날 수 있겠소?"

"저희들이 안내를 하겠습니다. 아시겠습니다만, 마그네시아 문을 지나서 남쪽으로 두 시간쯤 가면 코레소스 산 남쪽 산록에 있는 오르튜가의 숲이 있습니다. 그 숲 속에는 바로 예수님의 어머니이신 마리아님께서 사시던 오두막 집이 하나 있지요."

"엣…… 마리아님께서 이 에베소에 오셨었단 말인가?"

"그렇다고 합니다. 저희들은 모두 태어나기도 전입니다만 에베소의 큰 배교 사건이 일어났던 사실을 알고 계시지요? 로마에 대화재가 나고 바울님께서 투옥되셨을 때 이 에베소에도 큰 핍박이 일어났는데 그때 에베소 성도들은 로마 교회 성도들처럼 당당히 순교하지 못하고 모두 배교를 했다고 하더군요."

그러자 이제까지 좀처럼 입을 열지 않고 있던 칼리마쿠스가 앞으로 나섰다.

"저희가 듣기로는 저의 부친이신 오네시포루스와 퓨겔루스 그리고 허모게네스 같은 분들이 주동이 되어 배교를 주장했다는 것입니다."

두기고는 고개를 끄덕이며 발걸음을 옮겨놓기 시작했다.

"바로 그때…… 내가 에베소에 도착했었지. 그때 나는 옥중에서 쓰신 바울님의 편지를 가지고 오네시모 형제와 함께 골로새 교회에 다녀오는 길이었어. 와 보니 디모데 감독은 마게도냐 지방으로 여행 중이었고, 성도들은 모두 배교해 버려 풍지박산의 상태였지……. 그래서 나는 곧장 로마로 달려가 바울님에게 그 사실을 보고 했었다네. 그 보고를 받고 그분은 얼마나 애통해 하셨는지……. 특히 자네 부친 오네시포루스의 배교는 도저히 믿을 수 없다면서 눈물 흘리셨어. 디모데 감독에게 보낸 편지에도 쓰셨지만, 자네 부친은 모두가 그분을 버렸을 때에도 먼 로마까지 찾아와 면회를 했었거든. 그뿐 아니라 늘 소망에 가득찬 음성으로 바울님을 오히려 격려하였단 말일세……."

"바로 그 점이……."

폴리캅이 칼리마쿠스의 어깨에 손을 얹으며 두기고 노인에게 말했다.

"바로 그 점이 저희가 가지고 있는 의문입니다. 디모데 감독님에게 보내신 바울님의 편지를 저희는 몇 번이고 읽었습니다. ……주님께서 오네시포루스의 집안에 자비를 베풀어 주시기를 빕니다. 그는 나에게 용기를 북돋아 준 것이 한 두 번이 아니었고, 감옥에 갇힌 나를 부끄럽게 생각하지 않았습니다. 그가 로마에 와서는 나를 찾느라고 굉장히 애쓴 끝에 나를 만났습니다. 내가 에베소에 있을 때 그가 얼마나 많은 봉사를 하였는지 그대는 누구보다도 더 잘 알고 있습니다. 주님께서 다시 오시는 날에 그에게 자비를 베풀어 주시기를 빕니다……."

배교하는 자에게 섭섭한 말을 서슴지 않았던 강직한 성격의 바울도 오네시포루스에게만은 그렇게 할 수 없었던 것 같다. 칼리마쿠스가 다시 물었다.

"그때…… 선생님께서는 에베소에 도착하셔서 제 부친을 만나보셨습니까?"

"물론이지. 나는 그럴 수가 있느냐 싶어서 몹시 흥분한 채로 자네 부친을 만났었네. 그런데……."

"……."

"나는 그만 너무나 놀라서 입을 다물지 못할 지경이었네. 자네 부친은 내게 당장 꺼져버리라고 고함을 질렀어. 물러가지 않으면 당장 고발해서 잡아가게 하겠다는 거야. 나는 결국 자네 집 하인들에게 밀려서 쫓겨나고 말았지. 이런 일들은 차마 바울님께 보고하지도 못했네. 지금 생각해도 그것은 너무나 엄청난 충격이었어……."

이제 아르테미스의 행렬은 거의 대경기장 앞을 통과하여 코레소스 문 쪽으로 꼬부라지고 있었다. 네 사람은 천천히 그 행렬과는 반대 방향인 크레테 가 쪽으로 걷기 시작했다. 폴리캅이 다시 입을 열었다.

"그 이후 칼리마쿠스의 선친께서는 에베소를 떠나셨지요. 그런데 그런 일이 있은 지 7년쯤 지나서 한 여인이 만삭의 몸으로 두란노 가의 서원을 찾아왔습니다. 여인은 그때 해산이 임박하여 진통중이었고, 두란노의 집에서 아들을 낳았지요. 그녀는 산욕 때문에 아기를 낳은 후 숨을 거두었는데, 아기가 오네시포루스의 씨이며 그는 이미 죽었다는 말을 남겼을 뿐이라는 것입니다. 그래서 우리 친구 칼리마쿠스는 두란노의 가문에서 자라나게 되었지요."

두기고 노인은 대견한 듯 칼리마쿠스의 손을 잡았다.

"참으로 하나님의 사랑은 크시도다……. 이로써 오네시포루스의 아픈 마음도 아물었을 것일세. 칼리마쿠스라고 했지? 부디 바울님과 같은 장한 일꾼이 되어 아버님의 오명을 씻어 드리게."

그들은 에베소 광장의 북쪽 회랑을 지나 등불빛이 대낮처럼 밝은 크레테가의 상점으로 들어서고 있었다. 두기고 노인이 폴리캅을 돌아보며 말했다.

"아까 우리는…… 마리아님에 관한 이야기를 하고 있었는데……."

폴리캅이 생각난 듯이 말을 이었다.

"아, 배교사건 때문에 그 이야기가 옆길로 나갔었군요. 그 에베소의 배교사건이 일어나고, 로마에서 돌아오신 디모데 감독이 몰매를 맞아 순교한 바로 그 해에 마리아님은 90이 가까운 노구를 이끌고 이곳에 오셨다는 것입니다."

"아니…… 그분 혼자서 이곳에 오셨단 말인가?"

"아닙니다. 요한 사도님께서 모시고 오셨습니다. 그리고 부활하신 예수님을 처음 만났다는 막달라의 마리아도 함께 오셨답니다."

"요한 사도?"

"그렇습니다. 아시겠습니다만 요한 사도님은 예수님께서 수난 당하시는 십자가의 현장에 계셨던 유일한 사도이시고, 예수님으로부터 그 모친을 돌보아 달라는 부탁을 직접 받으신 분입니다. 그래서 그분은 바울님께서 세번째 전도여행을 위해 안디옥을 떠날 때 마리아님을 모시고 안디옥으로 오셨습니다. 아마도 바울님께서는 다시 안디옥으로 돌아오지 못할 것 같은 예감이 드셨는지 예루살렘 교회에 일꾼 파송을 부탁했고, 예루살렘 교회는 마리아님을 안전하게 모시기 위해서 요한 사도를 파견했다는 것입니다. 그것이 네로 황제가 즉위하기 전 해였었으니까 마리아님과 요한 사도는 에베소로 오실 때까지 11년간 안디옥 교회를 지켰던 셈이지요."

"그런데…… 그분들은 무엇 때문에 박해가 일어나서 위험해진 에베소로 오셨단 말인가?"

"마리아님께서 그렇게 원하셨답니다. 에베소 교회가 풍지박산되었다는 소식을 듣고 눈물을 흘리시면서 이번에야말로 자기가 순교할 차례라고 선언하셨다는 것입니다. 요한 사도는 결국 그분의 간청에 못이겨서 노구를 등에 업고 안디옥을 떠났다고 합니다.”

　그 심경을 이해할 만하다고 두기고는 생각하였다. 마가의 집 다락방에서 성령을 받은 120명 중에서도 마리아는 가장 어른이었을 뿐만 아니라 바로 예수님의 육신을 낳은 어머니였다. 그런데 예루살렘으로부터 시작된 박해는 끊임이 없어서 스데반 집사가 순교하더니 세베데의 아들 야고보가 죽임을 당했고 맛디아가 이디오피아에서 순교했다. 그녀가 안디옥에 있는 동안 예루살렘 교회를 지키던 둘째 아들 야고보도 살해당했고, 마침내 로마에 간 베드로와 바울이 죽더니 이제 에베소 감독 디모데까지 죽었다는 비보를 받고 어찌 그냥 있을 수 있었겠는가. 그 뿐만이 아니었다. 로마와 에베소에서, 그리고 예루살렘에서 순교한 이름 모를 순교자는 또 얼마나 많았던가. 두기고는 90세 노구를 이끌고 에베소를 향하던 마리아의 아픈 마음을 짐작하며 또 한번 눈물을 닦아내었다.

　“참으로 대단하신 분이로군……. 그래, 에베소에 도착하신 다음에는 어찌 되었나?”

　“그분은 정말로 순교하실 것을 각오하셨는지 배에서 내리시자마자 부두에서부터 그리스도의 증거를 시작하셨다고 합니다. 사람들이 미친 여자라고 조롱하며 돌을 던지는 가운데 항구 대로를 꿋꿋하게 걸으면서 에베소 시민들이여, 회개하고 복음을 받으라고 외쳤다는 것입니다. 요한 사도와 막달라의 마리아가 날아오는 돌을 몸으로 막아내며 전진했지만 결국 그들은 극장 앞 가까이까지 와서 군중들에게 붙들렸답니다.”

　“……에베소 시민들이 또 한번 돌이키지 못할 일을 저질렀군.”

　“그렇습니다. 마리아님과 두 사람은 옷을 찢기우고 구타를 당하면서 개처럼 끌려서 바로 이 길을 지났던 것입니다…….”

　그들은 불빛이 영롱한 크레테 가의 사창가를 걷고 있었다. 현란한 원색의 옷차림에 갖가지의 머리 모양을 한 창녀들이 손짓을 하면서 행인들을 유혹하고 있었다. 이 창녀들의 거리로 마리아는 개처럼 끌려갔다는 것이었다.

　그때 일행은 앞쪽에서 누군가가 말을 타고 달려오는 바람에 잠시 걸음을 멈추었다. 상점들과 사창가의 불빛 때문에 아직도 사람을 알아볼 수 있는 큰 길에 나타난 기수는 늠름한 로마 귀족의 정장 차림이었다. 두기고 노인은 그 청년의 모습을 유심히 살피고 있었다.

"아는 분입니까?"

노인은 고개를 끄덕였다.

"마리우스 안드로니쿠스…… 로마의 재무관이지."

순식간에 청년은 말머리를 오른쪽으로 돌리더니 두란노 서원이 있는 쪽으로 사라져 가는 것이었다.

"어떻게 안드로니쿠스 재무관을 아십니까?"

"같은 배를 타고 왔거든. 매우 똑똑해 보이는 청년이었어. 가문의 체면을 지킬 만한 인재인 것 같더군."

그러자 사라져가는 말발굽 소리를 듣고 있던 칼리마쿠스가 갑자기 폴리캅에게 말했다.

"폴리캅, 선생님을 모시고 먼저 가게. 난 아무래도 집에 좀 들어가봐야겠어."

"칼리마쿠스…… 어쩐지 난 오늘밤 꼭 너와 함께 있어야 할 것 같은 생각이 드는데……."

"고마워, 폴리캅. 그러나 이대로 모든 것을 미진하게 남겨둘 순 없을 것 같아. 걱정해 주어서 고맙네만 내 마음은 지금 평온해."

"그럼 가보게, 칼리마쿠스. 내일 주의 날이라는 것은 알고 있겠지. 두기고 선생님께서 30년 만에 귀향하셨으니 내일 새벽의 예배는 한층 은혜로울 것으로 기대되는데."

"알겠네. 내일 아침에 모두들 뵙게 되겠지. 저…… 두기고 선생님, 끝까지 모시지 못해서 죄송합니다. 언젠가 다시 제 부친에 관한 일들을 더 듣고 싶습니다."

그렇게 인사한 칼리마쿠스는 발걸음을 빨리하여 안드로니쿠스가 사라진 골목 쪽으로 빨려들어가고 있었다. 멀어져가는 그의 뒷모습을 바라보면서 두기고 노인이 말했다.

"무척 예의 바르고 얌전한 청년이로군."

"그렇습니다. 고아로 자라났기 때문에 좀 소극적인 흠이 있기는 하나 저희 모두는 칼리마쿠스를 매우 좋아하고 있지요. 특히 요한 사도님께선 칼리마쿠스를 친아들처럼 아끼고 계시답니다."

“아니…… 그렇다면 요한 사도께서 아직도 생존해 계신단 말인가?”

“아, 그 말씀을 아직 안드렸군요. 선생님께서 오늘 밤 오르튜가의 오막살이에 도착하시면 사도님을 만나뵐 수가 있습니다.”

“오오, 주여…….”

이제 세 사람이 된 일행은 다시 걸음을 옮겨놓기 시작했다. 그리고 그때, 그들로부터 한 서른 걸음쯤 뒤에는 계속해서 그들의 뒷모습을 주시하고 걸음을 옮겨놓고 있는 한 사내가 나타났다.

사내는 불빛에도 불구하고 밤의 옷자락이 자기를 가려줄 수 있을 정도의 충분한 거리를 유지하며 그들의 뒤를 따르고 있었다. 앞서 걷는 사람들은 꽤 많은 이야기를 주고 받는 듯 이따금씩 걸음을 멈추기도 하고 주위를 둘러보기도 하면서 느린 속도로 걷고 있었다.

두기고 노인은 폴리캅과 프로코루스에게 말했다.

“사도들께서 모두 순교하신 지금 오직 홀로 살아 남으신 요한 사도님께서 자네들과 함께 계신 것은 큰 축복이라 생각하네. 아무쪼록 사도님께 많은 것을 들어 기록으로 남겨야 할 것이야.”

“그렇습니다. 아마도 사도님들께서는 이 세대가 지나가기 전에 이 일이 다 이루리라 하신 예수님의 말씀을 그대로 믿고 기록을 소홀히 하셨던 것 같습니다. 그러나 이제…… 요한님을 제외한 모든 사도들이 모두 순교하신 이 시점에서는 예수님께서 말씀하신 종말론을 새로운 시각으로 정리하고 충실한 기록을 남겨야 할 것 같습니다.”

“그래…… 요한 사도께서는 어떤 것으로 자네들에게 가르치셨나?”

“그것이 참 어려운 일인 것 같습니다. 한마디로 말씀드려서…… 그분은 늘 침묵하고 계시는 거예요. 예배를 드릴 때에도 늘 마가님이나 마태 사도님의 복음서를 읽게 하시거나 바울님의 편지를 읽게 하시고 강론은 오네시모 감독님에게 맡기신답니다. 어쩌다가 한 말씀 해달라고 부탁드리면 단 한 마디…….”

“뭐라고 하시던가?”

“아가파테 알렐루스…….”

“서로 사랑하라……. 예수님께서 마지막 만찬 때 가르치신 말씀이로군.”

"그렇습니다. 저희는 늘 궁금한 것이 많아서 여쭈어 보곤 하는데 사도님께선 그저 고개를 끄덕이기만 하시는 겁니다."

"요한님께선…… 금년에 연세가 어떻게 되신다든가? 혹시……."

"감히 여쭤보지는 못했습니다만 거의 90이 가까우신 것 같습니다. 그러나 전혀 총기가 흐려지지 않으셨고 오래 전의 기억까지도 분명하십니다. 심지어는 마가 선생님의 복음서를 줄줄 외우실 정도이시니까요."

사도들의 증언에 의하면 요한은 열두 제자 중에서도 가장 나이가 어리고 총명한 제자였다. 예수는 늘 요한을 사랑하여 측근에 두었으며, 회당장 야이로의 딸을 소생시킬 때, 다볼 산에서의 신비한 변화 사건이 일어났을 때, 그리고 겟세마네 동산에서 최후의 기도를 드릴 때에도 베드로와 요한, 그리고 요한의 형 야고보만을 대동했을 정도였던 것이다.

또한 요한은 비록 나이는 어리나 성격이 불같은 사람이어서 예수가 그 별명은 보아너게라고 붙여준 적이 있었다. 보아너게란 곧 아람어로 우뢰의 아들이라는 뜻이었다. 두기고가 바울과 함께 예루살렘에 갔을 때에도 그런 이야기들을 들었었다. 사마리아 사람들이 예수를 냉대하는 것 때문에 분개한 요한이 하늘에서 불이 내리게 하여 그들을 멸하게 해달라고 주청했다가 오히려 꾸중을 들었다는 것이었다.

그런데 지금 에베소 청년들이 전해 주는 요한의 모습은 전혀 그 때와 다른 것이었다.

"세 사람은 이제 도미티아누스 황제의 거대한 입상 앞을 지나고 있었다. 오른쪽으로는 테트라고노스 시장의 열주가 늘어서 있었고, 왼쪽에는 총독관저, 에베소 시청인 프루타네이온 그리고 음악당이 이어지고 있었다.

"폴리캅…… 아까 중단되었던 마리아님의 이야기를 계속해 주게."

"마리아님과 요한 사도, 그리고 막달라 마리아의 세 분은 군중에게 얻어맞고 침 뱉음을 당하면서 이곳까지 끌려왔습니다. 군중들은 그 세 사람을 프루타네이온 앞에서 단죄하고 처단할 작정이었어요. 아시다시피 프루타네이온의 현관 안에는 또 하나의 아르테미스 여신상이 서 있고, 아르테미스의 성화가 불타고 있었기 때문입니다."

그 때의 광경을 연상하는 듯 두기고 노인은 프루타네이온의 현관 쪽을 바라보았다. 과연 현관의 대리석 기둥들 사이로 붉은 빛을 내며 성화가 타고 있었다. 에베소의 번영을 상징하는 불꽃이었다. 그리고 그 불빛 속에 또 하나의 아르테미스 여신상이 대로를 내다보며 서 있었던 것이다.

바로 그곳에서 기묘한 역사적 사건이 벌어졌다고 했다. 모든 그리스도인들이 하나님의 아들이며 하나님 그 자신이라 믿고 있는 예수의 육체를 임신하고 그 육체를 분만한 마리아가 저 에베소의 여신 아르테미스 앞에 내던져지고 온갖 수모와 조롱을 당했다는 것이었다.

"그래서…… 저 에베소 시청 앞에서 무슨 일이 일어났소?"

"기적이 일어났습니다."

"……기적이?"

"그들 세 사람이 아르테미스 여신상 앞에 내동댕이쳐졌을 그때, 마침내 참다못한 막달라 마리아가 큰 소리로 울부짖었다고 합니다. 그녀는, '주님이시여 당신의 어머니를 구하소서!' 하고 외쳤습니다. 그런데…… 많은 군중들이 그 소리를 듣고 무슨 뜻인가 몰라서 당황하고 있는 사이에 어느덧 또 한 패의 에베소 시민들이 그 세 사람을 겹겹이 에워싸기 시작했던 것입니다. 그들은 자기들의 몸으로 그 세 사람과 성난 군중의 사이를 차단해 버렸던 것이지요. 그렇게 해서 마리아님과 그 일행은 구출되었습니다. 막달라 마리아의 울부짖는 소리를 듣고 그들을 에워싸기 시작한 사람들…… 그 사람들은 바로 오네시포루스와 퓨겔루스 그리고 허모게네스의 주동으로 배교하고 예수 믿기를 단념했던 그 사람들이었습니다. 그들은 울며 자기들의 죄를 회개한 다음 마리아님의 일행 세 사람을 중심으로 다시 교회를 재건하였습니다."

"참으로 마리아님의 믿음은 우리에게 큰 본을 보여 주셨군……."

에베소 교회의 부활만이 아니라 더욱 큰 기적은 바로 그러한 마리아의 믿음이었다. 아무리 예수가 성령의 잉태로 태어나고 그가 바로 하나님 자신이라 하더라도 어떻게 자기 배로 그를 낳은 어머니가 그 아들을 하나님으로 섬길 수 있을 것인가?

그러나 마리아의 신앙은 이미 거기까지 이르러 있었다. 천지를 창조하고 역사를 주관하는 하나님이라면 능히 한 천한 여자의 배를 자기 뜻대로 사용할 수 있다는 것이 그녀의 믿음이었다. 그리하여 마리아는 예수의 어머니이면서 그의 사도요, 그의 사랑 받는 제자가 되었던 것이다.

"그래서…… 마리아님은 오르튜가의 숲에서 얼마나 계셨는가……?"

그들이 에베소 시청과 음악당을 지나 다시 걷기 시작했을 때 두기고 노인은 물었다.

"회개한 에베소의 성도들은 세 사람을 구출한 다음 그들을 보호하며 코레소스가 산 남쪽의 오르튜가 숲까지 행진하였습니다. 아시다시피 마그네시아 문을 나서면 북쪽 길은 아야솔룩 산밑 늪지에 있는 아르테미스 신전을 향하게 되고 남쪽으로 가면 오르튜가의 숲이 나오게 되어 있습니다. 에베소의 성도들은 그 누가 인도한 것도 아닌데 남쪽으로 향했던 것입니다."

"오르튜가의 숲은……바로 아르테미스 여신이 탄생했다는 곳이 아닌가?"

"그렇습니다. 예수님의 어머니이신 마리아님은 아르테미스의 도시에 오셔서 수난과 모욕 가운데 그리스도의 복음을 전했고 프루타네이온의 아르테미스 여신상 앞에서 폭행과 조롱을 당하셨으며 다시 그 아르테미스의 탄생지라는 오르튜가의 숲에서 그 여생을 보냈던 것이지요."

"기이한 인연이로군……."

"오르튜가의 숲에 당도한 성도들은 마리아님을 위하여 작은 집을 지었지요. 마리아님께서는 워낙 노구이신데다가 에베소에서 당한 폭행 때문에 그후 오래 더 사시지는 못하였습니다. 그런 일이 있은 후의 나팔절…… 유대인의 달력으로 제 7월 즉 디스리월의 첫날부터 마당에 장막을 치고 기도에 들어가셨고, 10일부터 금식을 시작하셨습니다. 그리고 그것은 15일 즉 초막절까지 계속되었는데……."

유대인들의 전통적인 명절은 세 가지가 있었다. 그 첫번째가 니산월, 곧 1월 14일 유월절(逾越節)로 이스라엘 백성들이 4백30년간의 노예 생활로부터 벗어나 이집트를 탈출한 날을 기념하는 것이었고, 그 두번째는 칠칠절(七七節)인데 이것은 일정한 날이 정해져 있는 것이 아니었다. 칠칠절은 이집트를 탈출한 이스라엘 백성들이 40년 동안 광야를 방황하다가 드디어 약속의 땅 가나안에 진입하여 농사를 짓고 그 첫열매를 드린 다음의 안식일 이튿날로부터 49일을 계산하여 50일째 되는 날에 드리는 감사의 제사일이었다. 이것은 바로 그 동안 멀어졌던 여호와 하나님과의 새로운 화목을 다짐하는 화해의 제사였던 것이다.

그리고 그 세번째가 바로 초막절(草幕節)이었다. 이것은 이스라엘 백성들이 40년 동안 광야에서 장막에 거하던 일을 기념하기 위하여 지키는 행사였다. 모든 백성들이 집 밖 마당에, 또는 성밖이나 지붕 위에 천막을 치고 그 때를 기념하는 것이었다. 그들은 7월 1일이 되면 나팔을 불어 그 때를 알렸고 10일부터는 금식에 들어갔으며 15일이 되면 드디어 7일간의 옥외 대향연을 벌였다.

이 세 가지의 절기는 모두 예수의 생애와 관계가 깊었다. 그는 33세 되던 해의 초막절에 예루살렘으로 올라가기를 결심했으며 그 해 유월절 만찬을 끝내고 체포되고 처형당했다. 그리고 그가 부활했다는 안식일 이튿날을 그리스도인들은 주의 날, 즉 첫열매를 드린 날로 계산했으며 그로부터 50일 되는 날에 마가의 집에서 기도하던 1백20명에게 성령의 강림사건이 있었던 것이다.

그런데 그 중에서도 초막절은 유대인들에게 어느덧 소망의 절기로 바뀌어지고 있었다. 그들이 40년간 광야를 거치는 동안 백성들 뿐만이 아니라 그들의 하나님 여호와도 높은 곳으로부터 내려와 그들과 함께 장막에 거하면서 그들과 동행하였다. 하나님은 백성들을 이끄는 지도자 모세에게 자기가 내려가 거할 장막을 지으라 명하였고 내가 내려가서 너와 만나고 너와 친히 가리라고 약속하였던 것이다.

후일에 모세는 그 백성을 요단강 앞 모압 땅까지 인도하고 나서 이렇게 고백하였다.

"그는 너희 앞서 행하시며, 장막칠 곳을 찾으시고 밤에는 불로 낮에는 구름으로 너희의 행할 길을 지시하신 자니라."

그러나 이스라엘 백성들은 약속된 가나안 땅에 들어가서 배부르게 먹고 아름다운 집을 지으며 가축이 번성하고 소유가 풍부하게 되자 그들과 동행했던 하나님을 잊어버리게 되었다. 그들의 나라는 둘로 쪼개지고 마침내 그것을 잃고 난 다음에야 그들은 초막절을 지키지 않았던 것을 후회하고 통곡하였던 것이다.

그리하여 그들은 7월이 오면 마당과 들판에다가 장막을 치고 초막절을 지키면서 그들과 동행하던 하나님이 다시 강림하기를 고대하였다. 그것이 바로 메시아를 기다리는 소망이었던 것이다.

그렇기 때문에 예수가 그 생애의 클라이막스를 초막절로부터 시작한 것은 당연한 일이었다. 그의 골고다 언덕을 향한 행진은 초막절의 소망으로부터 시작되었던 것이다. 그리하여 그는 이스라엘의 역사를 몸으로 재현하였다.

그는 유월절 만찬에서 제자들에게 마지막 부탁을 하고 체포되고 희생의 제물이 됨으로써 인간의 해방을 선포하였다. 그는 장사된 지 사흘 만에 부활하여 구원받을 사람들의 첫열매가 되었고, 그로부터 50일 후에 120명의 제자들이 성령의 세례를 받았다. 이제 그들에게 남은 것은 또 하나의 초막절이었다. 즉 승천한 예수가 약속한 대로 그의 재림을 기다리는 것이었다.

그러므로 초막절을 위하여 기도와 금식을 시작한 마리아의 믿음은 이미 그리스도의 재림을 확신한 것이었다.

"디스리월 첫날 마리아님은 요한 사도님께 부탁해서 마당에 장막을 친 다음 그곳으로 옮기면서 기도를 시작하셨습니다. 그리하여 10일부터는 금식에 들어갔고, 초막절인 15일이 되자……."

그들이 음악당 옆을 지나 동방 체육관 앞을 지날 때에 그들의 뒤를 따라오던 그림자는 잠시 건물들 사이로 몸을 숨기며 충분한 거리가 유지되도록 기다리고 있었다.

"많은 에베소 시민들과 각지에서 몰려든 아르테미스 숭배자들이 여신의 탄생을 축하하기 위해 오르튜가의 숲으로 몰려들고 있었습니다. 그때 그들은 마리아님의 집 앞에 쳐진 작은 장막으로부터 아름다운 빛이 솟아나오는 것을 보고 깜짝 놀랐다고 합니다. 그리고 빛 뿐만이 아니라 숲속은 온통 신비한 향내로 가득차고 있었다는 것입니다."

뒤를 따르던 그림자는 다시 충분한 거리가 되자 길로 나서며 미행을 계속하고 있었다.

"……아르테미스의 탄생지를 순례하러 왔던 사람들은 모두 그 자리에 꿇어 앉아서 그 신비한 향내 속에 떨고 있었습니다. 그것이 마리아님의 초막절이었지요……."

"그러면…… 마리아님과 요한 사도를 따라 에베소로 왔던 막달라 마리아도 지금 여기 계시는가?”

“아닙니다. 그분은 마리아님을 수종드는 일이 끝나자 곧 에베소를 떠났습니다. 들리는 소문으로는 로마를 거쳐 베다니의 나사로 일가가 계시는 갈리아 지방의 루그두눔으로 가셨다고 합니다.”

“베다니의 나사로 일가가 지금도 살아 계신단 말인가?”

“그 당시까지는 살아 계셨다고 합니다만 그 후로도 30년이 흘렀으니까 살아 계실 나이들이 아니지요.”

“음…….”

두기고는 고개를 숙인 채 무거운 발걸음을 옮기고 있었다. 폴리캅과 프로코루스는 조용히 그 뒤를 따랐고, 또 그들로부터 상당한 거리 뒤에는 아직도 한 사내가 뒤를 밟고 있었다.

두기고가 다시 가라앉은 목소리로 말했다.

“내가 생각하기엔…… 이제부터 새로운 믿음의 문이 열려져야 한다고 생각하네. 주님 시대의 마지막 증인인 요한 사도께서 살아 계시는 동안에 그대들의 손으로 이 엄청난 사건들을 정리해 두어야 한단 말일세.”

“저희도 그렇게 마음 먹고 있습니다. 그러나 요한님께서 너무나 침묵을 지키고 계시기 때문에…… 거기에 저희들의 고충이 있는 거지요. 저희는 자주 마가님과 마태님의 기록이 서로 다른 점에 대해서 질문합니다. 예를 들면 예수님께서 예루살렘으로 올라가시기 전 여리고에서 소경거지를 눈뜨게 하기는 기록이 있는데 마가님의 기록에는 소경거지 바디매오 한 사람만을 적었고 마태님은 두 사람으로 기록하고 있는 것이라든가, 마가님은 예수님께서 예루살렘에 입성하실 때에 벳바게 마을의 집 밖에 매어 두었던 나귀새끼를 타셨다고 기록했는데 마태님은 그 때에 이미 나귀와 새끼 나귀 두 마리가 있었고 예수님께서 그 중의 새끼 나귀를 타셨다고 기록한 것 같은 일들입니다. 그러나 그런 것에 대해서 여쭤볼 때마다 요한님께서는 양쪽이 다 옳다면서 그대들의 믿음으로 풀어보라고만 말씀하시는 것이지요.”

“그런 것들이 아주 중요한 문제인 것 같지는 않아 보이네만…….”

“그렇습니다. 그러나 그것보다도 아주 중대한 문제가 하나 더 있습니다.”

“중대한 문제……?”

"그렇습니다. 그것은…… 누구나 소문으로 들어서 알고 있는 베다니의 나사로 사건을 두 분 모두가 기록에서 빼놓고 있다는 사실입니다."

"그게 사실인가?"

"그렇습니다. 아시다시피 예수님께서 죽은 나사로를 다시 살리셨다는 그 사건은 예수님의 수난과 매우 관계가 깊은 사건이라고 생각됩니다. 왜냐하면 그 사건 때문에 예루살렘 백성들이 예수님을 따르게 되자 산헤드린 공회가 예수님을 죽이려고 본격적으로 모의하기 시작했을 것이고, 예수님께서는 예루살렘에 입성하실 때 그 많은 사람들이 호산나를 외치며 자기들의 겉옷과 나뭇가지를 길에 깔고 열광적으로 환영한 것도 따지고 보면 나사로 사건 때문이었다고 할 수 있을 것입니다. 그러나 두 분은 모두 이 사건을 기록하지 않았고, 그 일에 대해서 요한님께 여쭤보아도 역시 침묵으로만 일관하고 계시는 것입니다……."

"내가 알기로는 나사로의 사건이 초막절과 유월절 사이에 있었던 것 같은데……."

"그렇습니다. 예수님께서는 초막절에 예루살렘을 올라가셨고, 무슨 까닭인지 베뢰아 지방으로 물러나셨다가 도중에 베다니로 돌아가셔서 나사로를 살리신 것 같습니다. 그 후로는 사마리아 지방 등으로 다니시다가 여리고를 거쳐서 유월절 엿새 전에 다시 베다니에 도착하셨고 그곳 문둥이 시몬의 집에서 환영 잔치를 받으신 다음 나귀 새끼를 타고 예루살렘에 입성하셨던 것입니다."

"그런데 마가님과 마태님의 기록은 어떻게 되어 있던가?"

"초막절에 예루살렘으로 올라가시던 예수님께서 사마리아 지방을 지나시다가 배척 받으신 사건까지만 기록되어 있고, 초막절 도중에 예루살렘에서 일어난 일이라든가 그 후에 다시 베뢰아 쪽으로 물러가신 일이며 나사로 사건 등이 고스란히 빠져 있습니다."

"그러면…… 그 다음 이야기는 어떻게 연결되는가?"

"예수님께서 여리고로 들어가기 전의 이야기인데 좀 엉뚱한 이야기가 나오고 있습니다."

"……?"

"제자들이 예수님께 물었습니다. 천국에서는 누가 크냐구요. 그러자 예수님께서는 어린 아이 하나를 불러 그를 가운데 세우시고 말씀하기를 어린 아이와 같이 되지 아니하면 결코 천국에 들어가지 못하리라고 하셨습니다. 이어서…… 이 어린아이 하나라도 실족케 하는 자는 연자맷돌을 목에 걸고 바다에 빠지는 것이 나으리라고 말씀하셨지요. 그리고 다시 예수님의 말씀은 용서의 말씀으로 이어집니다. 일흔 번씩 일곱 번이라도 용서해 주라는 말씀을 들려 주고 계시는 것입니다……."

"그것 참 이상한 일이로군. 마가는 유월절 날 예수님을 만난 사람이니까 또 모르지만 마태는 예수님을 시종 따라다닌 제자인데……."

"그런데 선생님, 저희에게는 바로 지난 해에 한 작은 희망이 생겼습니다."

"…… ? "

그들은 이미 마그네시아 문 가까이까지 이르고 있었다. 폴리캅은 손을 들어 오른쪽을 가리키며 두기고 노인을 안내하였다. 길에서 조금 떨어진 곳에 한 작은 무덤이 있었다.

"이게 누구 무덤인가 ? "

"의사 누가님의 무덤입니다."

"누가님의 ? "

"실은 누가님의 시신은 없고 빈 관만 들어 있습니다."

"빈 관만 들어 있다니…… ? "

"작년의 이맘 때쯤 에베소 거리에서는 이상한 청년 하나가 관을 메고 나타 났습니다. 그런데 그 관에는 물고기, 즉 익두스의 그림이 그려져 있었지요. 우리가 그 물고기의 일을 가지고 말을 걸자 그 청년은 익두스의 의미를 물어보더니 즉시 그 관을 놓고 사라지는 것이었습니다. 우리가 그 관을 집에 가져다 놓고 뚜껑을 열어보니 놀랍게도 빈 관에는 누가 선생님이 기록한 사도행전 (使徒行傳)의 사본이 들어 있었습니다."

"저런……."

"그것은 참으로 감격적인 출현이었습니다. 누가 선생님의 기록은 얼마나 상세하였던지 그림을 보는 듯 정확했습니다. 선생님께 말씀드린 것처럼 바울 님이 에베소를 떠나실 때의 수행자 이름만 해도 두기고 선생님을 포함하여 일곱 분의 이름이 정확하게 기록되어 있을 정도였으니까요."

"놀라운 일이로군. 누가는 안디옥에서 바울님을 만난 이래로 하루도 빠짐없이 그분을 수행했다고 들었네. 그분과 모든 일행들의 건강을 보살펴 주는 데도 적잖이 애를 썼는데 또 그런 굉장한 기록까지 남기셨군."

"그 뿐만이 아닙니다. 저희가 발견한 하나의 희망은……."

"……?"

"바로 그 사도행전의 서문입니다. 그 사도행전은 어떤 사람에게 보내는 편지 형식으로 되어 있었는데, 그 사람은 데오빌로라는 이름이었습니다……."

"데오빌로…… ?"

"혹시…… 아시는 이름은 아닙니까?"

"들은 적이 없는 것 같은데……."

"어쨌든 저희들의 희망은 바로 그 이름에 걸려 있습니다."

"그 이름에?"

"그렇습니다. 사도행전의 서문은 이렇게 시작되고 있습니다. ……데오빌로여, 내가 먼저 쓴 글에는 예수께서 행하시고 가르치신 일에서부터 그의 택하신 사도들에게 성령으로 명하시고 승천하신 날까지의 일을 기록하였습니다……."

"그렇다면 그 사도행전 이전에도 누가가 데오빌로라는 사람에게 보낸 글이 있다는 뜻이 아닌가?"

"맞습니다……. 더군다나 그것은 바로 행하시고 가르치신 모든 일에서부터 승천하시기까지의 일들을 기록하였다는 것입니다."

"그렇다면…… 정말로 누가가 복음서를 기록하였다면, 그리고 그것을 찾을 수만 있다면 뜻밖의 기록이 나올는지도 모르겠군. 왜냐하면 마가는 줄곧 베드로 사도님을 따라다닌 사람이고 마태 역시 가버나움 출신의 제자이니 모두 그 생각이 같은 줄기라고 볼 수 있으나 누가는 안디옥 출신의 헬라 사람이요, 그는 또 예수님의 직계 제자가 아닌 바울님을 수행한 사람이기 때문에 상당히 객관적으로 예수님의 자료들을 정리할 수 있었을 것 같아……."

"그렇습니다. 저희들이 기대하고 있는 것은 바로 그것이지요."

"요한님도 그것을 알고 있나?"

"그러믄요. 저희가 누가님의 복음서가 나타나면 기대할 것이 많겠다고 말씀드렸더니 오히려 그것이 나타날 수 있도록 기도하라고 말씀하시는 거예요."

"음……."

"어쨌든 그래서 저희는 그 빈 관을 이곳에 묻고 누가님의 무덤이라는 이름을 붙였습니다. 그분도 이제는 돌아가실 만한 나이가 되셨을 터이니 과히 실례되는 일은 아니겠지요……."

그들은 다시 길로 나와서 마그네시아 문을 지나 시내를 건넜다. 아르테미스 신전 쪽으로부터 내려오는 도로와 마주치는 지점에서 그들은 오른쪽으로 꺾어져서 남쪽을 향해 걸음을 재촉했다.

얻는 자와 잃은 자

　아직도 두란노의 서원(書院)에 불이 켜져 있는 것을 보고 안드로니쿠스는 고개를 기우뚱하면서 말에서 내렸다. 이미 시간으로 보아 서생들의 공부시간은 끝났을 것이고, 설사 사람들이 남아 있었다 해도 아르테미스의 축제에 참가하기 위해서 모두들 거리로 나갔을 것이기 때문이었다.
　서원은 길가를 따라 2층으로 건축되었고, 아름다운 아치형의 대리석 정문을 들어서면 아담한 정원을 지나 안채로 들어가게 되어 있었다.
　(……?)
　아치형의 문을 들어서면서 안드로니쿠스는 서원 쪽에서 들려오는 아이들의 음성과 그 가운데 간간이 섞여 들려오는 여인의 목소리에 귀를 기울였다. 그는 천천히 소리가 나는 쪽으로 걸음을 옮겼다. 구수한 음식 냄새가 스며 나오고 있었다. 그는 화랑 안으로 들어서서 열려져 있는 창문 틈으로 안을 엿보았다.
　수십 명의 아이들이 한 여인으로부터 먹을 것을 배급받고 있었다. 아이들은 모두가 너덜거리는 누더기를 걸쳤고, 더러운 모습들이었다. 안드로니쿠스는 본능적으로 미간을 찌푸렸다. 전 세계를 지배하는 대로마 제국도 도시마다 세균처럼 번식하는 가난을 어찌지 못하고 있었다. 구제해도, 구제해도 골목마다 쏟아져 나오는 빈민들과 거지들은 로마의 영광을 가리우는 치부였던 것이다. 그래서 로마의 귀족들은 거지들만 보면 미간을 찌푸리는 버릇과 함께 얼른 고개를 돌려서 외면하는 습관까지도 가지고 있었던 것이다.

그러나 안드로니쿠스는 그것을 외면할 수가 없었다. 그 더러운 아이들에게 음식을 나누어 주고 있는 여인이 어딘가 낯익은 것 같았기 때문이었다. 잠시 더 안의 동정을 살피고 있던 그는 마침내 서원의 출입문 쪽으로 발을 옮겼다. 그리고 안을 향하여 한발짝을 내디뎠다. 다시 여인의 음성이 들려왔다.

"자아…… 다들 받았지요? 그럼 이제 우리에게 이렇게 음식을 주신 하나님께 기도해요. 자 오늘은 누가 대표로 기도를 할까?"

그러자 맨 앞에 앉아 있던 소년이 벌떡 일어섰다. 비교적 옷차림이 깨끗했고 그 눈망울은 샛별처럼 반짝이고 있었다.

"그럼 오늘은 우리의 착한 형제 가이우스가 기도를 하겠어요. 다함께 손을 가슴에 모우고 눈을 감으세요."

재잘 거리던 아이들이 일시에 조용해졌다. 가이우스라는 소년은 또렷한 음성으로 기도를 드리는 것이었다.

"우리를 사랑하시는 하나님 아버지, 오늘도 저희에게 일용한 양식을 주시니 고맙습니다. 저희가 이 음식을 먹고 건강하게 자라서 진리와 함께 살고 이웃을 사랑할 줄 아는 훌륭한 사람이 되도록 인도하여 주세요. 우리 주 예수 그리스도의 이름으로 비나이다."

그러자 모든 아이들은 일제히

"아아멘."

하고 화답하는 것이었다. 기도를 마치고 눈을 뜬 아이들은 마악 먹기를 시작하려다가 문 안으로 들어선 안드로니쿠스를 보고 모두들 동작을 멈추었다.

"어서들 먹지, 뭘 보고 있어요?"

그렇게 말하면서 아이들의 시선을 따라 고개를 돌리던 여인의 눈이 갑자기 커졌다.

　비록 허름한 스톨라를 걸쳤고 흘러내린 머리카락이 이미를 덮기는 했으나 송알송알 땀방울이 맺힌 콧등이며 초롱초롱한 눈매는 옛날과 다름이 없었다. 안드로니쿠스는 좀 긴장하여 마른 침을 삼키며 약간 잠긴듯한 목소리로 입을 열었다.

　"드루시아나, 날 알아보겠소? 난 마리우스 안드로니쿠스요."

　드루시아나는 비로소 입가에 미소를 지으며 고개를 끄덕였다.

　"첫눈에 알아보았어요. 여전히 미남이시고 씩씩하신 모습이로군요."

　그녀는 새삼스레 자신의 모습을 살펴보며 부끄러운 듯이 말했다.

　"이렇게 오실 줄 알았으면 좀 더 예쁘게 차릴 수 있었을 텐데……."

　"천만에, 드루시아나의 모습은 언제고 아름답소."

　드루시아나는 문득 모든 아이들이 그들 두 사람을 주목하고 있는 것 같아서 그들에게로 돌아섰다.

　"어서들 들어요. 식사를 끝내면 언제나 하는 대로 그릇을 한 곳에 모아두도록……."

　그녀는 아이들에게 당부를 끝내고 나서 안드로니쿠스를 밖으로 안내했다.

　정원의 분수대 주위에는 노오란 나르텍스 꽃이 반짝거리고 있었다.

　"오래간 만의 귀향이시지요? 로마에서 오는 사람들을 통해서 소문은 많이 듣고 있었지요."

　"정말 반갑소. 우린 너무 어렸을 때 만났었기 때문에 처음 만나면 말문이 막힐까봐 걱정을 했었지요."

　"안드로니쿠스 도련님은 어렸을 때부터 매우 점잖으셨지요. 길에서 처녀들과 마주치면 얼굴이 빨개지시기도 한 것이 기억나요."

　"그랬었나요?"

　"그러믄요. 도련님은 우리 여학생들 사이에서 늘 화제의 대상이 되곤 했었거든요."

　"드루시아나, 우리가 처음으로 함께 춤을 추었던 것은…… 바로 아르테미스의 축제가 있던 밤이었지요?"

　"기억하고 있어요. 그때 모든 에베소의 사내애들과 여자애들은 가면을 쓰고 부두에서 춤을 추었지요."

"그때 우리는 서로 누군지도 모르고 한참 동안이나 춤을 추었어."

드루시아나는 방그레 웃으며 안드로니쿠스를 올려다보았다.

"사실은…… 전 처음부터 도련님을 알아보았었어요."

"어떻게 나를 알았지……?"

"전 이미 도련님의 걸음걸이만 보고도 알아볼 수 있었거든요. 그런데…… 어떻게 여길 오신거죠? 공식 방문이라면 안으로 안내를 할까요?"

그러자 안드로니쿠스는 조금 긴장하면서 드루시아나를 바라보았다.

"안으로 들어가기 전에 먼저 하고 싶은 이야기가 있소."

"……?"

"너무 직선적으로 물어서 미안하지만…… 난 아폴로니우스 선생님께 부탁을 드려서 드루시아나 양에게 청혼을 했었소."

드루시아나는 조용히 고개를 끄덕였다.

"당신의 부모님을 만나기 전에 먼저 본인의 이야기를 듣고 싶소."

"어째서…… 안드로니쿠스 도련님께서는……."

"드루시아나, 우리가 아르테미스 축제에서 만났을 때에는 내 이름을 그냥 마리우스라고 불러 주었었소. 난 지금도 그 쪽을 더 듣고 싶어. 안드로니쿠스 도련님은 너무 길거든."

"마리우스, 로마에는 아름답고 교양 있는 처녀들이 많이 있었을 텐데 어째서……."

"사실을 고백하자면…… 난 에베소를 떠난 후 지난 6년 동안 당신을 한 번도 잊은 적이 없었소. 난 나와 결혼해 줄 상대로서 드루시아나 외에는 결코 생각해 본 적이 없었다오. 그리고…… 난 지금도 기대하고 있소. 내가 당신을 생각했던 것의 절반 정도라도 당신이 날 생각해 주었기를……."

"마리우스."

드루시아나는 흘러내리는 앞머리를 손가락으로 쓸어넘기며 정다운 눈으로 구혼자를 바라보았다.

"아마도 누구나 에베소의 처녀라면 한번쯤 마리우스를 신랑감으로 상상해 보았을 거예요. 특히 저같은 경우엔…… 아마도 부끄러울 만큼이나 여러 번 마리우스의 생각을 했거든요. 그러나……."

“그러나…… ?”

“마리우스, 당신은 모든 에베소 시민들이 기대를 걸고 있는 인재이고……
로마 제국이 필요로 하는 젊은 관료이세요. 아마도…… 마리우스는 너무나
제게서 멀어진 듯한 느낌이 들어요.”

“그렇지 않아요. 난 당신이 원한다면 그까짓 모든 관직쯤은 다 내버릴 수
있어. 드루시아나…… 당신만 허락한다면 우리들의 결혼을 방해할 것은 아무
것도 없소. 드루시아나…….”

안드로니쿠스는 한걸음 더 다가서서 드루시아나의 왼손을 오른손으로 움켜
잡았다.

“드루시아나, 결혼하겠노라고 말해 주시오. 그렇게 해 준다면 나는 오늘밤
어느 전쟁에서 개선했을 때보다도 더 큰 승리자가 될 것이오.”

“마리우스…….”

그녀는 안드로니쿠스의 뜨거운 손 안에서 자기의 손을 살며시 빼내며 입을
열었다.

“아직도 아폴로니우스 선생님을 못만나셨나요 ? ”

“총독 각하의 관저에서 이미 만나뵈었소.”

“저에 관한 일에 대해서 아무 말씀도 없으시던가요 ? ”

“드루시아나의…… 신앙에 관한 이야기 말씀이요 ? ”

“들으셨군요 ? ”

“드루시아나, 알다시피 로마 제국은 세계 각국의 모든 종교를 용납하고 있
소. 당신이 혼자 무슨 신앙을 갖든 난 상관하지 않을 것이오.”

“그러나 마리우스…… 로마 제국은 지금 그리스도 신앙을 위험한 불법적
종교로 보고 크리스티아누스들을 박해하고 있어요. 마리우스, 당신은 그런 위
험 속에 자진하여 뛰어들 필요가 있을까요 ? ”

“드루시아나, 그것은…….”

“알고 있어요. 로마 정부가 크리스티아누스들을 박해하는 것은 다른 이유
때문이라고 말씀하시려는 거죠 ? ”

“그렇소. 내가 알기로는 당신네들의 그리스도 신앙에는 별다른 문제점이
없는 것 같소. 그런데도 이상한 것은…… 늘 국가적인 문제가 생기기 시작하

면 크리스티아누스들이 그 책임을 뒤집어 쓰게 되는 것이오. 지난번 네로 황제 때 로마의 화재사건을 보아도 그렇고……. 지금도 로마에서 체포되고 있는 사람들은 분명이 다른 이유 때문인데도 크리스티아누스란 죄목으로 구속되고 있거든."

"바로 그것이에요. 마리우스…… 크리스티아누스들은 남의 짐을 덜어 줄지언정 남의 짐이 되는 일은 하지 않아요. 아무리 당신과 결혼하고 싶은 마음이 있다 하더라도…… 전 그렇게 해서 당신의 짐이 되어드리고 싶지는 않은 거예요."

안드로니쿠스는 다시 얼마 전에 투옥된 플라비우스 클레멘스 집정관을 생각하고 있었다. 황제의 조카인 플라비아 도미틸라의 남편이며 집정관인 클레멘스도 크리스티아누스라는 혐의로 체포되는 마당에 안드로니쿠스가 크리스티아누스인 처녀와 결혼한다는 것은 마치 화산을 안고 살겠다는 것과 똑같은 일이었던 것이다. 그러나 그는 어금니에 힘을 주며 말했다.

"드루시아나, 난 위험이 두려워서 마음에 없는 여자와 결혼할 만큼 뻔뻔스럽지는 못하오. 나는 아직 젊고, 허리를 굽히며 살기에는 너무나 긴 앞날이 남아 있소. 드루시아나, 내 마음을 헤아려 주시오. 지금 이 순간 내게는 드루시아나 외의 그 어느 것도 필요하지 않소. 당신과 결혼하기 위하여 무엇인가 버려야 한다면 난 내게 있는 어떤 것이든 아낌없이 다 버리겠소. 그것이 젊은이의 기백이며 멋이 아니겠소?"

"마리우스, 당신은……."

안드로니쿠스는 다시 오른손을 내밀어 그녀의 왼손을 잡았다. 그리고 그 손에 힘을 주며 조금씩 끌어당기기 시작했다. 그녀의 반짝거리는 두 눈과, 그리고 붉고 향내나는 입술이 점점 안드로니쿠스의 얼굴 가까이 다가오고 있었다.

"마리우스…… 당신은 정말 위험한 일을 시작하려 하는군요."

"드루시아나, 본래 남자의 일생은 위험 속에서 시작되고 그 속에서 크는 거야."

"만일 저와 결혼을 하신다면…… 크리스티아누스식의 결혼식을 할 수 있겠어요?

"……."

"유카리스테오에서 그리스도의 빵과 포도주를 받고 교회의 지도자로부터 축복의 기도를……."

"……요한 사도 말인가?"

"어떻게 아셨지요?"

"드루시아나…… 당신이 원한다면 무엇이든지 하겠소."

그들의 입술이 마악 불꽃을 튀기며 포개지려는 순간 갑자기 대문 쪽으로부터 한 청년의 음성이 날아왔다.

"당신의 용기에 감탄했소, 안드로니쿠스 재무관."

순간, 안드로니쿠스의 얼굴이 팽팽하게 긴장하면서 문 쪽을 향했다. 어둠 속에서 희끄무레한 그림자가 천천히 다가오고 있었다.

"누구냐, 남의 이야기를 엿듣는 무례한 놈은?"

"핫하하…… 왜 그렇게 놀라시오? 황제의 델라토르라도 나타난 줄 아시었소?"

안드로니쿠스는 드루시아나의 손을 놓고 그 청년 쪽으로 돌아서며 경계의 자세를 취했다. 다가오는 청년을 바라보던 드루시아나가 손을 입으로 가져갔다.

"아니……."

그러자 청년은 다시 드루시아나에게로 향하며 말했다.

"은밀한 분위기를 깨어서 미안하군, 드루시아나. 그러나 나도 이제는 결판을 내야 할 것 같아서 부득이 나선 거야."

"칼리마쿠스……."

그러자 안드로니쿠스도 따라서 그 이름을 되뇌었다.

"칼리마쿠스? ……내 기억에 의하면 혹시 자네는 이 댁에서 자라났다는 그……."

"그렇소. 난 고아로 태어나서 이 두란노 가의 양육을 받은 사람이오."

"그렇다면 우리는 점잖게 인사를 나눠야 할 처지로군."

"이미 우리가 서로 알고 있는 처지라면 인사는 생략해도 될 듯 싶소. 다만 나로서는 안드로니쿠스 재무관에게 한 가지 묻고 싶은 게 있소."

"……?"

칼리마쿠스는 이제 어둠 속에서도 얼굴이 보일 만큼 가까이 다가와 있었다.

"본의 아니게 두 분의 이야기를 듣고 말았소만, 정말 당신은 크리스티아누스와 결혼을 해도 되겠소?"

"그건…… 자네가 상관할 일이 아닐 것 같은데?"

"상관할 이유가 있기는 있소. 나도 당신과 같이 저 드루시아나 양에게 구혼을 할 예정이므로……."

드루시아나가 어쩔 줄을 몰라하며 두 손으로 얼굴을 감싸고 있었다.

"아, 그건 뜻밖이로군. 난 그저 자네가 드루시아나 양과 남매 같은 사이인 줄만 알았는데……."

"이렇게 되면 우리가 같은 여자와 결혼할 수는 없으니 한 쪽이 양보를 해야만 될 것 같소."

"그것이 바로 자네 쪽이 되겠군."

"그렇게 되면 좋겠지만…… 당신 쪽에 문제가 있을 것 같은데……."

"문제라고?"

"그렇소. 아까 들어보니 당신은 유카리스테오에서 빵과 포도주를 받고 결혼식에 사도의 축복을 받겠다고 했는데 그것이 무엇을 의미하는 줄 아시오?"

"……?."

"그것은 곧 당신 자신이 크리스티아누스가 된다는 뜻이오. 당신은 하나님 앞에서와 사람들 앞에서 전능하신 하나님 아버지를 믿으며 그 외아들 예수 그리스도를 믿는 크리스티아누스가 되었다고 떳떳하게 말할 수 있겠소?"

"……."

"그것을 못한다면 당신은 드루시아나의 신랑이 될 수 없는 것이오."

칼리마쿠스는 안드로니쿠스 쪽에서 얼른 대답을 못하자 다시 드루시아나를 돌아보았다.

"드루시아나…… 네가 형식적인 절차만을 밟아서 이 사람과 결혼한다 하더라도 하나님의 뜻은 거기에서 그치지 않을 것이고 넌 기어코 이 사람을 크리스티아누스로 만들어야 할 거야. 그런데 이 사람은 지금 대답을 못하고 있어. 넌 이것이 하나님의 뜻이라고 생각해? 드루시아나, 난 도저히 네 생각을 이해할 수 없다. 명문가의 비단옷과 금은 보석에 현혹된 것은 아니겠지? 로마에서의 멋진 생활에 유혹받고 있는 것은 아니겠지?"

"칼리마쿠스, 난, 난……."

"네가 가버리면 이 에베소의 가엾은 고아들은 어떻게 하고, 네가 그토록 귀여워하던 고아 가이우스는 어떻게 할 테야? 설마 로마로 데려가서 늠름한 귀족으로 키우겠다고 말하지는 못하겠지? 드루시아나, 요한 사도님은 언제고 우리에게 눈에 보이는 것 때문에 현혹되지 말라고 가르치셨어. 넌 지금 무엇을 보고 있는 거지? 하나님이야, 아니면 로마의 권세야?"

"칼리마쿠스, 내게 그런 말을 하는 것 이해할 수 있어요. 그러나…… 이럴 때 여자의 마음은…… 정말이지 본인이 아니고는 이해하지 못해요."

이제 그녀는 두 손으로 얼굴을 가린 채 아예 울어버리고 있었다. 칼리마쿠스는 그녀에게로 한발짝 더 다가섰다.

"드루시아나, 미안해. 정말이지 네 마음을 아프게 하고 싶지는 않았어. 그러나 사람은 일시적인 감정 때문에 다시는 돌이키지 못할 길로 빠져버릴 수도 있는 거야. 드루시아나, 내가 이렇게 하는 것은 꼭 너를 차지하고 싶은 욕심 때문만이 아니야. 안타까워서 그러는 거야. 난……."

칼리마쿠스는 잠시 심호흡을 하면서 나르텍스 꽃잎을 바라보다가 처연한 음성으로 말했다.

"아마도 나는…… 고아로 태어나 남의 집에서 자란 주제에, 그것도 배교자의 아들인 주제에 무슨 건방진 수작이냐고 생각할 거야……."

"아니에요!"

드루시아나는 얼굴을 가리웠던 손을 떼며 완강하게 부르짖었다.

"난 다만, 다만……."

"드루시아나, 우린 어렸을 때부터 줄곧 같이 자랐고 언제나 네 곁에는 내가 있었어. 난 너의 잠버릇이 어떻다는 것도 알고, 네가 좋아하는 꽃이 무엇인지, 그리고 네가 좋아하는 음악이 무엇인지도…… 모두 다 알고 있어. 내가 늘 네 곁에 있었기 때문에 넌 그것을 못느꼈을지 모르지만 넌…… 넌 아마도 내가 없으면……."

"칼리마쿠스, 난 다 알고 있어요. 칼리마쿠스가 없으면 얼마나 허전할는지도 난 모두 다 알고 있어요. 그러나, 그러나……."

"드루시아나, 넌 이 에베소를 떠나서도 그리스도의 길을 걸을 수 있다고 생각해? 재무관 저택의 안방에서 숨조차 크게 쉬지 못하면서 너의 뜨거운 믿음을 지킬 수 있을 것 같아?"

드루시아나가 어쩔 줄을 모르고 있을 때, 곁에서 듣고만 있던 안드로니쿠스가 다시 입을 열었다.

"칼리마쿠스…… 자네는 지금 종교적 문제를 가지고 결혼의 문제와 연결시키려 애쓰고 있는 모양인데…… 내가 보기엔 적절한 논리라고 인정하기 어렵군."

칼리마쿠스도 지지 않으려는 듯 그를 향해 돌아섰다.

"그렇다면 당신은…… 서로 다른 신앙을 가진 채 평탄한 결혼 생활을 할 수 있다고 보시오?"

"내가 지금 자네 말을 들어보니…… 그 정도를 가지고 여자의 마음을 돌리기에는 역부족인 것 같네. 사람의 마음이란 강물처럼 유유하게 흘러 가는 거야. 자네는 지금 그 강물을 돌 몇개로 막아보려 하고 있어."

그는 칼리마쿠스를 향하여 동정의 눈길을 보내며 드루시아나를 바라보았다.

"자아, 드루시아나 아가씨! 이제 더 이상 이 가엾은 청년을 괴롭히지 말고 그대의 진심을 밝혀주시오."

칼리마쿠스도 드루시아나 앞에 두 팔을 펴 보이며 말했다.

"드루시아나, 넌 요한 사도님의 말씀을 기억하고 있을 거야. 눈에 보이는 것은 이 세상 것이고, 이 세상 것을 사랑하지 말라고 말씀하셨어. 이 세상 것을 사랑하면 하나님의 사랑이 그 속에 있을 수 없다고 가르치셨지. 드루시아나, 우리가 세상 임금 앞에 나아갈 때 성령께서 대답할 말을 준비해 주신다고 했어. 성령께서 일러주시는 대로 대답해 봐."

그러나 안드로니쿠스의 요구는 달랐다.

"드루시아나, 난 어떤 다른 대답도 듣고 싶지 않소. 난 다만 내가 사랑하는 여인 드루시아나 바로 그 사람의 대답을 듣고 싶소. 내겐 지금 신의 대답 같은 것은 중요하지 않소. 난 오직 드루시아나 그대의 대답이 듣고 싶을 따름이오.

지금 내게 필요한 것은 신도 아니고 세상도 아닌 오직 드루시아나 그대뿐이기 때문에."

드루시아나는 이제 두 청년 사이에 서 있었다. 그 한 청년은 대로마 제국의 떠오르는 별이요, 젊은 재무관이며 명문가의 후예인 늠름한 풍채의 마리우스 안드로니쿠스였고, 또 한 청년은 누구보다도 마음씨 곱고 조각처럼 깨끗한 모습을 지녔으나 나서부터 고아였고 배교자 오네시포루스의 아들인 칼리마쿠스였던 것이다.

무거운 침묵이 흘렀다. 나르텍스의 꽃잎도 이 순간이 안타까운 듯 파르르 떨고 있었다. 그리고 어느덧 식사를 끝낸 서원 안의 꼬마들이 무슨 일인가 싶어 고개를 내민 채 눈망울들을 또르르 굴리고 있었다.

이윽고 드루시아나는 손등으로 눈물을 닦으며 칼리마쿠스를 향했다.

"칼리마쿠스……."

"……?"

하늘과 땅과 지붕과 그리고 살아 있는 모든 것들의 호흡이 일시에 얼어붙는 것 같은 순간이었다.

드루시아나는 모든 일들의 빚마다 모조리 마셔버리려는 듯 밤하늘을 바라보더니 이윽고 비수처럼 푸른 빛이 감도는 언어들을 토해놓기 시작했다.

"칼리마쿠스, 난 언제나 칼리마쿠스를 좋아했고 의지해 왔어요. 칼리마쿠스는 누구에게서나 사랑받는 분이고 또 그럴 수 있는 분이에요. 그리고 무엇보다도 중요한 것은 당신이 하나님의 크신 사랑 가운데 있다는 사실이에요. 칼리마쿠스, 당신은 모든 사람을 사랑하시는 분이고 모든 사람으로부터 사랑을 받는 분이에요……."

드루시아나는 너무나 혼신의 힘을 다하여 말하고 있었으므로 호흡이 가빠져서 잠시 쉬지 않으면 안될 정도였다. 그녀는 겨우 호흡을 가누고 나서 다시 말을 이었다.

"칼리마쿠스, 다시 말씀드린다면…… 당신은 내가 없어도 얼마든지 아름다운 인생을 사실 수 있는 분이에요. 당신에게는 언제나 빛나는 소망과 불굴의 이상이 충만해 있을 거예요. 그러나……."

"이분은…… 세상 사람들이 말하기를 모든 것을 가진 분이라고 하는데 사실은 아무 것도 가진 것이 없어요. 이 분에게는 위로하시는 하나님도 안계시고, 사랑해 주는 이웃도 없어요. 만일 내가 이 분을 그냥 돌려보낸다면…… 이 분은 너무나 가엾어지실 것 같아요. 만일 내가 이 분을 잡아드리지 않는다면 이 분은 무서운 바람만 부는 절망의 어둠 속으로 펄렁거리며 떠내려 갈 것만 같아요."

칼리마쿠스의 얼굴이 어둠 속에서 납처럼 창백해지고 있었다.

"드루시아나, 넌 지금 무슨 말을 하고 있는 거야? 로마 제국의 재무관 안드로니쿠스보다 고아이며 가난뱅이인 내가 더 부유한 자라고 말하다니!"

"칼리마쿠스, 이 세상 지위와 부귀가 얼마나 헛된 것임을 당신은 잘 알고 있지 않아요? 이 분이야 말로 지금 세상에서 가장 가난한 분이에요."

안드로니쿠스는 정말 감격한 듯 떨리는 목소리로 드루시아나에게 말했다.

"오오, 총명한 드루시아나! 당신은 어쩌면 그토록 사람의 마음을 꿰뚫고 있소? 당신의 말이 바로 맞았소. 많은 사람들이 나를 부러워하고 많은 사람들이 나를 가진 자라 하더라도 나는 참으로 가난한 사람이오. 나는 이 가난한 마음을 들고 당신에게 왔소. 내가 당신과 결혼한다 하더라도 내가 당신에게 줄 수 있는 것은 오직 이 가난한 마음뿐이라오. 당신은 바로 말하였소. 당신이 나를 버린다면 난 세상에서 가장 불쌍한 사람이 될 것이오. 당신의 말대로 나는 깊이를 모르는 어두움 속으로 한없이 떨어져 가는 가엾은 신세가 될 것이오."

"거짓말! 안드로니쿠스 재무관! 당신은 지금 퇴폐한 로마 귀족들의 음탕한 연애시를 읊고 있는 거야!"

"칼리마쿠스, 이미 드루시아나 아가씨의 마음은 강물처럼 흐르고 있네. 자네가 이 연약한 숙녀의 마음을 더 이상 괴롭힌다면 나는 이 아가씨를 사랑하는 남자로서 더 이상 보고만 있을 수 없을 것 같네."

칼리마쿠스는 아직도 단념하지 못한 채 온몸을 후들후들 떨며 그 자리에 서 있었다.

"드루시아나…… 다시 한번 생각해 봐. 지금 이 순간은 너와 나 사이의 가장 중요하고 무서운 순간이야."

마침내 드루시아나는 단호한 표정을 지으며 칼리마쿠스를 바라보았다.

"칼리마쿠스, 난 이분, 마리우스 안드로니쿠스님의 청혼을 받아들이기로 했어요. 아무래도 난 이분에게 필요한 사람인 것 같아요. 그리고 칼리마쿠스, 내가 이분과 결혼하더라도 하나님께서 당신을 지켜주실 것이며…… 하나님께서 나보다 훨씬 훌륭하고 아름다운 신부를 당신을 위해 예비해 주실 것이라 믿어요."

"아아……."

칼리마쿠스는 금방 땅바닥에 주저 앉아버릴 것처럼 비틀거리고 있었다. 그는 두 손으로 창백한 얼굴을 감싸더니 다시 하늘을 향하여 그 두 손을 벌렸다.

"아아…… 엘리야의 하나님 여호와는 어디 계시나이까……?"

칼리마쿠스의 입에서 새어나온 탄식은 바로 요단강가에서 외친 엘리사의 탄식이었다. 이스라엘 왕조의 부패를 탄핵하고 많은 기적을 보이며 경고했던 대선지자 엘리야의 제자 엘리사는 그 선생이 회리바람을 타고 승천해 버리자 조국의 장래가 근심스러워 요단강가에서 탄식하고 있었다. 그는 버리고 간 엘리야의 겉옷으로 요단강 물을 때리며

"엘리야의 하나님 여호와는 어디 계시나이까?"

하고 울부짖었는데 갑자기 그의 눈 앞에서 기적이 일어났다. 요단강 물이 둘로 갈라지는 기적이 일어났던 것이었다.

그러나 칼리마쿠스의 탄식에도 불구하고 엘리사의 기적은 일어나지 않았다. 드루시아나의 작은 입에서는 이제 아무런 음성도 나오지 않고 있었다.

"엘리야의 하나님이여…… 한 사내는 당신을 믿지 않음으로 인하여 아름다운 아내를 얻었고…… 이 칼리마쿠스는 당신으로 인하여 신부를 잃었습니다……."

마침내 그는 힘없이 돌아서서 비틀거리며 어둠 속으로 사라져 가기 시작했다.

"다윗의 하나님이여…… 당신은 어디 계십니까? 당신은 다윗에게 여덟 명의 아내를 허락하셨으면서…… 이 칼리마쿠스에게는 단 하나인 드루시아나를 허락하지 않으셨습니다……."

이제 그의 울부짖는 소리는 허공에 흩어져 가고 있었다.

"다윗의 하나님이여…… 당신은 칼리마쿠스의 하나님이 아니십니다…….

이제 나는 드루시아나가 말한 것처럼 절망의 어둠 속으로 펄렁거리며 떨어져 내려갈 것입니다……."

그는 두 손을 하늘로 쳐들며 미친듯이 웃기 시작했다.

"다윗의 하나님이여…… 당신은 나를 찾지 마십시오……. 나는 이제 어둠 속으로 내려 갑니다……. 내가 무덤에 내려갈 터이니 내 피가 무슨 소용이 있으리오……. 티끌과 먼지가 어찌 주님을 알아볼 수 있으리이까……?"

칼리마쿠스의 모습과 음성은 정말 어둠 속으로 펄렁거리며 사라져가고 있었다. 그가 사라져가는 어둠을 망연히 바라보고 서 있던 드루시아나는 마침내 더 이상 견디지 못하고 두 손으로 얼굴을 가리며 울음을 터뜨렸다. 그녀가 곧 쓰러질 것만 같아서 안드로니쿠스는 얼른 그녀의 상반신을 가슴에 안았다. 안드로니쿠스의 품에 의지하여 드루시아나는 그렇게 하염없이 울고 있었던 것이다.

드루시아나 말고도 두란노 서원의 한쪽 구석에는 소리를 죽여 우는 흐느낌이 있었다. 바로 어둠 속에서 그들의 숨막히는 결전을 바라보고 있던 파리한 모습의 고아들이었다.

어두운 밤하늘에 총총하게 빛나던 별들 모두가 유성처럼 아래를 향하여 흐르고 있었다. 아이들의 눈물이 흐를 때마다 그렇게 별들은 힘없이 흘러 떨어지는 것이었다.

모든 것이 물처럼 흐르는 두란노 서원의 뜰에서 먼저 정신을 가다듬은 것은 안드로니쿠스였다. 그는 아직도 흐느끼고 있는 드루시아나의 가냘픈 어깨를 가만히 잡아 흔들었다.

"드루시아나, 오늘 밤은 내게 평생 잊지 못할 밤이 되었소. 당신은 나를 이해해 준 유일한 사람이고 나는 오늘 그 사람의 사랑을 얻었소. 오늘 밤의 이 감격이 나의 일생을 지배할 것이고, 나는 당신의 성실하고 유능한 남편이 될 것이오. 드루시아나, 당신의 눈물은 그 아름다운 마음씨를 말해주는구려. 그러나 이제 우리들의 아름다운 미래를 위해서 그대의 미소를 보여주시오."

안드로니쿠스는 여인을 안은 손에 힘을 주었다. 마주 안은 드루시아나의 손에서도 파르르 떨리는 신뢰의 언어가 전달되어 오고 있었다.

"오늘 밤이 우리에게 영원하기를…… 드루시아나의 아름다움이 오늘 밤과 함께 무궁하기를……."

안드로니쿠스의 입술이 여인의 이마에 닿고 있었다. 땀에 젖은 여인의 이마가 신비로운 향기를 뿜어내고 있었다. 흘러내린 머리카락이 입술을 간지르고 있었다. 안드로니쿠스는 오른손을 위로 올려 여인의 보드라운 뺨을 쓰다듬다가…… 손 끝에 가만히 힘을 주면서 그 뺨을 들어 올렸다. 눈물로 범벅된 뜨거운 입술이 다가왔다. 두 사람 모두가 몸을 떨고 있었다. 심장의 고동이 너무나 벅차서 금새 발 밑이 꺼져버리기라도 할 것 같았다. 누구에게선지 모르게 신음 소리가 터져 나오고 있었다. 그리고 그들은 서로를 세차게 안으며 그대로 하나가 되어버렸다. 그것은 과연 모험이었고 도전이었다. 안드로니쿠스의 말대로 그것은 어느 누구도 막을 수 없는 홍수였고 해일이었다. 어느 누구도 그들을 떼어놓을 수 없었다. 하늘과 땅과 그리고 어둠과 바람이 모두가 숨을 죽인 채로 그들의 결의를 바라보고만 있을 따름이었다.

어디서부터인지 아름다운 음악이 스며들고 있었다. 어떤 바람이 그 소리를 몰고 왔을까. 떨어질 줄 모르는 연인들의 마음과 마음 사이로 아름다운 선율이 스며들기 시작하고, 안드로니쿠스는 꿈에서 깨어나는 아담처럼 가늘게 눈을 뜨고 있었다.

"드루시아나……."

"……네."

"……사랑하오. 당신은 내 모든 것…… 멀리서 당신을 향해 달려온 보람이 있었소. 내가 세상에 태어난 이유는 바로 당신을 만나기 위함이었던 것임을 지금 깨달았소……."

드루시아나는 살며시 입술을 떼면서 그녀의 얼굴을 안드로니쿠스의 넓은 가슴에 묻었다. 그녀가 입을 열자 타는 듯한 숨결이 안드로니쿠스의 가슴 속으로 깊숙이 스며들고 있었다.

"마리우스…… 한 연약한 여자의 일생을 당신의 손에 맡기겠어요……. 전 이제부터 당신의 하녀예요……."

그것이 바로 안드로니쿠스가 바라고 있던 여인상이었던 것이다. 로마의 거세고 극성스러운 여자들을 마다하고 에베소의 옛 여인을 찾아온 그의 계산은 역시 옳았었다.

"드루시아나, ……이제 부모님을 만나 뵈러 들어갑시다. 난 어서 속히 결혼식을 올리고 싶소."

"마리우스, 그렇게 급하세요?"

"그렇소. 하루라도 빨리 당신을 내 곁에 묶어 두고 싶은 거요. 아까도 말했다시피 나는 에베소를 떠난 후 6년 동안 줄곧 당신만을 생각하고 있었거든."

"에베소엔…… 얼마나 계실 건가요?"

"그렇게 길지 못할 것 같소. 황제의 특명을 받고 왔으니까."

"중대한 임무이신가요?"

"그렇소."

"비밀인가요?"

안드로니쿠스는 자신이 지껄이고 있던 말의 의미가 무엇인가를 깨닫고 소스라쳐 놀라며 입을 다물었다. 특명의 내용은 크리스티아누스들의 지도자요, 예수의 마지막 남은 제자인 요한을 체포 압송하는 것이었다. 그런데 지금 자기가 안고 있는 신부 드루시아나는 크리스티아누스이고, 그녀의 결혼 조건이란 신앙의 자유를 인정하는 것이며 결혼식 때에 유카리스테오의 빵과 포도주를 받아 먹어야 하고 주례자로부터 축복을 받아야 한다는 것이었다. 그런데 그 예식을 집전해 주고 그들에게 축복을 빌어 줄 사람이 바로 지금 안드로니쿠스가 체포하려는 사도 요한이었던 것이다.

그리고 지금 드루시아나는 그가 황제로부터 받은 특명의 내용이 무엇인지 묻고 있는 것이었다. 안드로니쿠스의 이마에 식은땀이 흐르고 있었다. 용의주도하고 치밀하고 민첩하던 젊은 재무관 안드로니쿠스도 역시 한 여자 때문에 두뇌 회전이 멈추어 버리는 보통 남자였던 것이다.

"……비밀이시라면 말씀 안하셔도 괜찮아요."

"아니야, 지금 말하겠소."

어차피 드루시아나와 결혼을 하게 되면 그녀와 신혼의 며칠을 보내고 난 뒤에 로마행 배를 타야했고, 그렇다면 그 배에는 체포 되어가는 사도 요한이 함께 타야 하는 것이었다. 결국 안드로니쿠스는 꼼짝 못하고 드루시아나에게 사실대로 이야기하지 않을 수 없게 되어 버린 것이었다.

"드루시아나."

그는 아직도 가슴에 안겨 있는 그녀를 가볍게 떼어놓으며 숨을 몰아쉬었다.

"지금부터 내가 하는 말을 잘 들어주시오."

드루시아나가 이상하다는 표정을 지으며 손을 가슴께로 가져가고 있었다.

"드루시아나, 당신이 알고 있다시피 나는 로마 제국의 공무원이오."

"……?"

"따라서 내가 수행하고 있는 임무는 때로 내 스스로의 의사와 같지 않을 수도 있는 거요."

"마리우스, 전…… 몰라도 괜찮다고 말씀드렸잖아요?"

"아니오, 이 일은 당신도 알고 있을 필요가 있소."

"제가요……?."

"그렇소. 이 일은 당신과도 관련이 있는 일이기 때문이오."

안드로니쿠스는 또 한 동안 말을 끊었다가 다시 계속했다.

"당신도 알고 있겠지만 로마의 도미티아누스 황제는 또 다시 크리스티아누스들에 대한 대대적인 체포령을 내리고 있소. 이미 로마의 집정관이신 클레멘스 각하까지도 크리스티아누스라는 혐의를 받고 체포 투옥되어 있을 정도이고……."

"로마의 그리스도 인들은 어찌 되었나요?"

"대대적인 검거선풍이 불고 있소. 네로 황제의 치하에 있었던 것과 같은 엄청난 박해가 시작되었고, 크리스티아누스들은 경기장에서 검투사의 칼과 맹수들의 이빨에 찢기고 있소."

"오, 주여……."

드루시아나는 두 손을 가슴에 모은 채 눈을 꼭 감고 있었다.

"이번 에베소로 오는 내게 내리신 황제의 특명은 에베소에 아직 살아 있다고 하는 예수의 마지막 제자 요한 사도를 체포 압송하라는 것이었소."

"오오, 마리우스!"

드루시아나의 얼굴은 경악으로 인하여 하얗게 질리고 있었다.

"아까도 말했지만 나는 공무원이오. 나 개인적으로는 요한 사도가 체포되어야 할 아무런 이유도 없다고 생각하오. 그러나 이것은 황제의 명령인 거요. 드루시아나, 내 입장을 이해해 주어야 하오."

"마리우스, 당신은…… 로마가 무슨 종교이든 용납한다고 말씀하셨어요."

"그것이 알 수 없는 일이오. 크리스티아누스들은 로마 제국에 대해서 아무런 불법행위를 한 것이 없는데도 역대의 로마 황제들은 그들을 박해하고 있소. 이것은 나도 모르겠소. 나는 조금도 당신네 크리스티아누스들을 미워하지 않소. 로마가 당신들을 미워하는 것이 도대체 무슨 이유로부터 오는 것인지 나는 다만 그것을 모를 따름이오. 어쨌든 드루시아나……."

그는 드루시아나의 떨고 있는 손을 잡으며 말했다.

"나는 당신 소원대로 요한의 기도를 받겠소. 그러나 결혼식이 끝나면 그를 체포해야 하오."

"당신은…… 지금도 무슨 말씀을 하고 계시는 거죠?"

안드로니쿠스도 이제 무엇이 어떻게 되고 있는 것인지 알 수가 없었다. 뭔가 단단히 복잡하게 되어버린 것이었다. 드루시아나가 다시 그의 가슴에 안기면서 울기 시작했다.

"왜 진작…… 진작 그런 말씀을 해 주시지 않았어요!"

심야의 파수대

부엉이 우는 소리가 올리브 숲의 바람을 타고 밀려들어왔다. 작은 실내의 한가운데에는 사각의 탁자 하나가 놓였고, 탁자 위에는 등잔불 하나가 놓여 있었다. 작은 불꽃은 이따금씩 팔랑거리며 탁자 주위에 둘러앉은 다섯 사람의 그림자를 벽 위에서 잡아 흔드는 것이었다.

문 쪽에서 보아 가장 안쪽으로 앉아 있던 백발의 노인이 번쩍거리는 눈으로 오른쪽의 남자를 바라보며 나직한 목소리로 물었다.

"그래서…… 클레멘트 감독의 의견은 어땠나?"

가운데 앉은 노인보다는 아직 덜 늙어 보였으나 그의 머리카락과 수염도 역시 제법 세어 있었다.

"로마 교회의 클레멘트 감독은 얼마 전 저희 고린도 교회로 편지를 보내왔습니다. 그분은 고린도 교회의 열광적 믿음에 대해서 몹시 걱정하고 계셨습니다."

그러자 문 쪽으로 앉아 있던 두 사람 중 젊은 사내가 그를 바라보며 말했다.

"소스데네 감독님…… 고린도 교회에서 금식과 금혼이 유행하고 순교를 열망하는 자가 늘어난다고 하던데 이렇게 박해가 심해지고 주님의 재림이 절실하게 기다려지는 때에는 오히려 그런 적극적 신앙이 더 필요하지 않을까요?"

소스데네라 불려진 고린도 교회의 감독은 가운데 앉아 있는 노인의 표정을 한번 힐끗 쳐다보고 나서 입을 열었다.

"물론 파피아스 감독의 말은 옳습니다. 주님께서도 우리에게 보혜사(保惠師)인 성령을 보내시겠다 약속하셨고, 바울님이나 사도님들이 선교하실 때에 나타난 많은 기적과 은사도 모두 성령의 임하심이었음을 부인할 수 없겠지요. 그러나 저희 고린도 교회는 문제가 다릅니다……."

그는 잠시 사이를 두고 생각에 잠기는 듯 하다가 파피아스 감독 옆에 앉아 있는 장년의 사내를 바라 보았다.

"이곳 에베소도 무역항이기는 합니다만 고린도는 더 특이한 곳입니다. 고린도는 많은 사람들이 들락거리는 곳일 뿐만 아니라 뿌리 없는 나무처럼 타락과 퇴폐가 판을 치는 곳이지요."

본래 헬라의 무역항인 고린도는 남북의 육로와 동서의 해로를 연결해 주는 교차점이었기 때문에 대부분의 시민들이 외지에서 몰려들어온 사람들이었다. 이러한 나그네들끼리 형성한 문화가 바로 퇴폐와 환락의 상징인 고린도 문화였던 것이다. 웅장한 도리아식의 석주가 아침과 같은 기백이라면 간결하고 우아한 이오니아식 석주는 한낮의 기상이었고 화려하기는 하나 기교에 치우친 고린도식 석주는 바로 황혼과 같은 조락의 모습을 보여주고 있었다.

"바울님께서 두번째 전도여행 중 고린도에 오셨을 때…… 그분은 고린도야말로 그리스도의 복음이 필요한 곳이라고 판단하셔서 전도에 심혈을 기울이셨지요. 마침 로마에서 옮겨온 아굴라 부부와 함께 1년 반을 머물면서 교회 설립을 위해 애쓰셨던 것입니다. 타락한 곳인 만큼 회개하는 사람들도 많았고, 고린도 교회는 마침내 불붙듯이 일어나게 되었지요……."

"소스데네 감독께서는 그때 유대인 시나고그의 회당장이셨지요?"

"그렇습니다. 바울님의 설교를 듣다가 그리스도의 도를 깨닫고 세례를 받았지요. 고린도 회당의 유대인들은 점점 커가는 교회세력에 놀라고 있다가 저까지 세례를 받는 것을 보고 마침내 폭동을 일으켜서 우리를 고발하게 되었고 전 폭행까지 당했지요. 그러나 문제는 바울님이 떠나신 다음이었습니다.”

바울이 고린도를 떠난 후 이어서 고린도 교회의 전도를 담당한 사람은 에베소로부터 옮겨온 아볼로였다. 워낙 언변에 능했던 아볼로는 에베소에서 아굴라 부부의 교육을 받은 이후로 더욱 신앙이 깊어져서 고린도 교회 사람들을 감동적인 설교로 사로잡았던 것이다.

“바울님이 떠나신 후 고린도 교회에는 이상하게 파벌이 생기기 시작했습니다. 바울 파가 있는가 하면 아볼로 파가 있고 베드로 파가 있는가 하면 심지어는 그리스도 파라는 것도 있었습니다. 워낙 고린도 사람들이 여러 곳에서 모여든 뜨내기인 까닭도 있었지만 가만히 따져보니 근본적인 원인은 지나치게 열광적인 신자들의 자세에 있었던 것입니다. 즉 너무나 열광적이다 보니까 사소한 의견 차이에도 마찰을 일으키고 생활 습관이나 생각의 차이들이 곧장 충돌로 이어져서 결국은 그것이 분파와 이단적 믿음의 원인이 되더군요.”

파피아스 옆자리에 앉아 있던 사내가 한마디 거들었다.

“……바로 그때 에베소에 계시던 바울님께서 고린도 교회로 편지를 쓰셨지요?”

“그렇습니다, 오네시모 감독. 그 편지 속에는 은사를 구하되 사랑을 따라 구하고 예언과 방언도 덕을 우선으로 하라고 충고하신 말씀이 있지요.”

젊은 사내 파피아스도 고개를 끄덕였다.

“저도 그 편지의 사본을 읽은 기억이 납니다. 하나님은 어지러움의 하나님이 아니시고 오직 화평의 하나님이라고 쓰셨지요.”

그러자 소스데네 감독의 맞은 편에 앉아서 듣고만 있던 칠순의 노인이 입을 열었다.

“바울님의 말씀이 정곡을 찌르고 있는 것 같습니다. 성령의 은사는 마땅히 사모해야 할 것이로되…… 우리는 지금 그보다 더 중대한 위기에 처해 있음을 유의해야 할 것입니다…….”

그들의 이야기를 듣고 있던 백발의 노인이 고개를 끄덕이며 방금 말했던 그 칠순의 노인을 바라보았다.

“이냐티우스 감독…… 자네 의견을 좀 들어보세.”

그러자 이냐티우스라고 불리운 노인은 안쪽의 노인을 향하여 공손한 자세를 취하며 조심스럽게 입을 열었다.

"저희 안디옥 교회에서는 사도님께서도 11년 간이나 계셨기 때문에 잘 아십니다만 많은 예언자들이 있었지요. 헤롯 아그립바 때 예루살렘의 흉년을 예언했고, 나중에 바울님의 잡힘까지 예언했던 유명한 아가보 선지자도 안디옥 사람이었고, 지금은 파피아스 감독이 계신 히에라 폴리스에 살고 있지만 예언하는 빌립 집사의 네 따님도 모두 안디옥 출신이 아닙니까? 그토록 초기의 안디옥 교회는 성령에 충만한 교회였지만 교우들의 분열은 없었습니다. 나중에 바울님과 바나바님이 전도여행을 떠나면서 마가와의 동행문제 때문에 다툰 일은 있었지만 심각한 분열은 아니었지요. 그런데 최근에는 안디옥 교회에도 문제가 생기기 시작했습니다. 사람들이 자꾸만 그리스도에 대한 자기 나름대로의 해석을 하기 시작한 것입니다. 이것은 어쩌면⋯⋯."

안디옥 교회의 이냐티우스 감독은 잠시 입을 다물고 백발의 요한 사도를 물끄러미 바라보았다.

흐트러진 은백색의 머리칼과 얼굴 가득히 패인 주름살들이 요한의 모습을 많이 누그러뜨리고 있었으나 이따금씩 번쩍거리며 상대방을 쏘아보는 강렬한 눈빛은 아직도 그의 옛 별명이 '우뢰의 아들'이었음을 생각나게 하고 있었다.

방안의 다섯 사람 중에서 오직 이냐티우스만이 요한의 젊은 시절을 기억하고 있었다. 그 타오르던 야망과 무섭도록 성급하던 성격이 이제는 그냥 너그러운 노인으로 익어가는 것 같았다.

"이것은 어쩌면 주님의 재림이 늦어지고 있기 때문인지도 모릅니다."

소스데네와 파피아스가 고개를 끄덕거리며 그 말에 동의하고 있었다.

"주님께서는 예루살렘의 올리브 산에서 종말에 관한 제자들의 질문을 받으시고 장차 올 일에 대해서 소상하게 설명하신 후에 이 세대가 지나가기 전에 이 일이 다 이루리라고 말씀하셨습니다. 그런데 이미 주님의 부활 후 65년이 흘렀고 요한 사도님 외에도 모든 사도님들이 다 작고하셨는데도 아직 주님은 오시지 않고 계신 것입니다."

요한은 이제 눈을 반쯤 감은 채 이냐티우스의 차분한 설명을 듣고 있었다.

"티투스 장군에 의한 예루살렘 함락으로 마지막 환난에 대한 예언의 일부분은 적중을 했던 셈입니다. 그러나 그 이후로도 성도들의 환난은 끊이지를 않고 있습니다. 로마의 대화재, 폼페이의 매몰, 말세를 예표하는 것 같은 사건은 끊임없이 이어지고 있지만 주님은 언제 오실는지 알 수가 없는 것입니다. 게다가 이제 다시 도미티아누스 황제의 본격적인 박해가 시작되고 있지 않습니까? 그러므로 주님의 재림이 늦어지는 이유를 설명하려면 복음에 대한 새로운 해석들이 필요하게 된 것인지도 모릅니다.”

이냐티우스가 거기까지 설명하자 젊은 파피아스가 다시 대담하게 끼어들었다.

“이냐티우스 감독님의 말씀처럼 저희 그리스도인들에게는 최대의 위기가 닥쳐온 것 같습니다. 밖에서부터의 핍박은 그리스도에 대한 사랑과 열정으로 감당해 왔다 하더라도 더 무서운 적은 우리들 안에 존재하고 있는 것 같습니다. 칼보다도 맹수보다도 더 무서운 것은 바로 그리스도의 변질(變質)입니다. 이제 우리는 그리스도를 지키는 데 목숨을 걸어야 할 것 같습니다.”

요한은 티베리아스의 바닷가에서 만났던 예수의 마지막 부탁을 기억하고 있었다.

—네 양을 지키라.

이제 긴 인생을 불꽃처럼 살다가 사위어가는 요한에게 파피아스는 또 하나의 무거운 짐을 지워주고 있는 것이었다. 그것은 바로 그리스도를 사수(死守)하라는 요구였던 것이다.

이냐티우스는 다시 나직한 음성으로 이야기를 계속했다.

“안디옥 지방 사람이었던 니콜라스 집사도 아마 처음에는 어떤 필요에 의해서 그리스도에 대한 재해석을 시작하였을 것입니다. 니콜라스 집사의 문제도 역시 지나친 열정주의에서 시작된 것 같습니다. 육(肉)은 더럽고 영(靈)만이 선하다는 이원론적 주장이나 율법이 필요 없다는 진보적 태도 같은 것이 결국 신앙을 무질서로 몰아넣는 함정이 되었던 것이지요.”

이제까지 감독들의 이야기를 듣고만 있던 에베소 감독 오네시모가 조심스럽게 입을 열었다.

“그런데 아직도 그런 생각들이 교회 안에 가지를 쳐나가고 있어서 문제입니다.”

그의 옆에 앉아 있던 소스데네가 알겠다는 듯 그 말을 받았다.

"바로 그 마르키온이라는 자가 사도님을 찾아왔었다지요?"

"그렇습니다. 그는 얼마 전 요한 사도님을 찾아와서 자기 생각을 설명드렸습니다. 그 사람 역시 그리스도에 대한 열정과 바울님에 대한 존경이 지나쳐서 극단적 생각을 하게 되었던 것 같습니다. 그는 구약성경의 일체를 부인하고 독신생활을 중심으로 하는 철저한 금욕론을 펼치다가 사도님으로부터 잘못된 생각이라는 판정을 받고 발끈하여 떠나갔지요."

"그 사람은 지금도 여기저기 돌아다니며 자기 동조자들을 모아 새로운 교회를 세우고 있답니다."

"사도님께 좋지 않은 소리를 하고 떠나다가 젊은 형제 폴리캅으로 부터 지독한 욕을 먹었지요."

"지독한 욕……?"

"폴리캅은 뛰쳐나가는 그의 등 뒤에다 대고 이렇게 소리쳤답니다. ……이 사탄의 장자 같은 놈아! ……."

그러자 좌중에는 잔잔한 웃음의 물결이 일었다. 소스데네가 다시 말했다.

"그 후로 마니키온은 이렇게 떠들고 다닌답니다. 썩은 율법을 고집하는 예수님의 제자들은 모두 실격자요, 오직 바울만이 진정한 사도라고 말씀입니다."

사도들은 또 일제히 사도 요한을 바라보았다. 아직도 요한은 눈을 반쯤 감은 채로 고개를 끄덕이고 있었다. 파피아스가 다시 말했다.

"율법에 대한 부인도 문제지만 또 율법에 대한 집착도 문제입니다. 바로 윗지방 서머나 교회 쪽에 그런 문제가 발생했지요. 이들은 오히려 율법을 고집하면서 메시아의 강림을 위해 순결을 지키겠다는 자들이지요. 사도님께서는 그들도 역시 사탄의 모임이라고 경고하셨습니다."

오네시모 감독이 그 말을 받았다.

"그리스도에 대한 잘못된 생각들은 날로 더 번지고 있는 것 같습니다. 아직도 에베소에서 얼쩡거리고 있는 케린투스 같은 자도 그 중의 하나이지요. 그는 예수님께서 세례를 받으실 때에 그리스도의 영이 내려와서 그에게 임했고, 다시 십자가 위에서 죽으실 때에 그에게서 떠났다고 하는 것입니다. 이렇게 되면 그리스도의 고난과 부활은 완전히 무의미한 것이 되어버리는 것이지요."

이냐티우스가 다시 입을 열었다. 그는 펄럭거리는 등잔불을 바라보며 말했다.

　"이들 잘못된 자들의 특징은 대체로 두 가지인 것 같습니다. 그들은 육체를 경멸한 나머지 극단적 금욕주의에 빠지던가 아니면 육체는 구원과 상관 없다며 극단적 쾌락주의에 빠지든가 하는 것입니다. 그러므로 지나치게 열광적 믿음으로 치닫는 것은 밀교(密敎)적인 데로 흐르기가 쉬운 것이지요."

　"두아디라 교회 쪽의 문제가 바로 그런 것입니다. 이세벨이라는 여자가 열광적 교우들을 유혹해서 음란한 밀교적 의식으로 이끌어 들이고 있는 것입니다."

　"이들은 참으로 로마의 박해보다 더 무서운 적입니다. 요한 사도님께서는 어느날 목욕탕에 가셨다가 케린투스가 있는 것을 아시고 더러운 물에는 목욕할 필요가 없다시며 그곳을 나오신 적이 있었습니다."

　"그래서……."

　이냐티우스는 다시 요한 쪽을 바라보며 결심한 듯이 말했다.

　"지금까지 저희가 논의한 문제들…… 즉, 교회의 분열과 이단적인 생각들의 대두는 밖으로부터의 핍박과 위협보다도 더 무서운 적이 되고 있습니다. 이러한 위기로부터 교회를 지켜나가기 위해서는…… 무엇보다도 감독들의 권위가 강화되어야 한다고 생각합니다."

　이냐티우스의 맞은 편에 앉아 있는 소스데네가 그 말을 받았다.

　"그렇습니다. 형제들의 믿음을 바른 길로 인도해 주는 감독들의 지도력이 필요하다고 느껴집니다. 그러나 무엇보다도 우리에게 필요한 것은 주님을 직접 만나고 그분을 수행했던 요한 사도님의 적극적인 개입일 것 같습니다."

　소스데네의 옆자리에 앉아 있는 오네시모도 역시 그 말을 거들었다.

　"주님을 직접 만난 분들은 거의가 작고하시고 벌써 이 모임에서만도 주님을 만난 분은 요한 사도님과 이냐티우스 감독밖에 안계십니다. 그러므로 주님의 참모습을 지키는 데 있어서 두 분의 증언은 매우 중요한 것입니다."

　아직도 요한은 조용히 앉아 있었다. 그는 이따금씩 반쯤 감았던 눈을 조금 크게 뜨기도 하고 고개를 끄덕거리기도 했으나 그의 입에서는 좀처럼 말이 흘러나오지 않는 것이었다. 이어서 입을 연 것은 히에라폴리스의 파피아스였다.

"……그리스도의 참모습을 지키기 위해서 에베소의 제자들은 주님에 관한 문서들을 수집하고 있는 것으로 알고 있습니다. 이미 에베소에는 마가님과 마태님의 복음서를 비롯하여 누가님의 사도행전과 많은 서신들이 수집되어 있지요. 그러나 제가 건의하고 싶은 것은 이제 남아 계신 유일한 사도인 요한님께서 직접 두 분의 복음서를 보완해 주는 기록을 남겨 주시는 일입니다."

이제 감독들의 의논은 마침내 그 결론 부분에 도달하고 있는 것 같았다. 젊은 파피아스가 그 말을 끝내자 감독들은 모두 입을 다문 채 요한의 반응만을 주목하고 있었던 것이다.

부엉이는 더욱 극성스럽게 울고 오르튜가의 올리브 숲에는 들뜬 봄바람이 스쳐 지나가고 있었다. 한동안 생각에 잠기고 있던 요한이 천천히 고개를 들더니 파피아스의 얼굴을 물끄러미 바라보았다.

"파피아스…… 마가와 마태의 기록에 무슨 문제라도 있단 말인가?"

파피아스는 잠시 입을 다물고 있다가 가라앉은 목소리로 말했다.

"물론 두 분의 기록에 잘못은 없었다고 생각됩니다. 그러나 꼭 짚고 넘어가야할 것은…… 당연히 기록되어 있어야 할 부분들이 빠져 있다는 사실입니다."

"……?"

"예수님 당시의 예루살렘에 관한 소문을 들은 사람이라면…… 너무나도 유명한 나사로의 부활 사건은 누구라도 알고 있습니다. 더구나 이 사건은 예루살렘 사람들이 주님을 열광적으로 환영한 직접적인 원인이었고, 산헤드린공회가 예수님을 제거하기로 작정하게 된 근본적인 동기가 되었다고 들었습니다. 그런데 마가님과 마태님은 무슨 까닭인지 모두 그 나사로의 일에 대해서 입을 다물고 있는 것입니다."

이냐티우스가 고개를 끄덕이며 그 말을 받았다.

"저도 마태님의 기록을 상세히 살펴 보았습니다. 주님께서 나사로를 살리신 사건은 수전절(修殿節)의 성전모독 사건 이후 베뢰아 지방으로 물러가셨던 때라고 생각되는데 그때의 사건들이 전혀 언급되어 있지 않았습니다."

"그렇습니다. 초막절의 예루살렘 잠행과 수전절의 문제된 설교, 그리고 베뢰아로 후퇴하신 일과 나사로의 사건들이 몽땅 빠져 있습니다. 그리고는 바로 갈릴리 지방에서 행하신 어린아이에 관한 설교로 이어지는 것입니다."

이냐티우스의 표정에 깊은 감회가 지나가고 있었다. 그는 지금까지의 그답지 않게 조금 들뜬 음성으로 말했다.

"거기서부터가 제가 증언할 수 있는 대목이지요. 그것은 바로 가버나움 가까운 들녘이었습니다. 예수님께서 다시 갈릴리 지방으로 돌아오셨다는 소문을 듣고 많은 사람들이 모였었지요. 전 그때 겨우 여섯 살이었습니다. 예수님이 다시 오셨다는 소문에 저는 동네 아이들을 몽땅 모아 가지고 그분을 구경하러 나갔었습니다. 그때 저희는 사람들이 너무나 많았었기 때문에 어른들의 가랑이 사이를 빠져서 앞으로 나아갔었지요. 그런데 이상한 것은……."

다른 감독들이 일제히 이냐티우스의 입을 주목하였다. 복음서에 기록되어 있지 않은 배경의 이야기가 나오는 듯 싶어서였던 것이다.

"이상한 것은 사도님들의 표정이 매우 굳어 있었고, 조금은 신경질적이었던 느낌이었습니다. 그분들은 우리가 접근하자 마치 화풀이라도 하듯 마구 야단을 쳤고, 마침내 그것을 보신 예수님께서 그분들을 꾸짖으시더니 바로 저를 오라고 부르셨던 것입니다."

이야기가 감격적인 대목에 이르자 이냐티우스는 잠시 말을 멈추고 눈을 감았다. 아마도 그의 눈에는 지금 인자하던 예수님의 모습이 되살아나고 있는 모양이었다. 이냐티우스는 잠시 후에 스르르 눈을 뜨면서 입을 열었다.

"주님께서는 저를 불러 안으시고 오른손으로 머리를 쓰다듬으며 말씀을 계속 하셨습니다. 너희가 돌이켜 어린아이가 되지 않으면 결단코 천국에 들어가지 못하리라…… 그러므로 누구든지 이 어린아이처럼 자기를 낮추는 그 이가 천국에서 큰 자니라…… 누구든지 이 소자 중 하나를 실족케 하면 차라리 연자맷돌을 그 목에 걸고 깊은 바다에 빠뜨리우는 것이 나으리라…… 거기까지 말씀하시고 나서 주님께서는 어린 제가 듣기에도 무서운 말씀을 하셨습니다."

감독들은 긴장하며 그의 말에 귀를 기울였다.

"만일 네 손이나 네 발이 너를 범죄케 하거든 찍어 내버리라. 불구자가 절뚝발이로 영생에 들어가는 것이 두 손과 두 발을 가지고 영원한 불에 던지우는 것보다 나으니라…… 만일 네 눈이 너를 범죄케 하거든 빼어 내버리라. 한 눈으로 영생에 들어가는 것이 두 눈을 가지고 지옥 불에 던지우는 것보다 나으니라…… 그때 저는 어린 마음에도 뭔가 예수님과 제자들 사이에 심상치 않은 일이 일어나고 있는 것을 느낄 수 있었습니다…….”

감독들은 다시 침묵을 지키고 있는 사도 요한을 일제히 바라보았다.

요한은 계속해서 고개만 끄덕거리고 있을 뿐 역시 아무런 논평도 하지 않았다. 소스데네가 이냐티우스에게 물었다.

“그때…… 이냐티우스 감독께서 직접 뵈온 예수님의 모습은 어떤 분이었습니까?”

등잔불빛을 따라 늙은 이냐티우스의 두 볼에 가벼운 홍조가 지나가고 있었다.

“그것이 참으로…… 신기한 일입니다. 분명히 손짓으로 저를 부르셨고, 저를 안아 주셨는데 이상하게도 그분의 모습이 뚜렷하게 기억되지 않는 것입니다. 뭐라 할까…… 그분은 뚜렷한 특징이 없고 몹시 평범한 모습이었습니다. 덥수룩한 머리에 평범한 얼굴과 사람을 다정하게 바라보는 눈을 가지고 계셨습니다. 그분의 표정은 온화하면서도 단호했고, 그분의 체구는 야윈 것 같으면서도 넉넉했습니다.”

“이냐티우스님께서는 그 후로도 계속 주님을 따라다니셨습니까?”

“아닙니다. 그분은 바로 예루살렘 쪽으로 가셨기 때문에 너무나 어렸던 우리는 더 이상 그분을 따라다니지 못했지요.”

그러자 다시 감독들의 얼굴은 파피아스 쪽을 향했다. 잃어버린 기록에 관한 부분이 이냐티우스의 증언으로 다시 연결되었기 때문이었다. 파피아스는 계속해서 요한 쪽을 바라보며 말을 이었다.

“더욱 이상한 것은…… 예수님께서 예루살렘의 입구인 베다니에 도착하신 날 문둥이 시몬이라는 사람의 집에서 저녁을 드신 일입니다.”

“……?”

“아시다시피 베다니는 나사로의 일가가 사는 마을이고 예수님께서 오래간만에 베다니에 도착하셨으면 당연히 나사로 집에서 환영연회가 벌어져야 했을 것입니다. 그런데도 예수님께서는 시몬의 집으로 가셨다는 것입니다…….”

그것은 사실 이상하다면 이상한 일이었다. 더구나 문둥이 시몬이라면 예루살렘의 관습상 그는 문둥이들이 모여 사는 곳에 격리 수용되었을 것이고 아마도 그 집은 주인이 부재 중임에 틀림없었을 것이었다.

"그리고 또 하나의 설명이 부족한 점은…… 주님께서 나귀 새끼를 타고 예루살렘에 입성하시던 날 백성들은 겉옷을 벗거나 나뭇가지를 꺾어서 길에 깔며 다윗의 자손이여 호산나…… 를 외칠 만큼 열광적으로 환영했는데 그로부터 닷새 후 그들은 돌변하여 예수를 십자가에 못박아 죽이라고 외치는 사태가 일어났던 것입니다. 그 사이에 무슨 일이 일어났던 것일까요?"

파피아스는 또 잠시 요한의 표정을 살피다가 말을 이었다.

"그 뿐만이 아닙니다. 예루살렘에 입성하셨다가 베다니에 들어오신 예수님은 그 다음날 아침 굶으셨습니다. 그날 아침 베다니 마을을 나서던 예수님께서는 배가 고파서 무화과 나무 밑으로 가셨다가 드실 만한 열매가 없는 것을 아시고 그 나무를 저주하셨습니다. 다음날 보니 그 나무는 저주하신 대로 말라 죽어 있었지요. 과연 무슨 일이 일어났을까요? 어째서 메시아로 환영받으신 예수님과 그 제자들이 아침을 굶는 사태가 일어났을까요?"

과연 문장에 능한 파피아스답게 그 추궁은 날카로운 것이었다. 파피아스의 말이 끝나자 감독들은 다시 요한을 바라보았다.

이제는 어쩔 수 없이 요한이 입을 열어야 하는 순서가 된 것 같았다. 그는 다시 뜸을 들이다가 파피아스를 물끄러미 들여다 보며 말했다.

"파피아스…… 그대는 많은 것을 연구했군."

"아시다시피 저희 히에라폴리스의 교회에는 빌립 집사의 네 따님들이 아직도 생존해 계시지요. 전 그분들을 통해서 예루살렘과 가이사랴 교회에 전해 내려오는 많은 이야기들을 채집할 수 있었습니다.

요한은 또 고개를 끄덕거렸다. 열정적이고 활동적인 전도자였던 빌립 집사의 모습을 떠올리며 그의 눈에서는 눈물이 반짝거리고 있었다. 그는 드디어 입을 열기 시작했다.

"부끄러운 말이지만…… 나 자신이나 또 다른 제자들 모두도 예수님이 어떤 분이시며 우리와 어떤 관계가 있는 분인지를 모르고 있었다네. 자네들도 알다시피 우리는 열심당의 시몬과 그가 데려온 다대오, 유다를 제외하고는 거의 모두가 갈릴리의 어부들이었거든. 우리는 그저 그분이 불러서 따라다녔고, 그분이 행하신 많은 기적을 보면서 정말 구세주인 듯한 그분이 한몫 잡으면 그 밑에서 벼슬이나 하나 해볼까 하는 소박한 욕심들을 가지고 있었지.”

그는 잠시 숨을 몰아쉬며 팔랑거리는 등잔불을 내려다 보았다. 예수의 제자 중에서 가장 나이가 어리고 야망이 컸던 요한, 언제나 중요한 장소에 갈 때에는 반드시 예수와 동행했던 중요한 인물 요한이 지금 오래간 만에 이야기를 하고 있는 것이었다. 좌중에는 가벼운 긴장까지 감도는 것 같았다.

“솔직히 고백한다면…… 우리 제자들도 지금의 수많은 이단자들처럼 그분을 자기 마음대로 해석하고 단정했었지. 지금에 와서 생각해 보면, 모든 잘못은 거기서부터 시작됐던 것일세. 우리가 생각할 때에 이방의 우상이란 바로 무엇인가? 그들 나름대로 그들이 생각하는 하나님을 그려내고 만들어 내는 것이 아닌가? 그들은 모두가 하나님을 바라고 하나님을 찾으면서도 자기 지혜와 자기 머리로 하나님을 만들어 내기 때문에 우상이 되는 것이며 그래서 모든 나라의 신들은 제가끔 서로 다르고 신들과 신들이 서로 전쟁을 하게 된다는 것일세. 그런데…… 히브리 민족의 특이한 점은……하나님의 모습을 자기 식대로 생각하지 않고 하나님의 입장에서 그려낸 것일세. 그래서 히브리 조상들의 하나님 여호와는 스스로 계신 자가 된 것이야. 성경은 사람이 쓴 것이 아니라 하나님이 부르고 사람이 대필한 것이란 말일세. 창세기를 보게. 모든 것은 그렇게 될 수밖에 없었네. 하나님이 천지의 주인이시니 천지를 창조하실 수밖에 없었고, 그러자니 빛을 먼저 창조할 수밖에 없었고, 천지는 사람을 위해 지어진 무대이니 그것을 다스릴 사람은 하나님을 닮게 만들 수밖에 없었고…… 사람의 추측과 관계없이 하나님의 역사는 진행하고 있는 것일세. 그리스도…… 그분은 오실 수밖에 없었네. 그분은 처녀에게서 태어나는 수밖에 없었고, 그분은 진리였기 때문에 능력이 있을 수밖에 없었네. 그분은 어둠 가운데 빛으로 오셨으므로 아픔을 당하실 수밖에 없었고, 그러나 진리는 죽을 수 없으니 다시 살 수밖에 없었고, 성령을 보내시기 위해서는 승천하실 수밖에 없었네. 이 모든 일들은 인간의 추측과 관계없이 성취되어 가고 있는 것들이지…….”

늙은 요한의 음성은 마치 어린아이의 것처럼 생기가 넘쳐흐르고 있었다. 그리고 그의 핵심을 꿰뚫은 강론은 감독들의 가슴 속에 비수처럼 박히고 있었다.

"우리가 지금까지 논의한 이단의 문제들도…… 결국 이방신의 무당들이 그렇게 하듯 자기 생각대로 하나님을 만들어 내기 때문에 발생한 것들일세. 베드로를 끝끝내 따라다니며 속을 썩였던 마술사 시몬같은 자도 바로 그런 종류였지. 빌립 집사가 사마리아 전도의 대성공을 알려오자 베드로와 나는 사마리아의 현황을 살펴보기 위해 함께 그곳으로 갔었네. 빌립이 전도할 때에도 많은 신유(神癒)의 기적이 있었다는데, 그들에게 베드로가 안수하자 과연 성령의 은사가 나타나기 시작했지. 그때 빌립에게 세례를 받았던 시몬이라는 마술사가 베드로에게 돈을 내며 그 기술을 가르쳐 달라고 조르더군. 시몬은 끝끝내 이단이 되어 로마까지 흘러들어 갔고 많은 교우들을 미혹했지. 성령의 은사를 사람의 기술로 생각한 점이 시몬의 문제였고 모든 이단도 바로 그런 것 같더군. 특히 그들의 대부분은 헬라의 지식과 철학에서 오해를 시작하는 것 같던데……."

요한은 고린도 교회의 소스데네를 바라보며 말했다.

"그들은 자연과 우주에 관한 지식으로부터 하나님과 그리스도의 관계를 연상해 내려는 것 같더군. 그런데 아무래도 인간의 머리로 생각해 내는 진리란 죽은 진리일 수밖에 없을 것 같네. 우주의 지식으로 하나님을 찾아낼 것이 아니라 오히려 하나님을 먼저 알고 거기서 우주의 이치를 배우는 것이 순서가 아닐까……."

거기까지 듣고 있던 파피아스는 아직도 자기의 건의가 유효한 것을 깨닫고 입을 열었다.

"사도님, 바로 그것입니다. 우리는 살아 있는 진리이신 예수님의 참모습을 손상시키지 않은 상태로 보존해야 할 사명을 받은 것입니다. 사도님께서 이것을 해놓으셔야만……."

"파피아스."

요한은 파피아스를 부드러운 눈으로 바라보면서 말했다.

"마가와 마태의 기록은 주님의 모습을 조금도 손상시키지 않고 있네. 두 사람은 그분의 모습을 정확히 기록했을 뿐만 아니라 바울 사도의 편지들은……."

바울을 사도라고 불러주는 요한의 너그러움에 감독들은 모두 감동하고 있었다. 바울에게 사도의 자격이 있느냐 없느냐로 많은 사람들이 논란을 했고 바울 자신도 그것이 한스러워서 편지마다 하나님의 뜻을 따라 그리스도 예수의 사도로 부르심을 입은 바울이라 자칭했던 것인데 지금 요한은 아주 당연한 듯 바울을 사도로 호칭하고 있는 것이었다.

"바울 사도의 편지들은 주님의 생애가 갖는 의미들을 너무나 정확하게 증거하고 있는데 이제 변변치 못한 어부가 서투른 기록을 남긴다면 오히려 또 하나의 미혹이 될까봐 두려운 것일세. 파피아스, 하나님의 뜻을 기다려보기로 하지. 하나님께서는 자신에 관한 기록을 인간이 제 마음대로 하도록 내버려 두시지 않는 분이시니까……."

"그렇다면 사도님."

고린도 교회의 소스데네 감독이 입을 열었다.

"복음서의 기록은 하나님의 뜻에 맡겨두신다 하더라도…… 열광과 이단의 문제들을 바로 인도하시기 위해서 각 교회에 보낼 사도님의 서한을 써 주시는 것은 어떠시겠습니까?"

요한은 빙그레 웃으면서 소스데네를 바라보았다.

"이미 바울 사도는 갈라디아 교회들에 보낸 편지에서 이렇게 쓰고 있네. ……성령께서 맺어 주시는 열매는 사랑, 기쁨, 평화, 인내, 친절, 선행, 진실, 온유, 그리고 절제입니다……. 어떤가? 이 말씀 한 마디면 고린도 교회에 보내는 최선의 교훈이 될 수 있을 것 같은데."

"사도님, 저희 모두의 간청입니다. 이번 기회에 각 교회에 회람하는 서한을 하나 써 주십시오."

요한은 더 이상 버티지 못하고 파피아스를 바라보았다.

"파피아스, 지금 우리에게 파피루스와 물감이 준비되어 있을까?"

파피루스란 바로 파피루스 나무를 얇게 저며서 엮어 만든 두루말이 종이를 말하는 것이었다. 오래 전부터 이 지방의 사람들은 파피루스의 두루마리에 중요한 문서들을 갈대로 써서 기록해 두었던 것이었다.

파피아스는 바로 옆에 있는 작은 문을 열고 들어가더니 이내 파피루스 뭉텅이와 물감통 그리고 갈대 묶음을 들고 나왔다. 오네시모가 탁자 한가운데 있던 등잔을 들어서 벽 사이의 기둥에 있는 등잔걸이에다 걸었다. 탁자 위에는 두루마리가 펼쳐지고 파피아스는 갈대의 끝을 손칼로 깎아내었다. 요한은 눈을 감고 잠시 생각하더니 교회들에게 보내는 편지를 구술하기 시작했다.

……우리는 생명의 말씀에 관하여 말하려고 합니다. 그 말씀은 천지가 창조되기 전부터 계셨습니다. 우리는 그 말씀을 듣고, 눈으로 보고, 실제로 목격하고, 손으로 만져보았습니다…….

방 안의 사람들은 파피아스가 받아 써가는 글들을 바라보며 감격에 젖고 있었다. 얼마나 권위 있는 사도의 증언인가. 그 말씀을 듣고 눈으로 보고 실제로 목격하고 손으로 만져보았다고 그는 말하고 있었다. 그것은 참으로 폭탄과 같은 선언이었다. 온갖 이단의 사실들을 대번에 부숴버리는 한 마디였던 것이다.

……우리가 보고 들은 것을 여러분에게 선포하는 목적은 우리가 아버지와 그리고 그분의 아들 예수 그리스도와 사귀는 친교를 여러분도 함께 나눌 수 있게 하려는 것입니다. 우리는 충만한 기쁨을 맛보기 위해서 이 글을 써 보냅니다.
……사랑하는 자녀들이여, 여러분들의 죄가 그리스도를 통하여 용서를 받았기 때문에 나는 이 편지를 씁니다. 젊은이들이여, 여러분이 이미 악마를 이겼기 때문에 나는 이 편지를 씁니다.
……여러분은 세상이나 세상에 속한 것들을 사랑치 마십시오. 세상을 사랑하는 사람에게는 그 마음 속에 아버지를 향한 사랑이 없습니다.

사도의 편지는 오랫 동안 계속되고 있었다. 그는 바로 그리스도가 진리인 것을 말하고 진리를 훼손시키는 어떤 말들도 모두 그리스도의 적이라고 못박았다. 그리고 그는 성령을 받았다는 사람들의 말을 다 믿지 말고 과연 그의 주장이 하나님으로부터 온 것인지 알아보라고 했다. 그것을 알아보는 기준은 바로 하나님의 아들 예수 그리스도가 사람의 몸으로 왔다는 것을 인정하는 것이며 그것을 부인하는 자는 성령을 받은 사람이 아니라는 것이었다.

그는 또 말했다. 미혹의 말들을 물리치는 방법은 오직 성령의 도움을 힘입는 것이며 그러기 위해서는 서로 사랑해야 한다는 것이었다. 모든 이단은 분쟁에서 오는 것이니 아가파테 알렐루스, 서로 사랑하라는 권고가 편지 전문에 맥맥이 흐르고 있었다.

……사랑하는 여러분에게 당부합니다. 우리는 서로 사랑합시다. 사랑은 하나님께로부터 오는 것입니다. 사랑하는 사람은 누구나 하나님께로부터 났으며 하나님을 압니다. 사랑하지 않는 사람은 하나님을 알지 못합니다. 하나님은 사랑이시기 때문입니다.

……이 세상에서 우리가 그리스도처럼 살게 되었으니 사랑이 우리 안에서 완성된 것이 분명합니다. 이제 우리는 자신을 가지고 심판 날을 맞을 수 있게 되었습니다. 사랑에는 두려움이 없습니다. 완전한 사랑은 두려움을 몰아냅니다.

지난 날 급하고 거칠던 요한의 모습은 간곳 없고 오직 너그럽고 은은한 노(老) 사도의 충고가 편지에 넘쳐흐르고 있었다. 파피루스의 두루마리에 검정 글자가 채워져 갈 때마다 철저하게 인내해 온 요한의 체취가 향내처럼 번지고 있었다.

티베리아스의 바닷가에서 부활한 예수를 만난 이후 한번도 남들 앞에 나서 본 적이 없는 요한이었다. 예루살렘 교회에서는 베드로를 내세웠고, 교회들을 순방할 때에도 언제나 그는 뒷전이었다. 그는 늘 그림자처럼 베드로의 뒤를 따랐고, 뒷전에서 일했다. 그는 바울의 부탁을 받고서야 바울이 없는 안디옥 교회로 옮겨갔고, 바울이 죽고 그 후계자 디모데마저 순교하자 다시 에베소로 옮겨왔던 것이다. 불덩이 같던 요한은 이제 맑은 물처럼 담담한 사람으로 바뀌어져 있었다.

그러나 그 긴 세월들이 사실 요한에게는 견디기 어려운 것들이었다. 모든 동료들이 다 순교하여 피 흘리고 쓰러질 때 그는 그 기회를 얻지 못하고 있었다. 선생님의 마지막 부탁, 그 어머니 마리아를 부탁한다는 한 마디 때문에 그는 줄곧 순교의 대열에서 빠져야 했고 위험을 피해 다녀야 했던 것이다. 젊음의 혈기가 끓어오를 때마다 요한은 티베리아스 바닷가에서의 그 무섭던 기억을 되살리며 그것을 씹어 삼켜야 했던 것이다.

요한의 오랜 침묵은 바로 티베리아스의 사건으로부터 비롯되고 있었다. 그러나 이제 드디어 침묵의 일생을 살아 온 노 사도가 그 입을 조금씩이나마 열기 시작한 것이었다.

파피아스가 받아쓰기를 마치고 두루마리를 소중하게 접을 무렵, 갑자기 누군가가 걸어 잠근 문을 밖으로부터 두드리고 있었다.

방 안에 있던 사람들은 모두 긴장하며 문 쪽을 바라보았다. 황제의 박해가 점점 심해지고 있는 시기인데다가 지금 이곳 오르튜가의 오두막은 중요한 교회의 감독들이 모여 있는 자리였기 때문에 긴장할 수밖에 없었던 것이다. 오네시모가 자리에서 벌떡 일어서며 밖을 향해 말했다.

"……누구요?"

"접니다. 폴리캅입니다."

귀에 익은 폴리캅의 음성을 듣고서야 오네시모는 가슴을 쓸어내렸다. 그가 문빗장을 빼내자 세 사람의 사내가 좁은 방 안에 들어섰다. 오네시모는 또 한번 놀라며 눈을 크게 떴다.

"아니, 이게 누구세요, 두기고 선생님 아니십니까?"

"오네시모……."

두 노인은 서로 부둥켜 안고 한동안 어쩔 줄을 몰랐다.

"이거 얼마 만이오. ……오네시모, 당신도 많이 늙었구려."

"선생님은 그 동안 어디 계셨습니까? 전 로마에 들어가신 선생님께서 꼭 순교하신 줄로만 알고 있었습니다."

"자, 오네시모…… 이 방에는 우리 말고도 여러분이 계신 듯하니 우선 인사를 드리도록 해주게."

"그렇군요. 제가 너무 감격해서 그만……."

오네시모는 우선 맞은 편에 있는 요한에게 두기고를 소개했다.

"사도님, 이분이 바로 발이 민첩하기로 유명한 두기고 선생이십니다."

오네시모의 소개로 두기고는 맞은 편의 노인이 바로 요한 사도란 것을 알아차렸다. 그는 한걸음 다가서며 고개를 깊숙이 숙였다.

"이 두기고가 오래 산 덕분에 사도님을 뵈옵는 영광을 입습니다."

요한도 자리에서 일어서며 손을 내밀어 두기고의 거친 손을 잡았다.

"오네시모로부터 형제님의 이야기를 많이 들었소. 오네시모의 죄를 탕감받기 위해 골로새까지 같이 가셨다고……."

오네시모가 곁에서 설명을 덧붙였다.

"그렇습니다. 제가 골로새 교회의 빌레몬님 댁 종으로 있을 때 그분의 물건을 훔쳐가지고 도주했는데 로마의 옥중에서 바울님을 만나 그리스도를 영접하고 세례를 받았지요. 바울님은 제 죄의 탕감을 위해서 빌레몬님께 편지를 쓰셨는데 빌레몬님의 화내실 것을 염려하여 두기고 선생님을 동행하게 하셨던 것입니다. 그 덕에 저는 죄를 탕감받고 자유인이 되어서 이렇게 교회를 섬기는 종이 된 것입니다."

오네시모는 두기고를 다시 다른 감독들에게 소개했다. 이미 감독들도 사도행전과 바울의 서신들에서 두기고의 이름을 기억하고 있었기 때문에 마치 그들은 서로 구면인 것처럼 인사를 나누었다. 그러는 동안 폴리캅과 프로코루스도 그들의 친구 파피아스와 반갑게 인사를 했고 이냐티우스와 소스데네 감독에게도 소개되었다.

그들은 곧 둘러앉아 오늘까지 보호해 주신 하나님께 감사의 기도를 드리고 난 다음 서로를 바라보며 너무나 할 말이 많아서 두서를 잡지 못하고 있었다. 이냐티우스 감독을 처음 만난 사람들은 예수의 축복을 직접 받은 그의 모습을 신기한 듯 바라보았고, 두기고는 요한 사도의 모습을 보며 감격에 젖어 있는데, 두기고를 처음 보는 사람들은 그의 지나간 세월에 대하여 듣고 싶어 했던 것이다.

요한이 자기 옆자리에 앉은 폴리캅에게 작은 목소리로 물었다.

"칼리마쿠스는 같이 안 왔나?"

"네…… 에베소에 조금 볼 일이 있어서, 아마 내일 새벽 예배 때에 나올 것 같습니다."

"아마……?"

믿는 사람이 예배에 나오는 것은 당연한 일인데도 폴리캅의 그런 표현 때문에 요한이 의아하여 물었던 것이다. 폴리캅은 얼른 자기 대답을 정정했다.

"새벽 예배에 나온다고 했습니다."

좌중이 잠시 조용해지자 오네시모가 말했다.

"처음 만나는 분들이 많아서 서로 하고 싶고 듣고 싶은 이야기가 많겠습니다만 지금 도착하신 두기고 선생님은 30년 만에 이 에베소에 오신 분이니 그간의 이야기를 좀 먼저 들어보는 것이 어떻겠습니까?"

그러자 두기고는 손에 들고 있던 생선과 등에 메고 있던 보따리를 내려놓으며 좀 쑥스러운 듯한 표정을 말했다.

"아까 오네시모 형제께서 말씀드린 바와 같이 전 골로새 교회의 빌레몬님과 또 다른 교우들에게 보내는 바울님의 편지를 가지고 골로새 교회를 방문했었습니다. 그것이 바로 로마의 대화재가 있기 직전이었지요. 전 바울님의 부탁대로 골로새 교회에서 빌레몬님을 만나 오네시모 형제의 사면을 부탁드리고 나서 이 에베소로 돌아왔습니다. 그때 에베소 교회에는 대박해가 일어나서 많은 사람들이 순교했으려니 했는데 뜻밖에도 배교사건이 일어나 있었지요. 바울님께서 철썩같이 믿었던 오네시포루스와 퓨겔루스, 허모게네스 등의 주동으로 모든 성도들이 배교하고 교회는 풍지박산이 되어버렸을 때였습니다. 전 너무나 놀라서 즉시 로마로 달려가 이 사실을 바울님께 보고하였던 것입니다. 그런지 얼마 후에 로마의 대화재가 일어나고 로마의 형제들은 다시 박해 당하기 시작했지요. 바울님께서는 다시 체포되셨고 옥중에서 에베소 교우들에게 보내는 편지를 쓰셔서 저에게 주시며 다시 한번 에베소로 들어가서 흩어진 교우들을 찾아 자신의 당부를 전해달라고 말씀하셨습니다. 저는 바울님의 편지를 지니고 로마를 탈출하다가 제 얼굴을 아는 유대인의 밀고로 붙들렸지요. 다시 로마로 압송된 저는 바티카누스의 경기장 키르쿠스에서 맹수들과의 검투경기에 출전하게 되었던 것입니다."

방 안의 모든 이들은 두기고의 회고를 놀라움으로 듣고 있었다. 로마의 경기장에서 검투사들의 칼날과 맹수들의 이빨에 찢겨 죽은 형제들의 수가 얼마나 많았던가! 그런데 지금 그의 눈 앞에 앉아 있는 두기고가 그 경기장에 나갔었다고 하는 것이었다.

"경기장에는 두 마리의 사자와 두 마리의 표범 그리고 여덟 명의 검투사가 출전하였습니다. 하지만 말이 검투사이지 우리는 모두 단기간의 훈련만 거친 크리스티아누스였기 때문에 그냥 죽으러 나가는 것이나 마찬가지였지요. 저는

그저 그리스도의 십자가만 생각하며 달려드는 맹수들을 향하여 그물과 칼을
휘둘렀습니다. 우리 여덟 명은 기적적으로 사자 한 마리와 표범 한 마리를
그물로 덮치는 데 성공했으나 그 동안 발이 **빠른** 저만 살아 남고 다른 교우
들은 모두 맹수들에게 물려 숨졌지요."

두기고는 아직도 그 때의 기억이 생생한 듯 눈빛이 번쩍거렸고, 듣는 사람
들은 마른침을 삼켰다.

"바로 그때 관중들의 함성이 터지길래 무슨 일인가 하고 살펴보니 한 젊은
장교가 전차를 타고 달려 들어오는 것이었습니다. 검투 경기장에서 놀라운
기술로 이름을 날리던 아킬리우스 글라브리오였지요. 그는 입장하자마자 사자
한 마리를 향하여 창을 꼬나들고 돌격해 들어갔습니다. 그런데 바로 그 순간
남아 있던 표범이 바로 전차 위로 뛰어올라 글라브리오의 뒷덜미를 향하여
달려들었던 것입니다. 깜짝 놀란 저는 자신도 모르게 들고 있던 칼을 표범의
등판을 향해 던졌습니다. 관중들은 비명을 질렀고, 등을 찔린 표범이 내게 덮
쳐들자 저는 다시 그물을 던졌습니다. 눈 앞의 사자를 처치하고 나서야 자기가
위험했던 것을 알아차린 글라브리오는 황제의 자리에 앉아 있던 네로를 향해
저의 구명을 탄원하였던 것입니다."

그 후 두기고에게는 두 개의 선택이 주어졌다. 검투사의 생활을 계속하는
것과 에스파니아의 광산으로 가는 것이었다. 언젠가는 사람을 죽여야 할 검
투사보다 광산의 노예가 되기를 자원해서 그는 에스파니아의 광산으로 떠나게
되었다. 자기를 만나러 온 글라브리오에게 두기고는 바울의 두루마리를 맡기
면서 언젠가는 찾으러 오겠다고 말했던 것이다.

그렇게 해서 두기고는 35년의 세월을 광산에서 보냈다. 언제나 바울이 가고
싶어 했던 에스파니아에서 두기고는 비록 광산의 노예들에게였으나 열심히
그리스도의 복음을 전했다. 그러던 어느날 두기고는 갑자기 30년 만의 석방을
맞은 것이었다.

혹시나 해서 글라브리오 집을 찾아갔던 두기고는 그 집 사람들로부터 글라
브리오가 체포된 것을 알았다. 놀랍게도 그는 크리스티아누스의 혐의로 체포
되었다는 것이었다. 그의 늙은 집사는 뜻밖에도 두기고에게 바울의 편지를
전해주면서 말했다. 30년이 되도록 그 두루마리를 창고에 처박아 놓았던 글

라브리오는 어느날 우연히 창고에 들어갔다가 그것을 발견했는데 호기심으로 그 두루마리를 읽어내려 가다가 점점 흥미를 갖게 되었고 마침내 그들의 비밀 집회에까지 변장으로 참석하기에 이르렀다는 것이었다. 마침내 열렬한 크리스티아누스가 된 글라브리오는 바울의 두루마리를 맡겼던 두기고를 일생의 은인으로 생각하게 되었고 30년 전의 기억을 더듬어 수소문한 끝에 그는 찾아내어 석방 수속을 밟았다. 이미 집정관까지 올라갔다가 은퇴한 그였기에 아직도 그의 권력은 막강해서 노예 하나의 석방쯤은 쉽게 할 수 있었던 것이다.

그러나 그 후 얼마 안되어 글라브리오는 밀고자에 의해 고발되었고 체포당했다. 그는 체포되어 가면서 늙은 집사에게 두기고가 오면 그 두루마리를 전해달라고 부탁했다는 것이었다.

두기고는 비로소 내려 놓았던 보따리를 끄르기 시작했다. 겹겹이 싼 보따리 속에서 이윽고 낡은 파피루스 두루마리가 들어나고 있었다. 두기고는 그것을 조금스럽게 들어 요한 앞에 내밀었다.

"에베소 교우들에게 보내는 바울님의 편지가 30년 만에 지금 도착했습니다."

"오오……."

두루마리를 받아드는 요한의 손이 가늘게 떨리고 있었다.

험난한 충성의 항해를 끝내고 순교를 기다리던 바울의 마지막 편지가 에베소의 교회 앞으로 보내져 온 것이었다. 무려 30년 간을 인내하며 로마의 전 집정관 아킬리우스 글라브리오를 크리스티아누스로 되게 한 무서운 글이었다. 맹수와 함께 경기장을 휩쓸며 관중들의 열광을 한몸에 받았던 검투경기의 영웅 글라브리오 각하가 그리스도의 십자가 앞에 무릎을 꿇었다는 것이었다. 아마도 많은 성도들이 그의 칼에 찔려 죽었을 것이었다. 그 피냄새나는 박해자가 그리스도의 일꾼이 된 바울의 편지를 읽고 거듭나게 되었다는 것은 참으로 기이한 일이 아닐 수 없었던 것이다.

요한은 떨리는 손으로 두루마리의 끈을 풀었다. 두루마리가 열리자 마치 새기듯이 박아 쓴 글자들이 거기 나타나고 있었다. 그리고 그 글자의 군데군데에는 얼룩이 져 있었다. 로마 제일의 용사 글라브리오의 흘렸던 굵다란 참회의 눈물자국이었는지도 몰랐다. 요한은 천천히 바울의 편지를 읽기 시작했다.

　하나님의 뜻을 따라 그리스도 예수의 사도가 된 나 바울은 그리스도 예수를 진실하게 믿는 에베소의 성도들에게 이 편지를 씁니다. 하나님 우리 아버지와 주 예수 그리스도께서 은총과 평화를 여러분에게 내려주시기를 빕니다…….

비록 그것이 30년 만에 도착했다 하더라도 에베소의 형제들을 생각하는 바울의 뜨거운 마음이 파피루스 종이에 가득히 넘쳐 흐르고 있었다.

　……우리를 그리스도와 함께 살게 하시려고 천지 창조 이전에 이미 우리를 뽑아 주시고 당신의 사랑으로 우리를 거룩하고 흠없는 자가 되게 하셔서 당신 앞에 설 수가 있게 하셨습니다. 하나님께서는 예수 그리스도를 통하여 우리를 당신의 자녀로 삼으시기로 미리 정하신 것입니다. 이것은 하나님께서 뜻하시고 기뻐하시는 일이었습니다. 사랑하시는 아드님을 통하여 우리에게 거저 주신 이 영광스러운 은총에 대하여 우리는 하나님을 찬양할 수밖에 없습니다…….

오네시모는 손등으로 눈물을 닦았고, 요한과 다른 감독들의 눈에도 눈물이 고였다. 두기고는 눈을 감은 채 요한을 통해 들려오는 바울의 음성을 듣고 있었다.

　……여러분도 전에는 죄와 잘못을 저질러 죽었던 사람들입니다. 여러분이 죄에 얽매여 있던 때에는 이 세상 풍조를 따라 살았고, 허공을 다스리는 세력의 두목이 지시하는 대로 살았으며 오늘날 하나님을 거역하는 자들을 조종하는 악령의 지시대로 살았습니다. 실상 우리도 다 그들과 같아서 전에는 본능적인 욕망을 따라서 욕정에 끌려 살았던 사람들로서 본래 다른 사람과 마찬가지로 하나님의 진노를 살 수밖에 없었던 것입니다. 그러나 한없이 자비로우신 하나님께서는 그 크신 사랑으로 우리를 사랑하셔서 잘못을 저지르고 죽었던 우리를 그리스도와 함께 다시 살려 주셨습니다. 이제 여러분은 외국인도 아니고 나그네도 아닙니다. 성도들과 같이 한 시민이며 하나님의 한 가족입니다. 여러분이

건물이라면 그리스도께서는 그 건물의 가장 요긴한 모퉁이 돌이 되시며 사도들과 예언자들은 기초가 됩니다. 모든 건물은 이 모퉁이 돌을 중심으로 서로 연결되고 점점 커져서 주님의 거룩한 성전이 됩니다. 여러분도 이 모퉁이 돌을 중심으로 함께 세워져서 신령한 하나님의 집이 되는 것입니다……

완고하고 독선적이던 바울의 개성은 이 편지 속에서 완전히 사라지고 있었다. 더구나 놀라운 것은 모두가 배교하여 풍지박산이 되어버린 에베소 교회를 향하여 그리스도를 중심으로 함께 연결되고 세워져서 성전을 이루라고 부탁하는 눈물의 호소였다.

이어서 바울은 에베소 사람들에게 유혹에 흔들리지 말고 서로 용서하여 하나가 될 것을 권고하였다. 성령을 근심케 하지 말고 주님을 기쁘시게 하는 일이 무엇인가 분별하여 악한 시대에 승리할 것을 기약하자는 것이었다.

……성령께서 평화의 줄로 여러분을 묶어 하나가 되게 하여 주신 것을 그대로 보존하도록 노력하십시오. 그리스도의 몸도 하나이며 성령도 하나입니다. 이와 같이 하나님께서 여러분을 당신의 백성으로 부르셔서 안겨 주시는 희망도 하나입니다. 주님도 한 분이시고 믿음도 하나이고 세례도 하나이며 만민의 아버지이신 하나님도 한 분이십니다.

늙은 요한의 목소리는 점점 더 낭랑해지고 있었다. 비록 등잔불은 밝지 않았어도 방 안에는 뜨거운 감동이 충만해 있었다. 그들은 모두가 지금 바울과 만나고 있는 것이었다. 이냐티우스는 바나바와 함께 안디옥 교회를 개척하던 바울을, 소스테네는 고린도에서 붙잡혀 재판을 받던 바울을, 오네시모는 로마의 옥중에서 만나 빌레몬에게로 돌아가 사죄할 것을 권고하던 바울을, 그리고 두기고는 바로 이 편지를 써주며 기도해 주던 바울의 마지막 모습을 다시 만나고 있었던 것이다. 뿐만 아니라 젊은 파피아스와 폴리캅과 프로코루스도 로마에서 참수되었다는 바울의 마지막 순교 장면을 생각하며 가슴에 손을 모으고 있었다.

마침내 요한은 바울의 마지막 인사 부분에 도달했다.

내가 지금 처해 있는 형편과 하고 있는 일을 여러분도 알았으면 합니다. 우리 친애하는 형제 두기고가 이 모든 소식을 여러분에게 알려 줄 것입니다. 그는 주님을 믿는 충실한 일꾼입니다. 나는 우리 사정을 알리고 또 여러분의 마음을 격려하기 위하여 이 사람을 여러분에게 보냅니다. 하나님 아버지와 주 예수 그리스도께서 여러 교우들에게 평화를 내려 주시고 믿음과 더불어 사랑을 내려주시기를 빕니다. 또 우리 주 예수 그리스도를 변함없이 사랑하는 모든 사람에게 은총이 내리기를 빕니다.

바울의 긴 편지는 거기서 끝나고 있었다. 요한은 편지가 끝난 후에도 한참 동안 파피루스 두루마리를 쥔 채 그것을 내려다 보았고, 아직도 더 있을 것만 같은 바울의 호소에 모두들 귀를 기울이고 있는 것 같았다.

두기고가 나직한 목소리로 바울의 마지막 모습을 설명하기 시작했다.

"바울님은 두번째 투옥 되셨던 그때…… 이미 때가 가까웠음을 알고 계셨던 것 같습니다. 그분의 모습은 매우 초췌해 있었지만 그분의 눈빛은 마치 개선하는 장군처럼 번쩍거리고 있었지요. 바울님은 마지막임을 의식해서인지 몹시 사람을 만나고 싶어했습니다. 그분을 따르던 사람들은 모두 뿔뿔이 흩어졌고 누가님만 그분을 보살피고 있었거든요. 그분은 특히 디모데 감독을 보고 싶어했고, 또 두번째 전도여행을 떠날 때 구박하여 헤어졌던 마가를 만나고 싶어했습니다만 결국 아무도 만나지 못하고 최후를 맞으셨던 것 같습니다."

바울의 쓸쓸한 최후가 더욱 그들의 마음을 아프게 하고 있었다. 한참 동안 침묵이 흐른 뒤에 요한이 두기고에게 다시 물었다.

"로마 교회의 교우들은 어떻게 지내고 있습니까?"

"티투스 황제 때에 어느 정도 묵인되고 있던 로마 교우들의 활동은 도미티아누스 황제가 즉위하면서 다시 암흑 속으로 곤두박질치게 되었습니다. 그 동안 로마에서의 복음은 엄청난 역사를 일으켜서 아까도 말씀드린 바와 같이 아킬리우스 글라브리오 전 집정관까지도 크리스티아누스가 되었습니다만 이제 다시 피비린내나는 박해가 재개된 것입니다. 더군다나 최근에는 로마교회에 비밀교우 중에서 중요한 인물이 또 한 분 체포되었습니다."

좌중의 모든 사람들은 눈을 둥그렇게 뜨면서 두기고를 바라보았다. 아킬리우스 글라브리오 전 집정관보다 더 큰 거물이 있었다는데 대해서 그들은 놀라움을 감추지 못하고 있었다. 요한이 상체를 내밀며 다그쳐 물었다.

"그것이 누구란 말인가?"

"플라비우스 클라멘스 집정관 각하이십니다."

일동은 모두 깜짝 놀라며 서로를 바라보고 있었다. 이냐티우스 감독의 입에서 신음소리처럼,

"할렐루야!"

찬양의 감탄사가 새어나오고 있었다. 실로 예루살렘의 성문 밖에서 초라한 모습으로 처형당한 예수가 로마의 집정관이며 황제의 조카 클레멘스의 무릎을 꿇게 한 것이었다.

"클레멘스 각하의 부인인 플라비아 도미틸라님은 로마교회의 가장 큰 후원자였습니다. 아드레아티나에 있는 도미틸라 집안 소유의 토지 밑에도 로마교회의 집회장소인 카타콤이 있는 것입니다."

"그래서……도미틸라 자매님도 체포되었단 말씀이오?"

"아직은 클레멘스 각하만 체포되었으나 아마도 불원간 그분에게까지 화가 미치리라는 예감이 듭니다……."

"비록 예루살렘을 유린한 원수이기는 해도 티투스 시절에는 제법 로마교회의 선행이 황제의 칭찬을 받기도 했다고 하던데…… 도미티아누스가 박해를 재개한 원인은 무엇이라고 합니까?"

"……슬프게도 그것은 바로 유대인들의 고발 때문이라고 합니다."

"유대인들이……."

"그렇습니다. 그들은 로마의 인정을 받고 있는 시나고그를 지키기 위해서 크리스티아누스들을 속죄양으로 삼고 있습니다. 유대인들은 크리스티아누스들이 반체제 운동을 하는 비밀결사, 즉 콜레기아라고 고발함으로써 황제의 환심을 사고자 하는 것이지요. 얼마 전에는 로마에 살고 있던 주님의 친척들…… 즉 유다님의 아들과 손자들이 유대인의 밀고로 투옥되었습니다."

유다라면 바로 예수의 막내동생이었다. 그에게는 야고보, 시몬, 유다의 세 아우가 있었는데 야고보는 예루살렘 교회를 지도하다가 바울보다 2년 먼저 예루살렘에서 순교했고, 시몬은 페르시아에서, 유다는 로마에서 순교하였다.

바로 그 유다의 후손들이 로마 근교에 머물고 있었던 것이다.

밤은 점점 깊어가고 있었다. 부엉이가 그렇게도 울어대는 이 음산한 밤에 봄바람은 날카로운 소리를 내며 올리브 숲을 지나가는 것이었다.

잃어버린 좌표

에베소 시를 남쪽으로부터 감싸안고 있는 코레소스 산의 능선을 따라 석조의 성곽이 병풍처럼 펼쳐져서 항구를 내려다 보는 아스튜아게스 언덕의 망대까지 이어지고 있었다. 알렉산더의 뒤를 이어서 에베소를 통치했던 리시마쿠스가 축조한 성곽이었다. 본래의 에베소는 이 코레소스 산의 언덕에 자리잡고 있었으나 리시마쿠스가 주민들을 피온 산 부근으로 강제 이주시킨 다음 이 성곽을 쌓았던 것이다. 그가 새 도시를 건설했던 것은 그 도시에 자기 아내 아르시노에의 이름을 붙여주기 위해서였다는데, 어쨌든 산허리에는 아직도 옛 도시의 폐허와 돌무더기, 동굴의 흔적들이 남아 있었다.

잡초가 무성한 오솔길 사이로 두 사내가 말을 탄 채 지나가고 있었다. 이따금씩 앞을 가로막는 나뭇가지마다 손을 들어 헤쳐가며 그들은 인적도 없는 산길을 가는 것이었다.

"헤스테네스, 그들의 비밀집회 장소가 이런 곳에 있다는 것을 어떻게 알았지?"

"나뭇가지를 조심하십쇼, 도미누스(주인님)."

"넌 겨우 어젯저녁에 이 에베소로 돌아왔는데……."

"주인님께서 로마의 떠오르는 별이시니 이 헤스테네스도 그만큼 유능한 하인이 되어야 하지 않겠습니까?"

"헤스테네스, 잘 알아 두어라. 너무 유능한 정보원은 제 목숨을 흘리고 다니는 법이야……."

"그러나 황제의 델라토르들로부터 주인님을 지키려면 하인도 역시 유능하지 않을 수 없겠지요."

"그런데…… 요한이라는 영감이 아직도 그 장소에 있을까?"

안드로니쿠스는 중천에 떠 있는 태양을 바라보며 그렇게 말했다.

"아직 있을 것입니다. 그들의 유카리스테오, 즉 성찬식은 새벽에 끝나지만 오늘은 좀 특별한 모임이 있을 것입니다."

"특별한 모임?"

"……이거 내가 또 실언했네."

그는 아직도 어젯저녁에 두기고 노인을 미행했다고 밝히지 않는 것이었다.

"뭐라고?"

"어쨌든 말씀입니다. 오늘 주인님께서 하실 일은 요한이라는 영감님을 만나서 결혼식의 주례를 부탁하는 것입니다. 그 외에는 욕심을 내시지 말아야 하는 거죠."

"잘 알고 있어."

"가령…… 그들의 집회 장소에 요한 말고 다른 자들이 많이 있다 하더라도 그들을 몽땅 체포해서 공을 세우시려 하신다거나 하면 안된다 이겁니다."

"넌 도대체 로마인의 신사도에 대해서 통 모르는 것 같은 말을 늘어놓고 있구나."

"더구나……."

"더구나?"

"주인님께선 오늘같이 좋은 날 드루시아나 아가씨가 행복해 하시는 모습을 보고 싶으시겠지요."

"물론이지?"

"드루시아나 아가씨를 기쁘고 행복하게 해드리려면……."

"무슨 이야기를 하려고 그러는 거지?"

"드루시아나 아가씨를 기쁘게 해드리려면 많은 손님을 초청해야 할 것입니다."

"그야 물론이지."

"어떤 손님들을 초청하시겠습니까? 에베소의 귀족들? 군인들? 학자들……?"

그제야 안드로니쿠스는 하인이 말하려는 것이 무엇인지 깨닫고 있었다.

"넌 지금 크리스티아누스들에 대해서 말하려는 것이지?"

"그렇습니다. 드루시아나 아가씨를 기쁘게 해드리려면 많은 크리스티아누스들을 결혼식에 초대해야 합니다. 그러나 그들이 대로마의 유능한 관료이며 재무관이신 마리우스 안드로니쿠스님 결혼식에 오라고 초청받는다면 몇 명이나 오겠습니까? 마치 물고기가 그물 속으로 기어들어가는 것 같은 어리석은 일을 누가 하려고 하겠습니까?"

"그렇겠군……."

그것은 너무도 당연한 말이었다. 이미 로마에서는 대박해가 시작되었고, 하루에도 수백 명씩 경기장의 제물로 죽어가고 있는 때였다. 에베소도 그 예외는 아니었다. 비록 총독의 군대가 그들을 이잡듯이 뒤져서 잡아내고 있지는 않으나 총독 역시 황제로부터 신임을 받으려면 계속해서 크리스티아누스들을 잡아들여야 했으며 그 중의 얼마를 처형했다는 실적을 보고하지 않을 수 없는 것이었다. 물론 크리스티아누스들이란 지독한 사람들이어서 박해로 인해 잡혀 죽는 것을 영광으로 여긴다고는 하나, 그렇다고 해서 초청된 결혼식장에 제 발로 걸어 들어가 오랏줄을 받으려는 자는 없을 것이다. 안드로니쿠스는 중천의 태양을 바라보며 미간을 찌푸렸다.

"어떻게 하면 좋을까?"

"그것은 간단한 일입니다."

"간단……?"

"우선 주인님께서 그들을 몽땅 잡아 공을 세우시겠다는 욕심을 버리실 것."

"그 점에 대해선 이미 말했다."

"그리고 또 하나는…… 요한을 만나서 그들의 동료 모두를 초청하시고 신변의 안전을 약속하시는 일입니다."

"그게 통할까?"

"유대인들, 특히 크리스티아누스들은 약속을 생명처럼 여기는 사람들입니다. 주인님께서 약속하신다면 그들은 믿을 것입니다."

"하지만 내가 보장한다 하더라도 그들의 신분은 들어나게 될 것이고 내가 떠난 후엔 역시 위험하게 될 것 아닌가?"

"방법은 또 있습니다."

"방법이?"

"그렇습니다. 감쪽같이 하는 방법이 있지요. 바로…… 결혼식을 두 번 하는 것입니다. 즉, 두란노의 서원에서 류코메데스 총독 이하 귀족들과 학자들을 초청하여 결혼식을 올린 다음 신랑 신부는 대극장 위쪽 주인님의 본가로 가는 것입니다."

본래 로마인들의 결혼식은 신부 집에서 치르는 것이 상례였다. 신부집에 하객들을 초청하여 결혼식을 올린 다음 만찬을 대접하고 나서 신랑과 신부는 신랑의 본가로 가게 되는데 이때 모든 하객들은 신랑집까지 따라가서 그들을 축복해주고 헤어지게 되는 것이었다.

그러니까 지금 헤스테네스의 착상은 결혼식을 일찌감치 끝내고 신랑집으로 돌아가서 두번째 결혼식을 하자는 것이었다. 물론 크리스티아누스의 하객들은 신랑집에 모여 있는 것이므로 일반 하객들과는 온전히 차단될 수 있는 것이었다.

"……결혼식을 두 번 한다는 말은 처음 듣는군."

"공연히 그런 말씀 마십쇼. 드루시아나 아가씨와 결혼하기 위해서 백 번이라도 하라면 하실 것 같은데요."

"갑작스레 결혼식을 하느라고 가뜩이나 준비가 부족할 텐데 두 번씩이나 한단 말인가?"

"염려마십쇼. 꼼꼼한 루키우스 집사가 벌써 한 달 전부터 준비를 했고, 오늘 집을 나설 때에도 양쪽 집에 잔치를 벌일 것에 대해서 미리 일러두었으니까요."

과연 헤스테네스는 주인을 능가하는 하인이었다. 안드로니쿠스는 짐짓 그를 흘겨보며 말했다.

"의외로 복잡한 결혼이 되어 버렸어."

"너무 착잡하게 여기실 필요 없습니다. 힘들게 얻은 여자일수록 내용이 괜찮은 법이지요. 그리고 일단 품에 들어 오고 나면 주인님은 다시 남편의 위엄을 회복하실 수 있을 게고……."

헤스테네스의 표현에는 짓궂은 야유가 섞여 있었다. 위엄을 회복할 수 있다는 말은 지금은 그렇지 않음을 전제하고 있는 것이기 때문이었다. 그러나 아직은 헤스테네스와 말씨름할 계제가 아니었기 때문에 안드로니쿠스는 그냥 말꼬리를 돌려 버렸다.

"그런데…… 오늘 크리스티아누스들의 특별한 모임이 있다는 것이 무슨 말인가?"

"주인님께서 로마인의 신사도를 걸고 약속하셨기 때문에 귀띔을 해드립니다만……."

"……?"

"지금 에베소에는 그들 모임의 중요한 인물들이 각지에서 모여들고 있습니다."

"무엇 때문이지? 반역 음모라도 꾸미고 있단 말인가?"

"아닙니다. 자기들 내부에 문제가 생기고 있습니다."

"문제?"

"그렇습니다."

"무슨 문제지?"

"그들을 강하게 하는 교리는 바로 예수라는 사람의 부활에 관한 것인데…… 그는 부활하여 40일 동안 이 세상에 있다가 승천하였다는 것입니다. 그런데 그는 약속하기를…… 이 세대가 지나가기 전에 다시 온다고 했답니다."

"그런데 아직도 그는 오지 않고 있다……."

"그렇습니다. 그래서 그들간에는 내분이 일어나기 시작한 것입니다."

"내분이……?"

"이미 예수를 직접 만난 사람들은 거의 모두가 죽었습니다. 그리고 이제 그를 직접 만나지 못한 후세들이 제가끔 제 나름대로 예수의 의미들을 해석하려다 보니까 마침내 그들이 섬겨왔던 구세주의 의미는 변질되고, 그들 내부로부터 붕괴의 위험이 발생한 것입니다.”

“그렇다면…….”

안드로니쿠스는 이마에 닿는 나뭇가지를 제치면서 생각에 잠겼다. 헤스테네스의 말이 사실이라면 요한을 잡아오라고 명령한 도미티아누스의 생각은 정곡을 찌른 것이라 할 수 있었다. 예수라는 자에 대한 신앙이 변질되기 시작하고 있을 때 그들을 흩어짐으로부터 막아 결속시킬 수 있는 구심점은 바로 생존한 최후의 제자 요한밖에 없을 것이었다. 그렇다면 요한을 잡아들이라는 도미티아누스의 조치는 그들의 뿌리를 뽑는 근본적 방책이 아닐 수 없었다.

“난 아직 그들이 어떤 범죄행위를 하고 있는지 모르겠지만…… 그들의 신앙에는 확실히 무리한 데가 있어. 도대체 목수 일을 하던 한 청년을 어떻게 신이라고 떠받들 수가 있단 말이지?”

“그것은 로마도 마찬가지지요.”

“무슨 말이지?”

“돌멩이로 조각을 해놓고 신이라 하면서 섬기는 것이나, 사람을 신이라고 섬기는 것이나…….”

“그러나 헤스테네스, 비록 돌로 조각한 신상이기는 하나 거기엔 로마 제국 백성들의 자랑과 이상이 나타나 있는 것이야. 신이란 무엇인가? 백성들의 마음을 모아 섬기는 이상이며 주장이 아닐까? 그런데 도대체 그 유대 나라의 목수는 어떻게 됐다는 거야? 일개 목수가 어떻게 하여 신이 될 수 있다는 거지? 거기에 무슨 이상이 있고 목표가 있다는 것이지?”

“그게 바로 예수라는 자의 불가사의한 힘입니다. 로마나 헬라의 어떤 위대한 인물도 그런 사랑을 받아 보지는 못했을 테니까요.”

“결국 그들이 쉽게 그 도에 빠지는 것은…… 그것이 약자의 철학이기 때문인지도 모른다. 끊임없이 수난 당해온 유대인들…… 그 중에서도 목수였었고 이유없이 처형당한 가엾은 사내…… 그래서 가난한 사람들과 힘 없는 사람들은 비참한 예수의 생각을 하면서 자기 자신을 위안하고 싶은 것인지도 모른다. 즉, 그들의 도는 강자의 종교가 아니고 약자의 종교이며…… 승리의 종교가 아니라 패배의 종교인지도 모른다. 그것은 어쩌면 자기 학대적인 정신병의 일종인지도 몰라……. 그렇다면 그것은 대로마의 종교로서는 맞지 않을 뿐만 아니라 해로운 독약이 될 수도 있다. 그래서 도미티아누스 황제는 그들을 박해하고 있는 것이 아닐까……?"

거의 그들의 장소에 접근하고 있는 것인지 헤스테네스는 주위를 두리번거리고 있었다. 산허리에는 작은 동굴의 입구가 여러 개 보였다.

"이 근처인가?"

"어두울 때 왔었기 때문에…… 잠깐 계십쇼, 제가 확인하고 오겠습니다."

그는 말에서 내리더니 잠시 주위를 살펴보다가 재빨리 동굴 쪽으로 뛰어가고 있었다. 허공에 입을 벌리고 있는 동굴의 입구는 크고 작은 것이 모두 여섯 개가 있었다. 오른쪽으로부터 두번째 입구에 접근한 헤스테네스는 뒤를 돌아보며 손짓을 하고 있었다. 그는 오른손을 들어 위에서부터 아래로 긋더니 자기 쪽으로 잡아당기는 시늉을 했다. 말에서 내려 자기 쪽으로 오라는 뜻이었다. 갈리아의 싸움터에서까지 동행을 했던 그들은 상대방의 마음과 신호를 서로 읽는 데에도 상당히 익숙해져 있었던 것이다.

헤스테네스는 동굴 앞까지 다가간 안드로니쿠스에게 낮은 목소리로 말했다.

"여깁니다. 이 안으로 들어가면 크리스티아누스들이 중요한 회의를 하고 있을 것입니다. 예배의식이 끝난 지 이미 오래 되었을 터이니까 일반 신도들은 돌아갔을 테고 중요인물들만 남아 있을 것입니다."

"그럼 지금부터 어떻게 하지?"

"마냥 기다릴 수는 없으니 영감을 불러내야 합니다. 여기 잠깐 계십쇼. 제가 들어갔다 나오겠습니다."

"이 동굴 안은 어떻게 되어 있나?"

"에베소 사람들의 묘지로 사용되고 있습니다. 크리스티아누스들은 이상하게도 묘지에서 집회를 하는 습성이 있습니다. 로마에서도 묘지에 그들이 모인다는 소문을 들은 적이 있거든요. 그럼 여기 꼼짝말고 계십시오."

헤스테네스는 동굴의 어둠 속으로 빨려 들어가고 있었다. 동굴 밖에 혼자 남은 안드로니쿠스는 팔장을 낀 채 생각에 잠겼다. 헤스테네스의 말대로 드루시아나와의 결혼은 하나의 모험이었다. 멀쩡한 사람도 크리스티아누스라고 혐의를 씌워서 체포하는 세상인데 그 크리스티아누스와 그것도 그들 식의 결혼식을 올린다는 것은 위험천만한 일이 아닐 수 없었던 것이다.

게다가 안드로니쿠스는 많은 사람들의 주목을 받고 있는 존재였다. 황제로부터 의심의 눈길을 받기만 하면 델라토르들이 벌떼처럼 달려들어 그의 약점을 낱낱이 파헤칠 것이었다. 그는 태양 아래 빛나고 있는 에베소시를 내려다보았다. 어머니의 유방처럼 부드럽게 솟아 있는 피온 산과 그 뒤쪽으로 흘러내려가는 카이스테르 강, 그리고 번쩍거리는 지중해를 향하여 팔을 벌리고 있는 에베소 항구가 보이고 있었다.

(살벌한 로마의 출세가도보다 차라리 이 고향에서 드루시아나와 안락한 생활을 보내는 것이 좋지 않았을까?)

6년 전 에베소를 떠날 때만 해도 그런 안일주의를 가장 경멸하던 안드로니쿠스였다. 그러나 로마의 욕망과 긴장은 너무나 그를 피곤하게 하고 있었던 것이다.

(……내가 지금 드루시아나를 통하여 크리스티아누스들의 미신적 세계에 유혹되고 있는 것은 아닐까?)

그들은 처음부터 이 세상의 욕망을 추구하지 않는 사람들이었다. 그들은 로마의 황제 대신 나사렛의 목소리를 택했고, 대리석의 저택보다는 동굴 속의 묘지를 택했으며 기름지고 안락한 인생보다는 처참한 희생의 길을 걷고 있었다. 그런데도 그들은 패배하지 않고 있었다. 경기장에서 의연한 모습으로 죽어가는 크리스티아누스들의 모습을 그는 기억하고 있었다. 그렇게 많은 사람들이 죽어가는데 그들의 명맥은 줄기차게 이어져 가고 있었다. 그들은 위험을 무릅쓰고 고아들을 데려다 기르며 환자들을 치료하고 감옥에 갇힌 죄수들에게 사식을 차입하는 것이었다.

갑자기 목덜미에 싸늘한 살기를 느끼며 안드로니쿠스는 본능적으로 몸을 굽혔다. 수많은 전쟁터에서 몸에 익힌 자위의 육감이었다. 날카로운 바람을 일으키며 그의 목덜미를 스쳐간 물체가 암벽에 부딪혀 땅에 떨어졌다. 그것은 햇볕 가운데 몸을 드러내며 번쩍거리고 있었다. 그는 다가가서 그 물건을 주워들었다. 날이 시퍼렇게 선 단도였다.

안드로니쿠스는 단도를 집어든 채 재빨리 주위를 살펴보았다. 갑자기 이

을씨년스럽던 폐허의 언덕에 팽팽한 살기가 가득히 차고 있었다. 잡초들과 나무들 사이로 고이는 적막 속에 아무 것도 움직이는 것은 없었다. 적은 보이지 않는 곳에서 그의 목숨을 노리고 있는 것이었다. 그에 비하면 안드로니쿠스는 완전히 무방비의 상태로 노출되어 있었다.

그는 재빨리 몸을 날려 헤스테네스가 들어간 동굴 속으로 뛰어 들어갔다. 그리고는 호흡을 가누며 다시 동굴 밖의 동정을 살폈다. 역시 아무런 기척이 없었다.

(누구일까, 나를 노렸던 놈은……?)

그는 새삼스럽게 로마의 숱한 귀족들 틈에서 자기의 적이 될 만한 얼굴들을 떠올려 보고 있었다. 워낙 출세가 빨랐기 때문에 그를 시기하는 사람들이 너무도 많았던 것이다. 그는 자기의 머릿속을 스쳐 지나가는 그 많은 시선들을 느끼며 혼자서 잠시 몸을 떨었다. 그 시선들 속에는 물론 도미티아누스 황제의 시선까지도 포함되어 있는 것이었다.

(이 에베소에까지 로마의 살기가 따라온 것인가……?)

다소 긴장이 풀리자 눅눅한 흙냄새가 코에 스며들기 시작했다. 그는 조금씩 시선을 돌려 주위를 살펴보았다. 동굴의 벽은 약간 푸석거리는 응회암이어서 인공으로 동굴을 파기가 용이하게 되어 있었다. 그는 한번 더 바깥 쪽으로 눈을 돌려 동정을 살펴보고는 조금씩 안쪽을 향하여 걸음을 옮겨놓기 시작했다. 처음에는 어두움 때문에 눈을 껌벅거리며 더듬거렸지만 점점 주위의 벽들이 희미하게 떠오르고 있었다. 어디선지 모르게 희미한 빛이 동굴 안에 스며들고 있었던 것이다. 그는 조금씩 손으로 벽을 더듬으면서 안을 향하여 걸어 들어갔다.

어디선가 은은한 노랫소리가 들려오고 있었다. 들리다가는 끊어지고 그러다가 다시 이어지는 그 선율은 이 세상에서 들어본 적이 없는 듯한 빛깔로 그의 가슴을 적시고 있었다.

이따금씩 통로는 구부러지기도 하고 갈라지기도 했다.

(……?)

손길을 따라 이어져 가던 흙벽이 끝나고 있었다. 깜짝 놀라며 손을 휘저으니 다시 차가운 감촉의 석판 같은 것이 만져졌다. 헤스테네스의 말대로 이 동굴이 묘지라면 아마도 그것은 석관인 모양이었다. 머리 끝이 쭈뼛해져서 그는 조금 걸음을 빨리 했다. 과연 벽의 군데군데에 석관들이 들어 있었다.

얼마를 걸었을까……. 갑자기 눈 앞이 밝아지는 것 같아 그는 그 쪽을 향해서 걸었다. 점점 통로의 내부가 뿌옇게 드러나면서 마침내 그는 불빛을 찾아낼 수가 있었다. 그 불빛이 시작된 곳은 바로 통로의 한 쪽이 조금 넓게 들어간 곳이었다. 벽의 오른쪽으로 방처럼 움푹 들어간 곳이 있었고 들어간 곳의 세 벽면에는 한 면에 두 개씩 모두 여섯 개의 석관이 놓여 있었던 것이다. 정면의 석관 앞에는 작은 돌탁자 하나가 놓여 있었고 올리브 기름의 등잔은 바로 그 위에 놓여 있었다. 아마도 한 가족의 묘지인 것 같았다. 안드로니쿠스는 등잔불을 집어들고 정면에 있는 석관을 살펴보았다.

석관에는 헬라 문자가 새겨져 있었다.

……네로 황제 재위 11년, 마게도니아 사람 가이우스 부부와 세 아들 그리고 하인 스코파스는 에베소 총독의 박해를 받아 이곳에 잠들다.

네로 황제 재위 11년이라면 로마에 대화재가 나기 바로 전 해였다.

(가이우스…….)

어디선가 들어본 이름같이 느끼며 그는 다시 글씨 옆에 그려져 있는 그림들을 들여다 보았다. 십자가에 묶인 사람들이 불에 타고 있는 장면이 있었다. 아마도 이 가이우스라는 사람의 일가는 크리스티아누스의 박해 때 화형을 당한 모양이었다. 안드로니쿠스는 아직도 무덤 안에 살타는 냄새가 나는 것만 같아서 미간을 찡그렸다. 로마에 있을 때에도 그는 원형경기장에서 벌어지는 그 통구이 구경을 여러 번 경험했던 것이다. 석관마다에는 그 화형 장면 외에도 비둘기의 그림이라든가 물고기의 그림들이 그려져 있었다.

(이것은…….)

얼굴에 광채나는 사람이 가운데 앉아 있고 여러 사람들이 둘러 앉아 식사하는 장면의 그림이었다. 아마도 그것은 예수라는 나사렛의 목수가 체포되기 전에 제자들과 가졌었다는 마지막 만찬을 표현하고 있는 것 같았다. 그리고 거기에는 헬라어로 '아가파테 알렐루스'라는 말이 새겨져 있었다. '서로 사랑하라'는 뜻이었던 것이다.

안드로니쿠스는 크리스티아누스들의 그 허망한 꿈들이 가엾어서 어금니를 깨물고 있었다. 그들은 무엇 때문에 그런 고난을 당하고 있는 것인가. 그들이 믿고 있는 하나님이 정말 존재한다면 어째서 이 여섯 명의 일가가 통돼지처럼 타고 있을 때 아무런 구원의 손길도 보내주지 못했는가. 아니 이 여섯 명의 고사하고라도 어째서 그 신의 아들이라는 나사렛의 목수가 십자가 위에서 그 대로 절명하도록 내버려두었는가.

그러자 문득 그 참담한 이야기는 석관 속에 들어 있는 사람들 뿐만이 아니라 자기 지척에 와 있는 것을 깨달았다. 바로 오늘 자기와 결혼하려는 드루시아나 그녀도 이러한 신을 믿고 있다는 것이었다.

막상 드루시아나의 일을 생각하자 그는 정신이 번쩍 들었다. 그는 오늘 결혼해야 할 몸이었다. 한가롭게 관 속의 유령이나 만나고 있을 처지가 아니었던 것이다. 그는 다시 밖으로 나가기 위하여 등잔불을 집어들었다. 갑자기 그는 무서운 생각이 들기 시작했다. 어두울 때는 몰랐는데 불빛에 드러난 통로의 벽을 바라보자 과연 자기가 다시 들어왔던 길을 되돌아 나갈 수 있을는지 자신이 없었던 것이다.

(이럴 줄 알았다면 단단히 기억해 가면서 들어와야 했는데…….)

후회해 봤으나 이미 너무 늦어 있었다. 처음 몇 커브는 기억을 하겠는데 점점 안으로 들어오면서 그는 주위를 살피는 데 열중하느라고 그만 돌아나갈 일을 채 준비하지 못했던 것이다. 그것은 얼마 안가서 현실로 나타났다. 얼마 가지 못하여 통로는 둘로 갈라져 있었던 것이다. 어느 쪽으로부터 들어왔는지 도무지 자신이 없었다. 내내 벽을 더듬으며 왔으면 생각이 나겠는데 꼭 그렇 지만은 않았던 것이다. 그는 잠깐 눈을 감은 채 기억을 더듬다가 그대로 왼쪽 길로 들어섰다. 그렇게 하기를 몇 번 더 하고 나서 마침내 안드로니쿠스는 자기가 완전히 미로 안에 갇혀버린 것을 깨닫게 되었다.

그는 이제 더 이상 앞으로 나아갈 수가 없었다. 더 가면 갈수록 더 깊은 곳으로 빠져드는 것만 같았기 때문이었다. 처음 이 동굴 속에 들어올 때 들려오던 그 신비한 선율도 이제는 그쳐져 있었다. 그에게는 아무런 목표도 방향도 남아 있지 않았던 것이다. 그는 손에 들고 있는 등잔불을 내려다 보았다.

무게의 느낌으로 보아 남아 있는 기름은 얼마 되지 않을 것 같았다.

(헤스테네스는 지금 어디 가서 무엇을 하고 있단 말인가…….)

그러나 이미 그는 헤스테네스에게 기대를 걸 수 없게 되어 있었다. 아마도 그는 헤스테네스와 영영 딴 방향으로 걸어 들어왔는지도 모를 일이기 때문이었다. 그는 또 한 손에 들고 있는 단도를 내려다 보았다. 이미 그것도 자신을 이 어둠 속으로부터 지켜줄 수 있는 무기는 되지 못하고 있었다. 그는 단도를 동굴 바닥에 내던져 버렸다. 다리에 힘이 빠지고 있었다. 그는 눅눅한 흙냄새만 피어오르는 땅바닥에 그냥 주저 앉아 버렸다. 또 초조한 생각이 들기 시작했다.

(아아, 드루시아나…….)

그의 평생에 이토록 자기를 무력하다고 느껴보기는 처음이었다. 갈리아의 전장을 달리던 용사요, 로마 제국의 젊은 재무관 마리우스 안드로니쿠스가 이 맹랑한 동굴에 갇혀서 아무 것도 할 수 없는 속수무책의 상태에 빠져 있는 것이었다.

그는 깜빡거리는 등잔불을 바라보며 미노스의 미로 이야기를 생각해 보았다. 크레테의 통치자 미노스는 자기 아내가 황소와 교접하여 낳은 괴물을 가두어 두기 위해 미로를 설치하였는데 이를 탐험하러 들어가는 아테네의 왕자 테세우스에게 반한 미노스의 딸 아리아드네가 그에게 미로 탈출법을 알려주었던 것이다. 그녀는 바로 테세우스에게 커다란 실뭉치를 주면서 나중에 그 실을 따라 나오도록 가르쳐 주었다.

안드로니쿠스는 입고 있던 튜우닉을 벗어서 풀어 실을 만들어 볼까도 생각해 보았다. 그러나 그것으로 동굴의 길이 만큼 실이 나올 것 같지도 않았고, 설사 지금의 장소에서 시작해 본들 결국 다시 그 자리로 돌아오는 것이 고작일 것이었다.

얼마나 시간이 흘렀을까……. 안드로니쿠스의 마음은 등잔의 심지와 함께 타들어 가고 있었다. 그리고 이제 그 불빛마저 올리브 기름이 다해가는지 점점 약해져 가고 있었던 것이다. 젊은 영웅, 떠오르는 샛별 안드로니쿠스의 명철한 두뇌에 혼란이 오기 시작하고 있었다.

(누군가 이 동굴의 길을 아는 사람이 나타날 때까지 나는 이곳에 있어야 할는지도 모른다. 그렇다면 그것은 언제인가…… 누군가 죽어서 이 동굴에

안치되러 오거나 유가족들이 추모예배를 드리기 위해서 오는 경우일 것이다. 그것은 언제일 것인가? 한달 후? 석달 후?)

그 밖에도 또 한 가지 경우가 있기는 있었다. 크리스티아누스들이 비밀 집회를 하기 위해서 이런 곳에 모인다고 했었다. 그러나 그 장소는 지금 안드로니쿠스가 있는 장소와 다른 쪽에 있는 것 같았다. 왜냐하면 그보다 먼저 동굴로 들어왔던 헤스테네스와 마주치지 않았기 때문이었다.

이제는 결혼식 같은 것이 문제가 아니었다. 어쩌면 안드로니쿠스의 일생은 바로 이 동굴 속에서 끝나 버릴는지도 알 수 없는 일이었던 것이다. 이 어두운 동굴 안에 그가 먹을 수 있는 것이라고는 아무 것도 없었다. 관 뚜껑을 열고 시체들을 뜯어 먹을 수도 없는 노릇이었다.

그러고 보니 정작 허기가 지기 시작했다. 얼마나 많은 시간들이 지나갔는지도 알 수 없었다. 이제는 품위도 체면도 필요 없었다. 그는 무턱대고 허공을 향하여 소리를 질렀다.

“여보세요! 누구 없습니까?”

어두운 동굴 안에 한 사람의 목소리가 마치 여러 사람의 목소리처럼 갈라지면서 멀어져 가고 있었다.

“사람 살려요! 난 길을 잃었어요!”

그러나 아무런 응답도 없었다. 그는 다시 싸늘한 어둠 속으로 굴러 떨어지는 것 같아서 머리를 움켜 잡았다. 가물거리던 등잔불이 마침내 꺼져버렸던 것이다. 그는 미친 사람처럼 ‘여보세요’를 연달아 외쳐 대었다. 목이 쉬도록 그는 외쳤다. 몸의 힘은 더욱 빠지고 그는 마침내 지쳐버려서 흙벽에 몸을 기대었다.

(마리우스 안드로니쿠스…… 마침내 이렇게 끝나는 것인가?)

아무도 그를 도울 수 있는 사람은 없었다. 어머니도, 아폴로니우스 선생도, 류코메데스 총독도, 그리고 황제까지도 지금은 아무런 상관이 없는 남이었다. 심지어는 그가 잠시도 잊지 못하고 연모해 오던 드루시아나 그녀까지도 이제는 상관없는 여인이 되어버린 것이었다.

(그렇게도 없단 말인가…… 나를 도울 자가 없단 말인가?)

그는 로마 제국이 섬기고 있는 많은 신들을 생각해 보았다. 불의 여신 베스타, 지혜의 여신 아테네, 그리고 저 에베소를 다스리는 풍요의 여신 아르테미스……. 그들의 명성은 지금 어디 있는가. 안드로니쿠스는 가는 곳마다 그들에게 경의를 표했고 그들의 제단에 예물을 봉헌했는데 지금 그들은 역시 다른 나라에 있는 것이었다.

안드로니쿠스가 생각하고, 살아왔고, 활동했던 그 세계는 지금 송두리째 사라지고 있는 것이었다. 모든 것은 완전히 백지로 돌아갔던 것이다. 그에게 남아 있는 것은 오직 캄캄한 동굴 속에 쓰러진 허기지고 힘 없는 안드로니쿠스의 축축하고 싸늘한 공간뿐이었던 것이다. 그는 새삼스럽게 자기의 뼈저린 외로움을 발견하고 소스라치게 놀라고 있었다. 지금까지 그는 가장 분주하고 가장 활동적인 군중 속의 영웅이었다. 그는 많은 사람들 속에 있었고 많은 조직들 가운데 있었다. 그러나 지금와서 보니 그는 가장 외롭고 처량한 존재였던 것이다.

그는 문득 절망적인 상황 속에서 고난 당하던 크리스티아누스들을 생각해 내었다. 넓은 경기장의 한복판, 불길 가운데서 또는 맹수들 가운데서 그들을 도울 수 있는 자는 아무도 없었다. 그런데도 그들은 서로를 위로하면서 하나 하나 죽어갔다. 심지어 어떤 자는 큰 소리로 노래를 부르기도 하는 것을 안드로니쿠스는 자주 보았던 것이다.

(그들은 죽어가는 순간에 결코 외롭지 않았던 것일까……?)

그는 크리스티아누스들이 기를 쓰고 섬기는 나사렛의 목수를 생각해 보았다. 그는 자기의 피와 살을 사람들에게 주기 위하여 왔다고 했다. 그리고 그는 유대 총독 빌라도에 의하여 처형되었던 것이다. 지금 안드로니쿠스는 죽음 앞에서 떨고 있는데 그는 남을 위하여 죽었다는 것이었다.

안드로니쿠스는 잡자기 허공을 향하여 소리쳤다.

"나사렛의 목수 예수여, 당신은 나에게도 살과 피를 주었는가?"

다시 그의 쉰 목소리는 캄캄한 허공을 향하여 갈라져 나가고 있었다.

"당신이 정말 다시 살았다면 나에게로 오라. 나는 지금 외롭다!"

안드로니쿠스는 그렇게 외치고 있는 자기 꼴이 너무나도 처량하게 생각되어서 피식 하고 웃어버렸다.

(다 그런 거지. 사람들은 세상 살아가기가 너무나도 외로워서 무엇인가 의

지하지 않고는 못견디는 것이야. 베스타도, 아테네도, 아르테미스도…… 그리고 저 나사렛의 예수도 다 그런 것들이야…….)

그때였다. 문득 그는 아주 먼 곳으로부터 무엇인가 가느다란 소리를 들은 것 같았다. 그것은 마치 바람소리와도 같았고, 아니면 벽이 무너지는 소리 같기도 했다. 너무나 오랫 동안 그는 적막 가운데 있었기 때문에 아주 조그마한 소리도 소음처럼 크게 울려왔던 것이다.

(……?)

그것은 점점 더 가까워 오고 있었다. 그는 자신이 너무 오랫 동안 극한적 상황에 놓여 있었기 때문에 환청이 생기기 시작했나 보다고 생각했다. 그러나 그 소리는 점점 커지고 있었다. 여러 사람이 이쪽을 향하여 걸어오고 있는 것 같았다. 그리고 그 소음들 속에서 한 음성을 또렷이 들었다.

─마리우스!

안드로니쿠스는 자기 귀를 의심했다. 그 목소리는 분명히 자기 이름을 부르고 있는 것이었다. 그는 너무도 놀라서 비틀거리며 일어나다가 힘없이 쓰러지고 말았다. 너무도 오래간 만에 일어났기 때문에 현기증이 왔던 것이다. 목소리는 다시 계속되고 있었다.

─마리우스!

그것은 어쩌면 어머니의 음성 같기도 했고, 드루시아나의 목소리 같기도 했다. 아니면 그가 야유를 섞어 불러낸 나사렛 예수의 대답인지도 몰랐다. 그는 쓰러진 채로 꼼짝않고 있었다. 그는 희미해져오는 기억들을 흩날리면서 화석처럼 천천히 굳어져 가고 있었던 것이다.

그는 끝없는 나락으로 떨어져 가고 있는 자기를 느끼면서 자기의 석관에 새겨질 말들을 생각해 보았다.

……마리우스 안드로니쿠스 재무관, 도미티아누스 황제 치세 15년 4월, 크리스티아누스들의 묘지에서 길을 잃고 헤매다 고이 잠들다…….

그는 입가에 희미한 미소를 머금다가 얼굴을 땅바닥에 떨어뜨렸다. 갑자기 온몸이 매우 편해지고 있었다. 축축한 땅바닥이 양털처럼 따스하게 느껴지고 온 몸이 나른해져 왔다. 어둠 속으로부터 보드라운 죽음의 날개가 솜털처럼 나풀거리며 흘러내리고 있었다. 그리고 그 깃털들과 함께 안드로니쿠스도 끝없이 어둠 속으로 떨어져 내려가고 있었다.

그 포근하고 편안한 어둠이 또 한참 동안 계속되었다. 안드로니쿠스는 꼼짝도 할 수 없는 적막 속에서 누군가 자기 몸을 가만히 흔들고 있는 것을 깨달았다.

(……?)

아직 눈을 감고 있는데도 이상하게 환한 것을 느낄 수 있었다. 그는 천천히 무거운 눈꺼풀을 열었다.

먼저 빛이 눈 속으로 들어왔다. 안드로니쿠스는 빛 가운데서 다시 미간을 찌푸리며 눈에 초점을 모았다. 눈 앞에 무엇인가가 보이고 있었다. 빛과 빛이 서로 엉키면서 눈 앞에는 천천히 하나의 영상이 나타나기 시작했다. 그것은 한 노인의 모습이었다. 머리와 수염은 눈처럼 희었으나 시선은 불꽃처럼 빛나고 있었다. 그는 입을 열었다.

"정신이 좀 드시오……?"

그러자 노인의 등 뒤로부터 한 여인이 튀어나오는 것이었다.

"마리우스, 저예요. 얼마나 고생했어요?"

드루시아나였다. 안드로니쿠스는 비로소 어찌된 영문인가를 깨달았다. 드루시아나의 뒤에는 헤스테네스의 모습이 보였고, 그의 모친과 드루시아나의 부모들, 그리고 많은 사람들이 시야에 들어왔다. 사도 요한과 함께 동굴 밖으로 나온 헤스테네스는 주인의 실종을 깨닫고 사방으로 그를 찾았을 것이었다. 그리고 마침내 동굴 속으로 들어가서 길을 잃은 것이 아닐까 하고 생각해 내었을 것이었다.

그는 상체를 일으키면서 달려드는 드루시아나를 와락 껴안았다. 살았다는 생각이 다시 그를 소생시켰던 것이다.

(바보 같은 헤스테네스 녀석…… 그렇게도 늦게 오다니…….)

그는 드루시아나와 헤스테네스의 부축을 받으며 일어났다. 그는 아직도 자기 앞에 서 있는 노인을 바라보았다. 드루시아나가 그의 귀에다 대고 소곤거렸다.

"요한 사도님이세요."

안드로니쿠스가 미처 인사를 하기도 전에 요한은 먼저 입을 열었다.

"이렇게 찾을 수 있어서 다행입니다. 많은 분들이 걱정을 하고 계셨는데……."

"부끄럽습니다. 공연히 심려를 끼쳐드렸군요."

"자…… 어서 밖으로 나가시지요."

안드로니쿠스는 걸음을 옮겨 놓기 시작했다. 마치 새로운 인생을 시작하는 기분이었다. 그는 지금까지 자기가 갇혀 있었던 동굴 안을 다시 한번 휘둘러보았다.

그리고 어둠 속에서 보이지 않는 나사렛 예수와 언쟁하던 일도 생각났다. 그는 헤스테네스에게 말했다.

"헤스테네스, 내가 너와 헤어진 후 얼마나 시간이 흘렀지?"

"한 십 년쯤 지난 것 같으시겠지요?"

상대방 기분에 아랑곳없이 이죽거리기를 잘하는 헤스테네스가 또 둘러대기를 시작하고 있었다.

"한 열흘쯤 된 모양이로구나."

"저런…… 그러실 줄 알았다니까. 황공하옵게도 이제 겨우 열 시간이 지나갔습니다. 아침에 동굴 앞에서 헤어졌는데 지금은 날이 어둡기 시작했으니까요. 이젠 제가 너무 늦게 왔다고 야단치지는 않으시겠지요?"

그렇다면 아직 하루도 지나지 않았다는 말이었다. 그는 드루시아나를 돌아보았다.

"드루시아나…… 아무 일도 없었다면 지금쯤은 우리가 결혼식을 올리고 있을 시각이로군. 당신이 말하던 유카리스테오를 이 동굴 안에서 할 수는 없을까?"

등잔불빛 속에서 드루시아나의 눈이 광채를 발하고 있었다.

"할 수 있어요. 이 안에는 우리들 비밀 집회 장소가 있거든요."

안드로니쿠스는 앞서서 걷고 있는 백발의 노인을 불러 세웠다.

"저…… 사도님."

"……?"

노인은 걸음을 멈추고 뒤를 돌아보았다.

"저…… 크리스티아누스들은 유카리스테오란 예식을 행한다고 들었습니다만 지금 이 시각에 그 예식을 베풀어 주실 수 있습니까?"

노인은 무슨 뜻인지를 몰라서 안드로니쿠스의 얼굴을 물끄러미 바라다 보고 있었다.

"실은 오늘 아침에 사도님께 부탁드릴 일이 있어서 이곳에 왔었습니다. 제 하인이 사도님을 뵈러 들어간 동안에 제가 호기심으로 들어섰다가 길을 잃어서 변을 당했지요. 이미 제 하인으로부터 들으셨는지도 모르겠습니다만…… 저는 오늘 저녁 여기 있는 두란노 가의 드루시아나 양과 결혼식을 올리기로 되어 있었습니다. 그런데 신부 될 드루시아나는 꼭 크리스티아누스들의 예식으로 결혼식을 올리고 싶어 했기 때문에 사도님께 주례를 부탁드리려 했던 것입니다."

고개를 끄덕이고 있던 노인은 곁에 서 있던 젊은이에게 물었다.

"폴리캅, 성찬용의 떡이 아직도 남아 있을까?"

"네, 아침에 쓰고 남은 것이 아직 있을 것입니다."

노인은 다시 안드로니쿠스를 바라보았다.

"안드로니쿠스…… 당신은 우리들이 믿고 있는 나사렛의 예수를 구세주로 영접할 수 있겠소?"

따져 묻는 요한의 눈빛이 워낙 강렬해서 안드로니쿠스는 그만 우물쭈물하지 않을 수 없었다.

"저…… 저는 사실 그 나사렛 예수란 분에 대해서는 잘 모릅니다……. 다만 저는 드루시아나를 사랑하고……."

그는 문득 어둠 속에서 나사렛 예수를 향하여 외치던 것을 생각해 내었다. 그는 나사렛 예수에게 당신은 나에게도 살과 피를 주었는가 하고 질문했던 것이다.

"잘…… 잘은 모릅니다만 앞으로 잘 알아보도록 하겠습니다."

요한은 다시 드루시아나를 바라보았다.

"드루시아나…… 넌 이 사람과 결혼한다면 남편을 위해 기도하며 그를 구원의 길로 인도할 수 있겠는가?"

"네, 사도님. 힘껏 하겠어요."

그는 다시 안드로니쿠스의 등 뒤에 서 있던 그의 모친을 바라보았다.

"모친께서도 아드님이 크리스티아누스가 되려는 것을 찬성하십니까?"

안드로니쿠스는 어머니를 돌아보았다. 그는 아직도 이 일에 대해서 그의 어머니와 의논하지 못했던 것이었다. 그는 어머니의 입에서 틀린 대답이 나올까봐 먼저 입을 열었다.

"어머니, 미리 의논드리지 못해서 죄송합니다만……."

안드로니쿠스의 모친은 근심스러운 얼굴로 아들을 바라보았다.

"마리우스…… 남자는 자기의 일을 자기 혼자서 결정하는 법이고 그것이 안드로니쿠스 가문의 전통이다. 다만 나는…… 네가 안드로니쿠스 가문의 유일한 후계자라는 사실을 기억하고 모든 일을 지혜롭게 판단해 주기를 바랄 뿐이다."

"감사합니다, 어머니. 어머니의 말씀을 명심하겠습니다."

요한은 다시 뒤쪽을 바라보며 조금 음성을 크게 했다.

"여기 두란노 가의 드루시아누스님도 계시지요? 어떻습니까, 따님의 결혼에 대해서 이의가 없으십니까?"

그러자 뒤쪽에서 굵은 음성이 들려왔다.

"네, 사도님. 저희는 이미 어젯저녁에 결혼을 승낙했습니다."

요한은 고개를 끄덕이더니 다시 폴리캅에게 말했다.

"가자."

그들은 요한과 폴리캅의 뒤를 따라서 걷기 시작했다. 한참 동안을 걷고 몇 번이나 길을 꺾은 후에야 그들은 갑자기 넓어진 장소에 도착하였다. 넓은 공간 안에는 두터운 돌탁자가 있고 그 위에는 일곱 개의 초를 켤 수 있는 촛대가 놓여 있었다. 폴리캅이 일곱 개의 초에 불을 붙이자 실내는 갑자기 밝아지고 있었다.

폴리캅이 떡과 포도주를 내놓으며 성찬 준비를 하는 동안 요한은 안드로니쿠스와 드루시아나를 앞으로 불러내어 무릎을 꿇게 했다. 그는 다시 안드로니쿠스에게 물었다.

"안드로니쿠스, 결혼식과 성만찬의 예식을 갖기 전에 밥티스마를 받아야 한다는 것도 알고 계시오?"

"알고 있습니다."

그는 이미 로마에서 크리스티아누스들의 동태에 관한 조사를 할 때 그들의 모든 예식에 대한 것을 분석했으므로 밥티스마(洙禮)가 어떤 것인지를 잘 알고 있었다. 그들의 밥티스마는 본래 흐르는 물에서 거행하는 것인데 지나간 날의 잘못을 회개하고 새로운 삶을 살겠다는 결의의 의식이었다. 물이 없는 곳에서는 고인 물에서 하거나 그것도 없으면 머리에다 물을 세 번 붓는 것인데 오늘은 아마도 세번째 방법을 쓰려는 듯 폴리캅이란 젊은이가 물이 담겨진 병을 꺼내오고 있었다.

요한은 다시 젊은이에게 마태의 복음서를 가져오라고 말했다. 젊은이는 파피루스의 두루마리 하나를 요한의 앞에 가져다 놓았다. 요한은 그것을 펼쳐 놓고 읽기 시작했다.

"……그러므로 너희는 가서 모든 족속으로 제자를 삼아 아버지와 아들과 성령의 이름으로 세례를 주고 내가 너희에게 분부한 모든 것을 가르쳐 지키게 하라. 볼지어다, 내가 세상 끝날까지 너희와 항상 함께 있으리라……."

그는 두루마리를 내려 놓고 좌중을 향하여 말하였다.

"여러분, 오늘 나는 예수 그리스도께서 지시하신 대로 여기 있는 마리우스 안드로니쿠스에게 세례를 베풀려고 합니다. 마리우스 안드로니쿠스, 나의 질문에 대답하시기 바랍니다."

안드로니쿠스가 어리둥절하여 드루시아나를 돌아보자 그녀는 나직하게 속삭였다.

"……네, 라고만 대답하세요."

요한의 질문이 시작되었다.

"마리우스 안드로니쿠스, 그대는 하나님이 천지를 창조하신 것과 그 외아들 예수 그리스도께서 성령으로 잉태하사 동정녀 마리아에게 나신 것을 믿는가?"

"……네."

"마리우스 안드로니쿠스, 그대는 예수 그리스도께서 본디오 빌라도에게 고난을 받으사 십자가에 못박혀 죽으시고 장사한 지 사흘 만에 죽은 자 가운데서 다시 살아나신 것을 믿는가?"

“……네.”

“마리우스 안드로니쿠스, 그대는 부활하신 예수께서 하늘에 오르사 전능하신 하나님 우편에 앉아 계시다가 산 자와 죽은 자를 심판하러 오실 것을 믿는가 ? ”

“……네.”

“마리우스 안드로니쿠스, 그대는 성령과 공회와 성도가 서로 교통하는 것을 믿는가 ? ”

“……네.”

“마리우스 안드로니쿠스, 그대는 주께서 죄를 사하여 주시는 것과 몸이 다시 사는 것과 영원히 사는 것을 믿는가 ? ”

“……네.”

질문들이 끝나자 요한은 물병을 집어들었다.

“마리우스 안드로니쿠스, 내가 아버지와 아들과 성령의 이름으로 네게 세례를 주노라.”

그러자 모든 회중들은,

“아아멘.”

하고 화답하였고 요한은 안드로니쿠스의 머리 위에 병을 기울여서 물을 세 번 붓는 것이었다. 그리고 사도와 회중의 화답이 계속되었다.

“주님이 그대들과 함께 하기시를.”

“그리고 또한 사도와 함께 하시기를.”

“그들의 마음을 높이 들라.”

“우리는 주의 전에 나아왔나이다.”

“주님께 감사를 드립니다.”

“그렇게 하는 것이 마땅하나이다.”

“전능하신 아버지시여, 오늘 당신의 아들 마리우스 안드로니쿠스를 당신의 손으로 택하사 새로 태어나게 하심을 감사드립니다. 이제 그가 주님의 아들이 되었사오니 당신의 딸 드루시아나와 결혼하는 것을 허락하소서. 우리 주 예수 그리스도의 이름으로 비나이다.”

“아아멘.”

"마리우스 안드로니쿠스, 그대는 드루시아나를 그대의 아내로 삼아 기쁠 때나 슬플 때나 괴로울 때나 어려울 때에도 그녀를 아끼고 보살피며 사랑하겠는가?"

"……네."

요한의 질문은 다시 드루시아나에게로 향하였다.

"드루시아나, 그대는 마리우스 안드로니쿠스를 남편으로 삼아 기쁠 때나 슬플 때나 괴로울 때나 어려울 때에도 남편을 주님 안에서 내조하고 사랑하겠는가?"

"네."

"하나님께서 사람을 남자와 여자로 지으시고 말씀하시기를 사람이 그 부모를 떠나서 아내에게 합하여 그들이 한몸이 될지니라 하셨으니 이제 두 사람은 한몸이 되었으므로 하나님께서 짝지어 주신 것을 사람이 나누지 못할 것입니다."

"아아멘."

요한은 폴리캅에게 명하여 바울이 에베소 교회에 보내온 편지를 가져오게 해서 그 중의 한 구절을 읽었다.

"아내된 사람들은 주님께 순종하듯 자기 남편에게 순종하십시오. 그리스도께서 당신의 몸인 교회의 구원자로서 그 교회의 머리가 되시는 것처럼 남편은 아내의 주인이 됩니다. 교회가 그리스도께 순종하는 것처럼 아내도 모든 일에 자기 남편에게 순종해야 합니다. 남편된 사람들은 그리스도께서 교회를 사랑하셔서 당신의 몸을 바치신 것처럼 자기 아내를 사랑하십시오."

"아아멘."

"주님이 그대들과 함께 하시기를."

"그리고 또한 사도와 함께 하시기를."

"주님께서는 제자들에게 떡을 떼어 나누어 주시며 그리스도의 살을 받으라고 하셨습니다."

요한은 폴리캅이 내어주는 떡을 떼어 위를 향해 감사의 기도를 드렸다.

"전능하신 아버지, 당신은 외아들을 세상에 보내사 그 몸을 찢으시어 저희들에게 주시며 받으라고 하셨습니다. 오늘도 저희들의 구원을 위해 당신의 살을 주심을 감사드리나이다."

"아아멘."

그는 떡을 떼어들고 신랑 신부 앞으로 나아왔다. 드루시아나가 또 소곤거렸다.

"입을 벌리세요."

안드로니쿠스가 입을 벌리자 요한은 그 입 속에 떡 조각을 넣어주며 말했다.

"예수 그리스도의 살입니다."

안드로니쿠스는 어쩐 일인지 차마 그것을 씹을 수가 없었다. 어떻게 해서 저 유대나라 나사렛의 목수가 떼어 주는 살이 자기의 입 속에 들어오게 된 것인지 알 수가 없었다. 그는 또 예수를 향해서 부르짖던 것을 생각해 내고 있었다. 당신은 나에게도 살과 피를 주었는가고 그는 질문했었던 것이다.

요한이 앞으로 다가왔다. 드루시아나의 목소리가 또 들려왔다.

"입을 벌리세요."

이번에는 포도주였다. 요한이 그의 입 속에다 포도주를 부어 넣으면서 말했다.

"예수 그리스도의 피입니다."

아직도 입 안에 남아 있던 떡조각이 포도주와 함께 목구멍 안으로 넘어 들어갔다. 갑자기 가슴 속이 불에 덴 듯 뜨거워 오고 있었다.

(어쩌다 내가 이렇게 되었을까?)

사실 안드로니쿠스 자신도 도무지 갈피를 잡을 수가 없을 지경이었다. 어젯저녁 베스타 호를 타고 에베소에 입항할 때만 해도 안드로니쿠스는 황제의 특명을 받고 요한을 체포 압송하기 위해 파견된 로마 제국의 젊은 관리였다. 그런데 지금 그 안드로니쿠스는 그 요한에게 세례를 받고 결혼식을 올리고 지금 또 나사렛 목수의 살과 피라는 유카리스테오를 받아 먹은 것이었다. 실로 뒤에서 이를 지켜보고 있을 헤스테네스가 나중에 빈정거릴 만한 좋은 이야깃감이 아닐 수 없었던 것이다.

요한의 음성은 계속되고 있었다.

"주님은 그대들과 함께 하시기를."

"그리고 또한 사도와 함께 하시기를."

"주님께 감사를 드립시다."

"하늘에 계신 우리 아버지여, 이름이 거룩히 여김을 받으시오며, 나라이 임하옵시며, 뜻이 하늘에서 이룬 것 같이 땅에서도 이루어지이다. 오늘날 우리에게 일용할 양식을 주옵시고, 우리가 우리에게 죄 지은 자를 사하여 준 것 같이 우리 죄를 사하여 주옵시고, 우리를 시험에 들지 말게 하옵시고, 다만 악에서 구하옵소서."

"아버지의 나라와 권세와 영광이 영원하시기를."

"그리고 예수 그리스도와 함께 영원하시기를."

"아아멘."

모든 예식은 끝났다. 모든 회중들이 신랑 신부에게 다가와서 축하의 뜻으로 입을 맞추었다. 사람들의 축하를 받으면서도 안드로니쿠스는 자기가 크리스티아누스라고는 결코 생각하지 않고 있었다. 그는 아직도 로마 제국의 젊은 관리였고 야심 많은 샛별이었다. 그는 결코 사랑하는 여인을 얻기 위하여 모든 것을 다 버릴 정도로 낭만적인 청년은 아니었다. 아직 그에게는 벅찬 미래가 있었고 로마 제국의 기대가 걸려 있었다. 그러나 어쨌든 오늘 있었던 일이 그에게 일말의 불안을 안겨준 것만은 틀림없었다.

크리스티아누스의 여인을 아내로 맞이하는 것도 불리한 것이 사실이었고, 그 자신이 크리스티아누스의 세례를 받고 성찬을 받아 먹었다는 것도 황제의 델라토르들의 입방아에 오르내리게 되면 위험천만한 것이기는 했던 것이다. 그는 이러한 불안을 떨쳐버리기 위해서 속으로 슬며시 웃으며 자신에게 물어보았다.

(마리우스 안드로니쿠스, 너는 과연 드루시아나를 얻기 위하여 네 모든 것을 잃어버릴 각오가 되어 있는가?)

그는 가만히 고개를 저으며 회중을 돌아보았다.

"여러분, 저는 여러분들의 의식이 끝나면 아가페라는 회식을 갖는 것으로 알고 있습니다. 지금의 이 장소는 아가페의 장소로서 다소 불편할 듯하여 여러분 모두를 저희집으로 초대하겠습니다. 드루시아나와 저는 신부집에서 일반 하객들을 대접한 후에 가겠사오니 우선 저희집으로 자리를 옮겨 주시면 감사하겠습니다."

순간, 예식에 참석했던 크리스티아누스들의 표정이 굳어지고 있었다. 한 젊은이가 나서며 소리쳤다.

"초대의 말씀은 감사합니다만 우리는 사정이 있어서……."

안드로니쿠스는 대번에 그의 의도를 알아차리고 말했다.

"저희집 주변에 겹겹이 경비원을 배치하겠습니다. 또 저희집에서는 비상 탈출을 할 수 있는 지하도도 마련되어 있습니다. 여러분께서 저를 형제로 받아들이신다면 저의 초청을 거절하지 마시기 바랍니다."

조개껍질의 전설

　에베소 시내에서도 가장 크다고 알려진 안드로니쿠스 가의 대저택은 갑자기 활기에 넘치고 있었다. 넓은 거실에서는 요한 사도를 비롯한 에베소 교회의 중진들과 교인들이 가득히 들어앉아 있었고, 아름다운 꽃들과 나무가 우거진 정원에는 가이우스 소년을 비롯한 에베소의 많은 고아들이 잔치를 벌이고 있었다. 그 중에서도 가이우스 소년은 다른 아이들의 부러운 시선을 한몸에 받았다. 가이우스는 마리우스 안드로니쿠스 도련님으로부터 그가 신부 드루시아나와 함께 로마에 갈 때 함께 데려가 주기로 약속을 받았던 때문이다.

　그러나 로마에 갈 수 있는 것은 오직 가이우스 하나뿐이었고 나머지 아이들은 사실 수심에 잠겨 있었다. 드루시아나가 떠나고 나면 아무도 그들을 돌보아 줄 사람이 없기 때문이었다. 그들은 음식을 들면서도 이 문제에 대해서 마치 어른들처럼 진지한 모습으로 의논했다. 결국 그들은 나중에 요한 사도님의 의견을 듣기로 하고 일단 토론을 끝냈던 것이다.

　거실에서의 화제는 여전히 두기고 노인에게 쏠리고 있었다. 그는 바울의

연락책으로서 여러 교회들을 돌아다녔을 뿐만 아니라 에베소의 집단 배교사
건과 로마 화재의 증인이었고 에스파니아의 광산의 체험에 이르기까지 수많은
화제를 가지고 있기 때문이었다.

사실은 두기고뿐만이 아니었다. 예수로부터 직접 안수를 받았던 이냐티우스,
빌레몬의 노예였다가 돈을 훔쳐가지고 도망갔던 오네시모, 고린도의 회당장이
었던 소스데네, 빌립의 네 따님들로부터 자료를 수집한 파피아스 등 그들의
모든 이야기는 살아 있는 그리스도 예수에 대한 추억으로 집중되고 있는 것
이었다.

그래서 다시 그들의 화제는 마가와 마태의 기록으로 옮겨져 갔고 파피아스
와 폴리캅, 그리고 프로코루스들은 눈빛을 빛내며 그들의 의문들을 제기하고
있었다.

한 쪽으로 그들의 이야기를 들으며 생각에 잠겨 있던 요한의 시선이 폴리캅
쪽으로 향했다.

"폴리캅, 칼리마쿠스는 아직도 안보이는군."

폴리캅은 요한의 질문에 움찔하며 목을 움츠렸다. 어젯밤에만 해도 그는
칼리마쿠스가 아침 예배에 참석할 것이라 보고했던 것이다. 그러나 칼리마쿠
스는 아침 예배에 안나왔고 아직도 행방이 묘연한 것이었다.

"어디 다녀온다는 말도 없었나?"

"네…… 아무 말도 없었습니다."

폴리캅과 프로코루스는 서로 얼굴을 마주 보고 있었다. 어젯저녁 칼리마쿠
스는 드루시아나를 만나러 두란노의 집으로 가겠다고 했었다. 그들은 안드로
니쿠스 역시 두란노 서원 쪽으로 가는 것을 보았고, 아마도 그들과 드루시아
나는 거기서 결혼의 담판을 가졌을 것이었다. 그 때의 상황이 어찌 되었는지는
모르나 어쨌든 안드로니쿠스와 드루시아나는 오늘 결혼식을 가졌다. 그것도
칼리마쿠스를 가장 아끼는 요한 사도의 집전으로 올려진 것이다.

(도대체 칼리마쿠스는 어디로 간 것일까……?)

그것은 실로 폴리캅과 프로코루스에게 가장 가슴 아픈 관심사였던 것이다.
다행히 요한은 더 이상 추궁하지를 않았다. 그냥 말없이 앉아 있던 요한은
가슴께를 더듬더니 안으로 손을 넣었다. 이따금씩 있는 그의 버릇이었다.

요한의 목에는 노끈 하나가 걸려 있었고 그 노끈에는 구멍뚫린 조개껍질 하나가 꿰어져 있었다. 요한은 지금 그것을 꺼내보고 있는 것이었다. 조개껍질은 작은 것이었으나 오색 빛깔이 영롱하게 빛나는 특이한 것이었다. 그것은 오랫 동안 간직되었던 탓으로 반들반들하게 윤이 나고 있었다.

그 조개껍질을 어루만지면서 요한의 기억은 급속하게 회전하여 60여 년을 거슬러 올라가고 있었다.

나사렛 예수가 처음으로 놀라운 기적을 나타내 보였던 가나에서의 혼인잔치…… 그 때에도 잔칫집은 오늘처럼 흥겨웠었다. 언제나 자리가 좋으면 술 마시는 양도 많아지는 법이어서 잔칫집은 포도주가 바닥이 나버린 것이었다. 바로 그 때에 예수의 어머니 마리아는 아직도 하나님의 때를 기다리고 있는 예수에게 이 사실을 알렸고, 예수는 포도주 떨어진 사실이 자기와는 상관 없는 일이라며 어머니의 은근한 채근을 사양했다. 그러나 마리아의 인간적 소망은 거기서 멈추지를 않고 하인들을 불렀던 것이다.

마침내 예수는 빈 돌항아리 여섯 개에 물을 길어다 붓도록 했다. 그리고 그것을 연회장(宴會場)에 갖다 주라고 했던 것이다. 말할 것도 없이 그들이 떠다가 준 것은 고급의 포도주였다. 누구보다도 놀란 것은 손님들 속에 숨어서 그것을 목격한 요한 자신이었다. 그는 믿을 수 없는 이 사실을 보고 가슴이 뛰어서 그토록 만나고 싶어했던 한 소녀를 놓쳐버리고 말았던 것이었다.

물이 포도주로 되는 엄청난 사건이 일어나고 예수의 주위에 있던 사람들이 놀라고 있을 그 때에 그 소녀는 나타났었다. 놀라는 사람들의 뒷전에서 머릿수건으로 얼굴을 반쯤 가린 채 이쪽을 바라보고 있던 소녀…… 그 슬픔이 가득하게 고인 눈과 하얀 얼굴이 지금도 늙은 요한의 가슴을 아프게 하고 있는 것이었다.

(어째서 내가 그때 그 애를 모른척 했던 것일까…….)

요한이 이 소녀를 본 것은 바로 그 가나의 혼인 잔치에서가 마지막이었다. 뒤늦게 정신을 차린 요한이 어째서 그녀가 가나의 잔칫집에 왔었는가 수소문해 보았지만 허사였다. 적어도 가나의 잔칫집에서는 아무도 그녀를 아는 사람이 없었던 것이다.

요한의 회상은 한번 더 세월을 거슬러 올라가고 있었다. 때는 요한이 예수를 만나기 1년 전인 17세 때였고, 티베리우스 황제 제위 13년, 그리고 본디오 빌라도가 유대 총독으로 부임한 그 해이기도 했다.

요한이 그 소녀를 처음 만난 곳은 티베리아스의 바닷가에서 였다.

티베리아스는 분봉왕 헤롯 안티파스가 갈릴리 지방의 수도로 사용하기 위하여 갈릴리 바다 서해안 막달라의 남쪽에 건설한 신흥도시였다. 황제 티베리우스에게 봉헌된 이 도시의 이름은 티베리아스로 명명되었고 많은 유대인들이 강제 이주되었으나 외지에서 흘러 들어온 이방인들이 주류를 이루고 있는 도시였다.

본래 가버나움에 살고 있던 요한은 자주 이 티베리아스에 놀러가곤 했었는데 그것은 새 도시 티베리아스의 새로운 문물을 접하는 호기심에서이기도 했지만 거기 살고 있는 동갑내기의 소년을 만나기 위해서였던 것이다. 기스칼라에서 이사 온 이 소년의 이름 역시 요한과 똑같은 요한이었다. 그들은 동갑이었고 이름이 같았을 뿐만 아니라 불과 같이 급한 성격이며 새로운 것에 끌려드는 강렬한 진취성이 너무도 똑같아서 마치 쌍둥이처럼 쉽게 가까워질 수 있었던 것이다.

그날도 요한은 기스칼라의 요한을 만나 티베리아스의 바닷가를 거닐며 로마의 통치제도의 헬라의 철학, 날로 쇠잔해가는 그들의 조국, 유대의 운명 등에 대해서 광범위한 이야기를 나누고 있었다. 티베리아스는 헤롯안티파스가 새 수도로 건설한 곳답게 전망이 매우 좋은 것이었다. 왼쪽 해안을 따라서는 막달라, 가버나움 등의 큰 도시들이 한 눈에 보였고 맑은 날이면 건너편의 벳새다, 거라사까지도 전망할 수 있는 곳에 위치하고 있었다.

본래 이곳 갈릴리 해안에 흩어져 살고 있는 유대인들은 마게도니아의 정복자 알렉산더 시대부터 시작된 유대인 박해에 반발하여 흘러 들어온 사람들이었다. 그러므로 어떤 의미에선 아직 예루살렘과 유대지방에 남아 있는 사람들보다도 더 보수적인 골수파 유대인들이었던 것이다. 그래서 예루살렘의 지도자들이 로마 정부에 굴복하고 있을 때 민족의 재기를 노리며 지하에서 칼을 갈고 있던 열심당(熱心黨)은 이 갈릴리 지방을 중심으로 조직되었던 것이다.

그날 티베리아스의 바닷가에서 국제정세를 이야기하고 있던 두 명의 요한도 아직 나이는 어렸지만 부끄러운 조국의 모습을 걱정하고 이를 다시 재건하고 싶어하는 유대인들이었다. 그들은 우선 날로 발전해가는 세계문명에 대해서 시급히 이해하고 흡수해야 한다는 의견에 서로 동의하고 있었다. 우물안 개구리와 같은 낡아빠진 사고방식으로는 도저히 로마 제국을 뒤집어 엎을 수 없다는 것이었다. 그래서 그들은 다같이 헬라어를 배워야 한다는 생각을 가지고 있었다. 이미 헬라의 전성시대는 지나갔지만 로마 제국도 통치에 급급하여 그 근본은 헬라문명에 기초한 것이었고 알렉산더와 그의 강력한 후계자들이 이루어 놓은 헬라문화는 바로 바닥에서부터 전 세계를 지배하고 있기 때문이었다.

그런 이야기를 하며 바닷가를 거닐고 있을 때 그들은 모래밭에 앉아 바다를 내다보고 있는 한 소녀를 만났던 것이다. 다가오는 두 소년을 보고 놀라는 표정의 그 맑은 두 눈을 바라보며 두 소년은 그녀에게서 섬뜩한 이방인의 분위기를 느낄 수 있었다.

경계의 태세를 취하는 소녀에게 먼저 말을 건 것은 기스칼라의 요한이었다. 그는 아람어로 말했다.

"놀랄 것 없어. 난 기스칼라에서 이리로 이사온 요한이라고 한다. 이 친구는 가버나움에서 왔는데 우리는 모두 유대인들이야. 넌 아마도 다른 나라에서 온 것 같은데 어디 출신이니?"

아람어는 히브리어와 비슷하면서도 상인들의 통용어였기 때문에 이곳 갈릴리 지방에 사는 사람들은 거의 모두가 아람어를 사용하고 있었다. 소녀도 아람어를 알아들었는지 붉은 입술을 방싯 열면서 짧은 한 마디가 굴러 나왔다.

"아가야."

아가야라면 헬라의 남부지역을 의미하는 것이었다.

"아가야라면 아테네? 고린도? 스파르타?"

"니코폴리스."

니코폴리스는 승리의 도시라는 의미를 가진 이름이었다. 아가야 지방 서해안에 위치한 이 도시는 옥타비아누스가 악티움 해전에서 마르쿠스 안토니우스를 제압한 것을 기념하기 위해 건설한 도시였던 것이다.

아마도 이 소녀는 갈릴리 해변에 앉아서 그녀의 고향 니코폴리스 바다를 그리워하고 있었던 것 같다. 곁에서 그들의 대화를 듣고 있던 요한은 아무래도 기스칼라의 요한에게 한수 뒤지고 있는 것 같아서 그들 사이에 끼어 들었다.

"좋은 곳에서 왔구나. 난 아까 이 친구가 말한 대로 가버나움에 살고 있는데 이름은 똑같은 요한이야. 구별해서 부르려면 가버나움의 요한, 기스칼라의 요한하는 식으로 부르면 될거야. 그런데 네 이름은 뭐니 ?"

소녀는 잠시 머뭇거리다가 하얀 두 볼에 사르르 홍조를 띠우며,

"소피아."

하고 간단하게 대답했다.

"만나서 반갑다, 소피아."

이번에는 다시 기스칼라의 요한이 나섰다.

"마침 잘 만났구나, 소피아. 우리는 지금 너같은 애를 만나고 싶어 찾고 있었어."

"…… ?"

"우리는 말이다, 헬라어를 배우고 싶어서 그걸 가르쳐 줄 만한 친구를 찾고 있었거든."

그의 말은 바로 그녀와 친구가 되고 싶다는 뜻이어서 소녀는 잠시 어쩔 줄을 모르고 있었다. 기스칼라의 요한이 다시 말했다.

"너무 겁먹을 필요 없어. 정 곤란하면 우리가 네 부모님들께 찾아가서 부탁을 드릴 테니까."

성미 급한 두 소년의 접근은 그야말로 전격전이었다. 어쨌든 이렇게 해서 이름도 같고, 나이도 같고 그리고 성격까지도 닮은 두 소년의 운명은 갈라지기 시작한 것이었다. 두 소년은 똑같이 아름다운 이방인 소녀를 좋아했고 또 그녀는 너무도 닮은 두 소년 사이에서 갈팡질팡해야 했다. 그러나 결국 먼저 양보를 한 것은 가버나움 쪽의 요한이었다. 아마 가버나움의 요한이 좀더 성미가 급했던 것 같았다.

그러나 가버나움의 요한이 그토록 신속하게 양보를 할 수 있었던 것은 나름대로의 이유가 있었다. 본래 모든 유대인들이 다 완고하여 이방인과의 결혼을 엄격하게 금지하고 있었지만 특히 가버나움의 요한의 경우에는 절대로 불가능한 일이었다. 그의 아버지 세베대는 비록 갈릴리의 바다에서 조업하는 어부이기는 했으나 여러 척의 배를 소유한 선주였고 가버나움의 유대인 사이

에서 가장 유력한 지도자의 한 사람이었다. 뿐만 아니라 그는 예루살렘의 공
의회를 주도하는 대제사장들과도 폭넓은 교제를 가지고 있었으며 그 아들 야
고보와 요한 형제를 수차례나 예루살렘에 보내어 제사장들과 율법학자들의
지도를 받게 했던 것이다. 그런 면에서 요한의 아버지 세베대는 다른 갈릴리
사람들에 비해서 좀 특이한 데가 있었다. 그는 그만큼 현실주의자였던 것이다.

어쨌든 그러한 세베대의 아들인 요한이 감히 이방인 여자와의 결혼이라든가
하는 말을 입에 담을 수 없는 것은 당연한 일이었다.

그런 의미에서 기스칼라 요한 쪽은 조금 형편이 나을 수 있었다. 그에게는
우선 아버지가 안계셨고, 때로는 생각보다 행동 쪽을 택하는 그의 성격이 어
쩌면 소피아와 맺어질 수 있는 가능성도 있을 것 같았기 때문이었다.

그러나 이러한 요한의 재빠른 계산은 의외의 결과를 가져왔다. 그는 일부러
소피아가 기스칼라의 요한과 함께 있을 기회를 만들어 주거나 자리를 피해
주기도 하면서 그들의 사이를 접근시키기 위해 애쓰고 있었다. 그러나 그런
우정이 오히려 소피아의 마음을 감동시켰던 모양이었다. 그 해 가을의 어느날
요한은 여느 때보다 조금 일찍 소피아의 집에 도착하였다. 또 한 사람의 요
한을 기다리는 동안 소피아는 갑자기 목에 걸고 있던 노끈을 벗는 것이었다.
노끈에는 작지만 모양이 예쁜 조개껍질이 한 쌍 꿰어져 있었다. 그녀는 매듭을
풀더니 조개껍질 한 개를 뽑아 요한에게 쥐어 주고는 후다닥 밖으로 달아나
버렸다.

아직도 그녀의 체온이 가슴에 남아 있는 것 같은 그 조개껍질을 손에 쥔 채
요한의 가슴이 마구 뛰고 있었다. 헬라어 공부고 뭐고 그는 정신이 없었다.
가버나움에 가서도 그녀 생각뿐이었고 고기를 잡으러 나가도 그 물체를 손에
든 채 멍하니 서 있다가 형 야고보로부터 야단을 맞기가 일쑤였다.

그는 혼자 있는 시간이면 그 조개껍질을 꺼내보는 습관이 생겼다.

(언제부터 소피아는 이것을 목에 걸고 있었을까……? 아마도 이것은 그녀
의 고향 니코폴리스의 바닷가에서 주운 것인지도 모른다…….)

서로 꼭 맞는 두 개의 조개껍질 중 하나를 뽑아 요한에게 주었다는 사실은
바로 그와 결합하기를 바라는 마음의 표시였다. 요한은 더 이상 그녀를 기스
칼라의 요한에게 떠맡길 수가 없게 되어버린 것이었다. 마침내 요한은 그녀를

소유하기 위해 결단을 내리려 하고 있었다. 부모가 반대한다면 부모를 떠나는 한이 있더라도, 유대인의 회당에서 그를 축출한다면 파문을 각오하고서라도 그는 소피아와 결합하려 했던 것이다.

그러나 요한의 이 대단한 결심은 결말을 보지 못하고 말았다. 엄청나게 충격적인 사건이 그들에게 일어났던 것이었다. 그리고 마침내 그 사건은 두 소년의 운명을 마구 할퀴고 잡아 찢어 놓았던 것이었다.

잊을 수 없는 사건이 일어났던 그날, 두 소년과 소피아는 헬라어로 이야기를 나누며 그들이 처음 만났던 그 해변을 거닐고 있었다. 그때…… 그들 쪽으로 달려오는 두 필의 말을 그들은 보았다. 쏜살같이 달려서 그들 옆을 지나치던 군인 차림의 두 청년은 무슨 까닭인지 말을 세우더니 다시 서서 그들에게 돌아오는 것이었다. 둘 중의 하나는 헤롯 수하의 근위병이었고, 또 하나는 로마 기병대의 군복을 입고 있었는데 나이는 어려 보이지만 매우 싸늘한 얼굴을 하고 있었다.

그들은 말에서 내리더니 두 소년은 거들떠보지도 않고 곧장 소피아에게 다가서는 것이었다. 근위병은 소피아의 턱을 우악스럽게 움켜잡더니 아람어로 말했다.

"헬라 계집애인 것 같습니다. 꽤 반반하군요."

그러자 기병대 군복의 소년이 싸늘한 말투로 내뱉듯 말했다.

"말에다 태워라. 오늘 사냥은 그만하면 됐다."

근위병이 소피아의 허리를 안아 올리자 그녀는 비명을 질렀고, 그와 동시에 두 요한이 한꺼번에 소리를 질렀다.

"그 애를 내려 놓아라!"

그러자 싸늘한 표정의 기병대 소년이 미간을 찌푸렸다.

"겁없는 촌놈들이로구나. 다치기 전에 물러서라."

"넌 도대체 누구인데 이런 짓을 하는 거야?"

소피아의 말에 올라타지 않으려고 앙탈을 하자 근위병은 그녀의 겉옷을 잡아 찢었다. 소피아의 하얀 가슴이 드러나고 우유빛 젖가슴 가운데 작은 조개껍질이 반짝거리고 있었다. 두 소년은 더 이상 참을 수 없었다. 가버나움의 요한은 근위병에게, 그리고 기스칼라의 요한은 기병대의 군인에게 달려들었다.

그리고 얼마 지나지 않아서 기스칼라의 요한이 배를 움켜쥐며 고꾸라졌다. 배를 감싸 쥔 손가락 사이로 새빨간 피가 솟아나오고 있었다.

"이 못된 놈!"

요한은 피묻은 칼을 들고 서 있는 기병대의 소년에게 덤벼들었다. 찔러 들어오는 칼 끝을 피해 한 발을 옆으로 디디며 주먹으로 그의 옆구리를 후려쳤다. 불의의 반격에 그가 허리를 꺾자 요한은 다시 그의 칼잡은 손을 움켜잡고 비틀었다. 상대의 팔에서 우두둑 소리가 나면서 칼은 모래밭 위로 떨어졌다. 그 때였다. 요한은 갑자기 등줄기에 뻐근함을 느끼며 그 자리에 털썩 주저앉았다. 등에서 뭔가 축축한 것이 흘러내리고 있었다. 바로 뒤쪽에 있던 근위병이 후려친 칼에 등을 맞은 것이었다. 팔을 뒤틀렸던 기병대 소년은 매우 화가 난 듯 칼을 다시 집어들고 요한의 목에다 칼 끝을 겨누었다. 요한은 씨근거리며 상대를 노려보았다.

"네놈 하는 짓을 보니 로마 제국도 얼마남지 않았다!"

그러자 그는 차갑게 웃으며 칼을 거두었다.

"오냐, 너를 살려둘 터이니 로마 제국의 번영을 똑똑이 보아 두어라. 너, 내 이름을 알고 싶다고 했지?"

그는 칼을 칼집에 밀어넣고 나서 정색을 하며 말했다.

"잘 들어 두어라. 내 이름은 베스파시아누스다. 언젠가는 내 이름만 들어도 떨리는 날이 있을 것이다."

그날 붙잡혀간 소피아는 결국 집으로 돌아오지 못했다. 그날도 그 다음날도 소피아는 나타나지 않았다. 두 소년은 중상을 입은 몸으로 소피아의 집에 나란히 누워서 소피아가 나타나기를 기다렸지만 허사였다. 소피아의 아버지는 그녀를 찾기 위해 헤롯의 왕궁이며 로마 기병대 병영에 이르기까지 찾아다녔지만 아무도 그녀의 행방을 가르쳐 주는 사람은 없었다. 그는 결국 요한이 일러준 대로 베스파시아누스라는 이름의 기병대 군인을 찾아 갔지만 만나지도 못하고 돌아왔던 것이다.

그들의 상처가 거의 다 나아갈 때쯤해서 기스칼라의 요한은 가버나움의 요한에게 자신의 결심을 이야기했다.

"요한, 난 열심당에 들어가기로 결심했다. 모세님도 가르치시기를 이에는 이로, 눈에는 눈으로 갚으라고 했다. 난 열심당에 들어가 칼을 갈며 로마 제국을 무찌를 수 있는 날을 기다릴 것이다. 요한 넌 어떡할 테냐?"

"난…… 또 한 가지 다른 할 일이 있다."

"뭔데?"

"넌…… 여호와께서 이 나라에 구세주를 보내 주실 것이라고 말한 선지자들의 예언을 어떻게 생각하니?"

"구세주…… 요한, 우리는 이미 4천 년 동안 그 소망 속에서 살아왔다. 그러나 구세주는 언제 오리라는 기약도 없고 날짜도 없다. 우리는 기다리기만 할 것이 아니라 먼저 일어서야 한다. 안티오쿠스 에피파네스에 항거하여 일어섰던 유다 마카비는 마침내 헬라왕조를 내몰고 자유를 쟁취할 수 있었다. 우리가 일어서면 하나님은 우리와 함께 하실 것이다."

"나도 지금 당장 너와 함께 열심당에 가입하고 싶다. 그러나 나는 그 전에 한 가지 확인하고 싶은 게 있어."

"확인……?"

"얼마 전 예루살렘에서 온 사람들로부터 들은 이야기인데…… 최근 요단강가에는 한 이상한 인물이 나타났다는 거야."

"또 구세주 이야기인가? 자칭 구세주라고 하는 사람들이 지금까지 여러 명 있었지."

"그런데 이 사람은 다른 모양이야. 요단강에서 사람들에게 세례를 베풀면서 때가 가까웠다고 한다는 거야. 난 우선 유대지방으로 가서 그가 어떤 인물인가를 확인하고 싶어. 어쨌든 우리의 공동 목표는 로마 제국이야. 로마 제국을 거꾸러뜨릴 때까지 우리는 싸워야 해."

두 소년은 서로의 상처입은 몸을 부둥켜 안고 눈물을 흘렸다. 여호와로부터 축복받은 아브라함의 자손이며 여호와가 몸소 이집트에서 이끌어 내신 이 나라 백성이 이방인들로부터 받아야 하는 수모와 학대가 너무나 서글퍼서 그들은 입술을 깨물고 있었던 것이다.

그것은 참으로 잊을 수 없는 원한이었다. 요한은 밤마다 로마제국이 무너지는 꿈을 꾸었고, 베스파시아누스의 차가운 웃음에 치를 떨어야 했다. 그렇게 오랜 파란의 세월을 살아오면서도 요한의 가슴에 맺힌 응어리는 풀어지지를 않고 있었다. 그리고 결혼식하는 젊은이들만 보면 소피아의 큰 눈이 떠오르는 것이었다.

갑자기 사람들이 웅성거리는 것 같아서 요한은 정신을 차렸다. 누군가가 문 쪽에서 큰소리로 외쳤다.

"신랑 신부가 들어왔습니다."

아마도 두란노 가에 있었던 만찬이 이제 다 끝난 모양이었다. 과연 밖에서는 피릿소리와 아이들의 노랫소리가 들려오고 있었다. 요한은 얼른 조개껍질이 달린 노끈을 가슴 속으로 밀어넣으며 문 쪽을 바라보았다.

토오가의 정장을 한 안드로니쿠스와 화관 아래로 오렌지색 베일을 쓴 신부가 들어서고 있었다. 신부는 소매가 짧은 투니카를 입었고, 허리에는 신랑만이 풀 수 있는 모직의 띠가 헤르쿨레스 매듭으로 매어져 있었다. 크리스티아누스의 하객들은 모두 손뼉을 쳐서 신랑 신부를 맞았다. 하인들은 상 위에 있는 전채(前菜)를 치우고 양고기 구이와 사슴의 찜 구이, 그리고 무화가 잎과 월계수 잎들을 올리브 기름으로 튀겨낸 요리며 산비둘기 요리들을 쏟아 내기 시작했다. 자리에 있을 상당수의 유대인들을 위하여 돼지고기는 일체 쓰지 않고 있었다.

신부를 별실로 안내해 주고 나오는 안드로니쿠스에게 헤스테네스가 낮은 목소리로 말했다.

"주인님께서는 오늘 크리스티아누스들 가운데서 가장 영광스러운 결혼식을 올린 분입니다."

"사도의 주례를 받았기 때문에?"

"그 뿐만이 아닙니다. 지금 이 에베소에는 아침에 말씀드린 대로 그들 내부의 문제를 의논하기 위해서 각 지역의 책임자들이 모여 있는 것입니다."

"그래?"

"저기 사도 옆에 앉아 있는 늙은 이는 안디옥 교회의 이냐티우스 감독입니다. 여섯 살 때에 나사렛의 목수로부터 직접 안수를 받았다고 합니다. 그리고 옆에 앉아 있는……."

"앗, 저 늙은이는 어제 베스타 호 선상에서 만난 그……."

"그렇습니다. 그는 두기고라는 하는 늙은이인데 이곳 에베소 출신이고 그들의 지도자였던 바울이란 사람을 따라다녔던 자입니다. 그는 발이 매우 빠르고 민첩하여 바울의 연락책을 맡고 있었다고 합니다. 네로 황제 때에 체포되어 30년간 광산에서 일하다가 어제 에베소로 귀환한 것입니다. 그리고……사도의 왼쪽에 앉아 있는 늙은이는 고린도 교회에 소스데네 감독인데……."

음식을 나르는 하녀가 지나갈 때 헤스테네스는 잠시 입을 다물었다. 하녀가 들고가는 쟁반 위에는 코르시카 섬의 숭어, 갈리아 지방에서 운반해온 송이버섯과 아스파라거스 등 온갖 진미의 요리들이 가득히 담겨져 있었다.

"저 소스데네 감독은 본래 유대인 시나고그 회당장인데 바울의 설교를 듣고 크리스티아누스의 세례를 받았다고 합니다. 그리고 그 아래 쪽에 앉아 있는 자가 바로 에베소 교회의 오네시모 감독입니다. 그는 본래 골로새 지방에 있던 어떤 부자의 노예였었는데 주인의 돈을 훔쳐가지고 달아났다가 로마의 감옥에서 바울을 만나 회심하고 세례를 받았습니다. 그의 주인은 바울의 부탁을 받고 오네시모를 자유인으로 만들어 주었지요. 그리고……."

헤스테네스는 두기고 노인 옆에 앉아 있는 젊은 남자를 손가락으로 가리켰다.

"저 젊은 사람은 히에라폴리스 교회의 파피아스 감독입니다……."

재빨리 소곤거리는 헤스테네스의 말에 귀를 기울이다가 안드로니쿠스는 헤스테네스를 물끄러미 바라보고 있었다.

"……왜 그런 눈으로 보십니까?"

"넌 도대체 어디서 그렇게 많은 것을 알았느냐? 너도 크리스티아누스냐?"

"천, 천만에요. 전 단지 주인님을 위해 철저하게 정보를 수집하고 있을 따름입니다."

"네가 만일 황제의 델라토르였다면 살아남을 사람이 없을 것 같구나."

"주인님께서 황제가 되실 때를 위하여 저도 델라토르의 수업을 쌓고 있는 것입니다."

"쉿, 말을 조심하래두."

"걱정 마십쇼. 여기 있는 사람들은 모두 다 크리스티아누스뿐이니까요. 그런데……."

"……?"

“어떻습니까? 이들 크리스티아누스의 두목들을 모조리 체포하여 도미티아누스 황제 폐하께 공을 세울 생각은 없으십니까?”

“헤스테네스, 넌 내가 오늘 세례 받았다는 사실을 잊어버린 모양이로구나.”

“도미누스(주인님), 저를 너무 슬프게 만드시는군요.”

“너도 슬퍼질 때가 있느냐?”

“전 지옥에 갈 때 주인님을 모시고 가려 했는데 잘못하면 저 혼자 가게 생겼으니까 말입니다.”

“아무래도 난 너를 팔아버리고 다른 하인을 구해야 할 것 같다.”

“그렇다면 우리는 코레소스의 동굴에서부터 다시 시작해야 되겠군요.”

“그런데…… 집 주변의 경계는 잘 되고 있겠지?”

“염려마십시오. 황제의 로마군단이 쳐들어 오더라도 주인님의 집은 끄떡없을 것입니다.”

어느새 그들은 요한과 다른 교회의 장로들이 둘러 앉은 자리까지 다가와 있었다. 안드로니쿠스는 요한에게 고개를 숙여 보이며 정중하게 말했다.

“이렇게 와 주셔서 정말 고맙습니다. 드루시아나와 그리고 저에게 무한한 영광입니다. 마음껏 드시고 부족한 것이 있으시면 말씀하시기 바랍니다.”

그러자 요한은 손짓으로 그를 불렀다.

“저…….”

“말씀하십시오, 사도님.”

“난 말일세…… 좋은 음식을 먹을 때면 굶는 사람이 있을까봐 걱정이 되거든…….”

“아, 걱정하지 마십시오. 이미 저희 집 정원에는 고아들과 과부들로 가득차 있습니다. 혹시나 그 점을 소홀히 할까봐 드루시아나는 제게 몇 번씩이나 일러 주었지요.”

그는 손뼉을 쳐서 하녀를 부르더니 식사가 끝난 아이들은 안으로 들여 보내라고 말했다. 하녀가 알겠다는듯 고개를 숙이며 나간 지 얼마 되기도 전에 거실의 문이 열리며 가이우스를 비롯한 어린 아이들이 우르르 몰려 들어왔다. 모두들 잘 먹었는지 만족스러운 표정이었고, 아직도 무엇인가 우물거리고 삼키고 있는 아이도 있었다. 어른들이 손짓을 하자 아이들은 모두들 어른들에게 하나씩 와서 안기는 것이었다. 아이들의 손에는 포도주에 적신 곡식가루를 월계수 잎에 구워서 만든 결혼과자가 들려져 있었다.

상 위에는 다시 온갖 과일이며 호두와 잣을 넣어 벌꿀로 튀긴 대추에서 장미꽃 튀김에 이르기까지 진귀한 후식들이 가득히 들어차기 시작했다.

헤스테네스가 주인에게 물었다.

"주인님, 연회에는 음악과 춤이 있어야 하는데 어떻게 할까요?"

"가만있자…… 크리스티아누스들이 어떤 음악을 좋아하는지 알 수가 있나?"

"아니 세례 받으신 분이 그것도 모르십니까?"

"자꾸 그런 말하다가 버릇될라."

안드로니쿠스는 다시 손님들을 향하여 큰소리로 물었다.

"저…… 손님들께서는 어떤 음악을 좋아하십니까?"

그러자 요한의 무릎에 안겨있던 가이우스 소년이 큰 소리로 말했다.

"난 우리 사도님께서 무슨 노래를 좋아하시는지 알아요!"

안드로니쿠스는 가이우스의 얼굴을 바라보며 그가 왜 동굴 속 가족묘지에서 가이우스라는 이름이 낯익었던가를 비로소 깨달았다. 아마도 저 소년 가이우스는 그들 일가가 몰살 당할 때 기적적으로 살아남은 자의 핏줄인지도 몰랐다.

"그렇다면 가이우스, 네가 말해보렴."

그러자 가이우스 소년은 둘러 앉은 친구들에게 눈짓을 했다. 그러자 아이들은 일제히 노래를 시작하는 것이었다.

> 여호와는 나의 목자시니
> 내게 부족함이 없으리로다
> 그가 나를 푸른 초장에 누이시며
> 쉴 만한 물가로 인도하시는도다
> 내 영혼을 소생시키시고
> 자기 이름을 위하여 의의 길로 인도하시는도다

안드로니쿠스는 생전 들어보지 못했던 것 같은 그 청아한 곡조에 넋을 잃을 지경이었다. 로마의 탐혹스런 연회장에서는 전혀 들어보지 못하던 곡이었던 것이다. 뿐만 아니라 더욱 그를 놀랍게 하는 것은 바로 그 가사였다. 그것은 확실히 지금까지 안드로니쿠스가 살아온 인생과는 너무 동떨어져 있는 것 같으면서도 오래 전부터 알고 있는 노래 같기도 했다. 아이들의 신비한 노래는 계속되고 있었다.

> 내가 사망의 음침한 골짜기로 다닐지라도
> 해를 두려워하지 않을 것은
> 주께서 나와 함께 하심이라
> 주의 지팡이와 막대기가 나를 안위하시나이다
> 주께서 내 원수의 목전에서 내게 상을 베푸시고
> 기름으로 내 머리에 바르셨으니
> 내 잔이 넘치나이다
> 나의 평생에
> 선하심과 인자하심이 정녕 나를 따르리니
> 내가 여호와의 집에 영원히 거하리로다.

그것은 안드로니쿠스에게 있어 실로 하나의 경이였다. 아이들의 노래는 전쟁과 음모와 경쟁 속에서만 살아온 그를 강력한 힘으로 이끄는 것이었다.

노래가 끝나자 그는 자신도 모르게 앞에 있던 어린 아이 하나를 번쩍 안아 들고 입을 맞추었다. 비록 더러운 옷에 때묻은 얼굴을 하고 있었지만 그에게는 로마의 아이들보다 백 배 천 배 아름답게 보이는 것이었다.

그는 어린 아이를 품은 채로 입을 열었다.

"귀여운 꼬마 친구들, 내가 잠깐 이야기할 게 있다."

그러자 아이들은 일제히 안드로니쿠스를 바라보며 조용해졌다. 그는 마치 원로원에서 연설하는 것 같은 표정을 지으며 말했다.

"꼬마 친구들, 나는 오늘 너희들에게 섭섭한 소식을 전하지 않으면 안되게 되었다."

그는 잠시 뜸을 들였다가 숨을 돌리고 난 뒤 다시 이어나갔다.

"너희들이 알고 있다시피 나는 오늘 너희들을 돌보아 주던 드루시아나 누나와 결혼을 하게 되었다. 그리고 우리는 당분간 에베소를 떠나 로마에 가서 살아야 한다."

아이들의 눈이 대번에 슬픔으로 가득 차고 있었다.

"그리고…… 너희들이 잘 알고 있다시피 드루시아나 누나는 너희들 모두를 로마로 데려갈 수가 없기 때문에 가이우스만을 데려가기로 하였다."

다시 아이들의 시선이 가이우스에게 향했다. 어린 가이우스는 혼자만 로마에 가게 된 것이 미안하여 고개를 푹 숙이고 있었다.

"그래서 나는…… 여기 남아 있어야 할 너희들을 위하여 내 어머니에게 특별한 부탁을 하였다."

방안의 모든 사람들이 궁금한 듯 안드로니쿠스를 바라보았다.

"나는 내 어머니에게 내가 없는 동안 너희들을 잘 보살펴 주십사고 부탁을 드렸다. 너희들이 알다시피 안드로니쿠스 가(家)는 이 에베소에서 제일 큰 집이다. 나는 이 집을 에베소에 있는 모든 고아들을 위하여 개방할 것이며 드루시아나가 너희에게 해 주었던 것처럼 얼마든지 먹을 것을 공급하도록 약속하겠다."

그러자 방 안의 아이들은 눈빛이 환해지는 것과 함께 환성을 올렸다. 박수를 치는 아이들도 있었다. 안드로니쿠스는 다시 빙그레 웃으며 말했다.

"다만 한 가지 양해를 구해 두어야 할 것이 있다. 너희들이 오늘 먹은 것과 같은 사슴의 찜구이나 송이버섯처럼 값비싼 음식을 매일 대접하기는 곤란하다는 사실이다."

아이들이 까르르 웃음을 터뜨리고 있었다.

"그러니 이런 것들은 오늘 마음껏 먹어 두어라. 내 어머니는 매우 알뜰하신 분이기 때문에 음식 남기시는 것을 싫어하신다."

사람들은 안드로니쿠스의 농담 속에서 그 가문의 건실한 가풍과, 그 집이 어떻게 하여 에베소 제일의 부자가 되었는가를 확연히 깨달을 수가 있었다. 사람들은 다시 한번 오늘의 결혼식이 축복받은 결혼식임을 실감했다. 그것은 훌륭한 전통의 안드로니쿠스 가문과 학문의 집안인 두란노 가문의 이상적인 결합이었던 것이다.

두기고 노인의 옆에 앉아 있던 파피아스가 요한을 바라보며 말했다.

"이제 이쯤 되었으면 사도님께서 한 말씀 해주셔야 할 차례인 것 같습니다."

갑자기 지명을 당한 요한은 눈을 둥그렇게 떴다. 그 표정이 우스워서 아이들은 또 한바탕 꽃가루 같은 웃음을 터뜨렸다.

"사도님, 이렇게 좋은 음식을 대접 받았으니 저희를 대표해서 인사 말씀을 해주셔야지요."

파피아스가 자꾸만 요한에게 말을 시키는 이유를 폴리캅과 프로코루스는 잘 알고 있었다. 요한이 이 세상에 살아 있을 동안 한 마디라도 더 그의 입에서 나오는 말을 채집해 두려는 것이 그의 집념이었던 것이다.

요한은 들고 있던 찻잔을 내려놓고 자리에서 일어섰다. 다시 아이들은 박수를 쳤다. 그는 백발의 노안에 어울리지 않게 쑥스러운 듯 헛기침을 했다. 좌중이 물을 끼얹은 듯 조용한 가운데 문득 안 쪽에 앉아 있던 한 아이가 큰 소리로 말했다.

"아가파테 알렐루스(서로 사랑하라)!"

그러나 또 아이들은 까르르 웃었다. 언제나 이렇게 지명을 받고 일어서면 요한 사도는 한참 동안 할 말을 생각하다가,

'아가파테 알렐루스.'

그 한 마디만 해놓고 다시 주저앉곤 했던 것이다.

아이들의 놀림을 받은 노 사도는 잠시 빙그레 웃다가 다시 근엄한 표정을 지어보이더니 이윽고 입을 열었다.

"아가파테 알렐루스."

이번에는 어른들까지 한꺼번에 웃음을 터뜨렸다. 그러나 어쩐 일인지 요한은 그 말을 끝내고도 주저앉으려 하지 않았다. 그는 조금 더 뜸을 들이다가 다시 말을 하였다.

"여러 형제님들, 오늘 우리는 참으로 오래간 만에 함께 웃어보는 것 같습니다. 그리고 무엇보다 큰 우리들의 기쁨은 오늘 우리가 얻은 새 형제 마리우스 안드로니쿠스 때문일 것입니다. 많은 사람들은 우리들의 믿는 도(道)가 고난의 도이고 슬픔의 길이라고 말합니다. 사실 지금까지 우리들의 지난 날을 돌이켜 볼 때 그것은 과히 틀리지 않는 말이었습니다. 우리 주 예수 그리스

도의 얼굴은 늘 수심에 잠겨 있었고 그의 일생은 피와 눈물로 얼룩져 있었습니다. 뿐만 아니라 사도들과 우리 믿음의 선배들도 다 그런 길을 걸었습니다……."

요한의 두 눈이 감회에 젖어서 번쩍거리고 있었다. 그는 잠시 호흡을 가눈 다음에 이야기를 계속했다.

"그러나…… 우리가 늘 잊지 말아야 할 것은 우리의 걷는 길이 기쁨의 길이요, 축제의 길이라는 것입니다. 우리는 모두 알고 있습니다. 진리를 아는 자만이 자유를 얻고 사랑하는 자만이 기쁨을 얻는다는 것을 말입니다. 그래서 그리스도의 첫 기적은 가나의 혼인잔치에서 있었던 것입니다. 예수님께서는 돌항아리에 채워진 물을 포도주로 변하게 하심으로써 그가 오신 것의 축제적 의미를 분명히 하셨습니다. 그래서 십자가의 길은 승리에서부터 시작하는 것입니다."

그는 또 말을 중단하고 안드로니쿠스 쪽을 가만히 바라보다가 다시 입을 열었다.

"그런 의미에서…… 나는 오늘 여러 형제님들께 아주 기쁜 소식 하나를 전하겠습니다."

그러자 좌중의 모든 사람들은 의아한 눈으로 요한을 바라 보았다.

언제나 두렵고 충격적인 소식만 들어 왔던 크리스티아누스들에게 기쁜 소식이란 참으로 오래간 만에 들어보는 어휘였던 것이다.

"여러분…… 오늘 결혼한 부부와 함께 나도 여행을 떠나게 되었습니다."

그러자 거실 가득히 걷잡을 수 없는 소용돌이가 일어나고 있었다. 그들은 일제히 웅성거리기 시작했고 장로들은 놀란 눈으로 요한을 바라보고 있었다. 안드로니쿠스는 무슨 영문인지를 몰라서 옆에 서 있던 헤스테네스의 소매를 잡아 다녔다.

"어떻게 된거야?"

"제가 저 영감님에게 미리 귀띔을 해 두었습니다."

"이런 자리에서 일이 터질 줄은 몰랐는데……."

모두들 떠들썩한 가운데 젊은 파피아스가 먼저 입을 열었다.

"저…… 사도님, 어디로 여행을 하신다는 말씀이십니까?"

요한은 파피아스를 바라보며 주저하지 않고 대답했다.

"로마로 갑니다."

사람들의 충격은 대단한 것이었다. 물론 로마는 바울과 베드로 때부터 복음선교의 최종 목적지였다. 로마는 전 세계를 다스리는 세상 정부의 수도였고 심장이었다. 크리스티아누스들은 그곳에 복음을 심어야 한다는 명제에 대해서 아무도 이의를 말하지 않았던 것이다. 그러나 이제 로마 교회는 비록 엄청난 환란 속에 있기는 하지만 수많은 믿음의 용사들에 의하여 아직도 지켜지고 있었다. 환난 가운데 있는 로마 교회의 클레멘트 감독은 오히려 아가야와 아시아 교회들의 탈선적 현상에 대해서 심히 우려하는 편지를 보내오고 있을 정도였다.

그런데 지금와서 사도 요한이 로마로 가겠다는 의사 결정에는 아무래도 이해가 가지 않는 점이 있었다. 지금의 상태에서 무엇보다도 절실히 필요한 것은 예수 그리스도를 직접 수행하던 사도의 권위였다. 그리고 요한은 이제 생존하고 있는 마지막 사도였던 것이다. 이번엔 고린도 교회의 소스데네가 다시 질문을 했다.

"저…… 사도님께서 지금 로마로 가시려 하는 이유는 무엇입니까?"

"별다른 이유는 없습니다. 로마의 도미티아누스 황제는 에베소의 요한을 잡아들이라고 명령했고, 오늘 우리들의 형제가 된 안드로니쿠스 재무관은 그 명령을 수행하기 위해서 에베소에 온 것입니다."

그러자 좌중의 모든 사람들은 일제히 적의에 찬 시선으로 안드로니쿠스를 바라보았다. 안드로니쿠스가 미처 변명할 틈도 없이 요한은 말을 이었다.

"여러분, 바울 사도께서 늘 말씀한 바와 같이 우리는 이 세상의 상전에게 거역할 수 없습니다. 이미 우리 선조 아담이 선악과를 먹었을 때부터 우리는 스스로 이 세상 권세도 인정했던 것입니다. 우리는 모두 안드로니쿠스 형제의 입장을 이해해야 합니다. 농부, 어부, 가죽장이와 마찬가지로 공무원도 하나의 직업이기 때문입니다."

"그러나 사도님."

이번에 나선 사람은 야무진 몸매의 프로코루스였다.

"안드로니쿠스 형제의 입장을 이해해야 한다는 사도님의 말씀에는 이의가 없습니다. 그러나 사도님께서 안드로니쿠스 형제의 공을 세워주기 위해서 로마로 자진 출두할 필요는 없지 않습니까? 이번에 사도님을 연행 못했다고 해서 안드로니쿠스 형제에게 얼마나 불이익이 있겠습니까?"

프로코루스는 항의라도 하듯 안드로니쿠스를 쏘아보았다. 안드로니쿠스가 고개를 끄덕이며 입을 열어 변명하려는데 그보다 먼저 요한의 말이 계속되었다.

"그렇다면 안드로니쿠스 형제는 로마에 돌아가서 황제에게 뭐라고 복명하겠는가? 요한이란 늙은이를 보지 못했다고 보고해야 할 것 아닌가?"

요한의 반문은 날카로웠다. 거짓말을 하지 않는 것은 크리스티아누스들의 철칙이었는데 안드로니쿠스가 로마에 돌아가 거짓 보고를 해야 한다면 사도가 거짓 증거를 하도록 시킨 것이 되는 셈이었다. 그러나 프로코루스는 이에 굴하지 않고 계속 버티었다.

"여호수아의 정탐꾼을 숨겨준 여리고의 기생 라합은 그들을 잡으러 온 군사들에게 이미 떠나고 없다고 속여서 축복받은 여인이 되었습니다. 라합은 유다 지파의 살몬과 결혼하여 다윗의 고조 할머니가 되었으며 다윗의 후손으로 예수님이 태어나지 않았습니까?"

성경의 고사를 들어 항변하는 프로코루스의 논리는 당당한 것이었다. 그는 여세를 몰아 자기 의견을 더 펼쳐 나갔다.

"그렇다고 꼭 안드로니쿠스 형제에게 거짓 보고를 시키자는 것은 아닙니다. 방법은 얼마든지 있습니다. 오늘 이 잔치가 끝난 후 사도님께서 다른 곳으로 몸을 피하는 것입니다. 그렇게 되면 안드로니쿠스 형제는 사도님께서 이미 몸을 피하셨는데 도저히 찾을 수가 없었다고 복명하면 되는 것입니다."

안드로니쿠스는 고개를 끄덕였다. 사실 이번 출장에서 요한을 체포하지 못한다 하더라도 치명적인 질책을 받지 않을 것이다. 황제는 그를 유능하지 못한 관리로 지목해 버릴 지는 모르나 어쩌면 그것이 신변의 안전을 위해 더 유리하게 될 수도 있는 것이었다.

프로코루스가 그렇게 이야기하는 동안 요한은 줄곧 고개를 숙인 채 생각에 잠겨 있었다. 한동안 그렇게 방 안에는 무거운 침묵만이 흐르고 있었다. 이윽고 요한은 다시 고개를 들었다.

"……예루살렘 성 양 문 밖에서 스데반 집사가 순교 당한 이후로 성도들의 수난은 시작되었습니다. 그러나 저의 친형인 야고보가 헤롯 아그립바의 칼날에 숨졌을 때에도 나는 늘 저들의 눈초리를 피해 다녀야만 했습니다. 어머니를 돌보아 달라고 하신 예수님의 부탁 때문이었지요……."

울렁거리는 가슴을 가라앉히기 위해 그는 또 한참을 쉬어야 했다.

"그 후에도 선생님을 은 30에 팔아버린 가룟 유다의 대신으로 열두 제자 중의 하나가 된 맛디아가 이디오피아에서 순교했고 내가 안디옥으로 옮긴 뒤에는 예수님의 아우 야고보가 또 순교했습니다. 여러분도 아시다시피 에베소에서는 가이우스 일가와 디모데 감독이 순교했고, 베드로와 바울은 로마에서 죽었지요. 아가야에서는 안드레가 ×자 모양의 십자가에 달렸고, 바나바는 키프로스, 마가는 알렉산드리아에서 죽음을 맞았습니다……. 그들이 죽어가는 동안 나는 또 마리아님을 모시고 로마로 옮겨 왔지만 다시 예루살렘 멸망의 가슴 아픈 소식을 들었습니다. 열심당 반란의 지도자였던 기스칼라의 요한은 나의 어릴 적 친구였는데 예루살렘 성전을 끝까지 지키다가 티투스의 군대에 의해 비참한 최후를 마쳤던 것입니다."

요한은 마침내 가득히 고였던 눈물을 손가락 끝으로 닦아내고 있었다.

"여러분, 흩어진 예루살렘의 형제들을 위하여 기도하여 주시기 바랍니다. 이 믿음이 부족한 요한은…… 아직도 예루살렘의 비참한 최후에 대하여 이해하지 못하고 있습니다. 많은 열성적 형제들이 그들의 최후는 하나님의 아들을 못 박아 죽였기 때문이라고 말하지만…… 참혹하게 죽은 1백 만의 백성들 중에는 예수님의 얼굴도 구경하지 못한 사람이 대부분이었을 것입니다……. 오직 한 가지 확실한 것은 우리 주님께서 결코 저주와 심판을 위해 이 세상에 오신 것이 아니라는 것입니다. 그분은 최후까지 용서와 구원을 위해 기도하신 분인 것입니다."

그것은 참으로 놀라운 선언이었다. 요한은 이미 사도의 권위 같은 것마저 벗어버린 채 자신의 부족한 믿음을 고백하고 있었던 것이다.

"예루살렘 백성 뿐만이 아니라 사도들의 고난도 계속되었습니다. 다대오와 시몬은 페르시아에서, 그리고 도마와 나다나엘은 인도에서 빌립은 히에라폴리스에서, 그리고 마태는 다시 이디오피아에서…… 이들의 수난 소식을 들으면서 여러분은 내가 얼마나 주님의 부르심 받기를 갈망해 왔는지 모르실 것입니다. 이제 그 친구들은 모두 주님 곁으로 갔고 나만 남았습니다. 이미 마리 아님은 세상을 떠나셨고 그 후에도 나는 너무 오래 살았습니다. 이제 주님께서 내게 그 때를 주신 것입니다. 때란 무엇입니까? 하나님께서 주시고 사람이 순종하는 것입니다. 예수님께서 작별인사를 하시던 감람산에서조차 우리는 그 때가 무엇인지 몰랐기 때문에 주께서 이스라엘을 회복하심이 이때입니까고 물었었지요. 그때 주님께서 말씀하셨습니다. 때와 기한은 아버지께서 자기 권한에 두셨다고 말입니다. 그 때는 아무도 거역할 수 없는 것입니다."

모두가 숙연하여 말이 없는 가운데 요한은 다시 한번 안드로니쿠스를 바라보았다.

"오늘 나는 무엇보다도 안드로니쿠스 형제와 함께 로마로 가게 된 것을 기쁘게 생각합니다. 그리고 고맙게도 에베소의 고아들을 돌보아 주겠다고 약속하셨습니다. 그러나 아시다시피 한 개인이 가난의 구제를 다한다는 것은 어려운 일이지요. 여러분께서는 수시로 연보하여 이 댁을 도와주시기 바랍니다."

그는 다시 장로들과 젊은 제자들을 둘러 보았다.

"우리는 그 동안 교회들의 변질문제에 대해서 많이 걱정해 왔습니다. 그러나 이제 그 문제들은 여러분에게만 맡겨진 것입니다. 예수님의 죽음과 부활이 사도들에게 권능으로 나타났던 것과 마찬가지로 이제 그분은 여러분의 믿음 속에 다시 살아나셔야 합니다. 우리는 예수 그리스도를 지키기 위하여 싸워 왔습니다만…… 진정한 그리스도는 책 가운데 있는 것이 아니라 바로 여러분들 가운데 살아서 계시기 때문입니다. 마태가 기록한 그분의 말씀을 기억하십시오. 볼지어다. 내가 세상 끝날까지 너희와 항상 함께 있으리라……."

요한은 말을 마치고 손짓하여 폴리캅을 불렀다. 폴리캅이 아이들 틈을 헤치며 앞으로 나서자 요한은 그에게 무릎을 꿇게 하고 그의 머리에 손을 얹었다.

"폴리캅, 내가 아버지와 아들과 성령의 이름으로 네게 안수하여 서머나 교회를 맡기노라……."

그것은 바로 감독 임명의 안수였던 것이다. 폴리캅은 너무도 놀라서 가슴에 손을 대고 있었다. 그의 머리에 손을 얹은 채 한참 더 기도를 드린 요한은 폴리캅에게만 들리도록 낮은 음성으로 말했다.

"……서머나 교회를 지켜주기 바란다. 그리고 또 하나 네게 서머나를 맡기는 이유가 있다. 칼리마쿠스를 잊지마라. 그는 너의 도움이 필요하게 될 것이다."

요한은 회중을 향하여 입을 열었다.

"주님이 그대들과 함께 하시기를."

회중이 울먹이는 목소리로 화답하였다.

"그리고 또한 사도와 함께 하시기를……."

마지막 십자가

　　마리우스 안드로니쿠스 부부와 가이우스 소년, 그리고 그의 집사 루키우스와 하인 헤스테네스, 그밖의 수행자들과 함께 요한과 그를 따라온 두기고, 프로코루스 등 일행은 푸테올리 항에 상륙한 후 카푸아를 거쳐 곧장 로마로 향하고 있었다.

　　로마에서 카푸아에 이르는 이 아피아 가도(街道)는 4백여 년 전 이탈리아 전역에 로마의 영토를 확장한 집정관 아피아 클라우디우스가 영토의 통치를 위하여 건설한 간선도로였다. 넓다란 도로에는 검고 넓적한 화강암의 돌들이 깔려 있었고, 도로변에는 올리브 나무, 사철나무들 사이로 유도화 나무가 드문드문 섞여서 자라고 있었다.

　　안드로니쿠스는 요한을 말에 태우려 했으나 그는 한사코 말타기를 사양했다. 뿐만 아니라 그는 자신이 체포, 압송되어가는 몸임을 내세워서 스스로 결박될 것을 자청하였던 것이다. 안드로니쿠스는 노 사도의 강경한 요구를 꺾지 못하고 그를 느슨하게 결박하도록 부하들에게 지시했다.

결박된 사도를 따라 걸어가는 두기고 노인과 프로코루스의 심경은 매우 착잡한 것이었다. 여러 사람이 사도를 따라 나서려고 하였으나 에베소 교회의 장로들은 신중한 협의를 거듭한 끝에 로마의 사정에 익숙한 두기고 노인과 담력이 있는 프로코루스를 파견하기로 합의를 보았던 것이다. 그들이 수행하고 있는 사도 요한은 모든 교회 중에서 보물과 같은 존재였다. 교회들이 나약해 가고 있는 이 때에 그는 살아 있는 그리스도의 유일한 증언자였던 것이다.

이제 로마에 들어가면 그의 신상에 일어날 일은 명백한 것이었다. 십자가에 달려서 못이 박히든가 화형을 당하지 않으면 만인이 구경하는 가운데 맹수의 먹이가 되거나 검투사의 노리개가 되어야 하는 것이다.

그래서 프로코루스는 아직도 한가지 계획을 가지고 있었다. 만약의 기회가 오면 그대로 요한 사도를 둘러 업은 채 안드로니쿠스 일행으로부터 도망치려는 생각을 하고 있었던 것이다.

그러나 그들의 착잡한 마음과는 상관없이 요한은 감회 깊은 표정으로 아피아 가도를 걷고 있었다.

이 아피아 가도는 전통적으로 외방 적국들을 정복하고 돌아오는 개선장군들이 로마에 입성하기 위해 통과하는 도로였다. 도로가 끝나는 로마성 밖에는 귀족들의 별장이 있었고, 개선 장군이 휘하 장병들을 이끌고 성 밖에 도착하면 귀족들의 별장에서 환대를 받으며 황제의 입성 명령이 내리기를 기다리는 것이었다.

또한 아피아 가도는 비극의 길이기도 했다. 에스파니아에서 돌아온 폼페이우스는 노예반란을 일으킨 스파르타쿠스의 반란군을 진압하고 나서 이와 유사한 사태를 예방한다는 구실로 이 아피아 가도의 연변에 6천 개의 십자가를 세우게 하고 거기에 반란군 노예들을 매달아 죽였던 것이다.

그 후로도 이 도로로 많은 개선장군들이 지나갔다. 율리우스 케사르도 지나갔고 파르티아 변경에서 개선한 안토니우스가 지나갔으며, 다시 그 안토니우스를 악티움 해전에서 무찌른 옥타비아누스가 지나갔다. 그리고 그 수많은 개선장군들이 지나간 그 길로 갈릴리의 어부 베드로와 그리스도의 군사를 자처하는 바울이 지나간 것이었다. 그저 아무 것도 모르고 예수를 신나게 따라 다녔던 베드로, 대학자 가말리엘의 문하생에서 떠돌이 가죽장이로 인생을 바꾸어버렸던 바울이 모두 다 그 목숨을 내놓기 위하여 이 길을 걸어갔던 것이다.

그리고 또 이 아피아 가도는 천하를 통치하는 임페리움을 장악하기 위하여 말머리를 돌린 유대 반란진압군 사령관 플라비우스 베스파시아누스 장군이 정예군을 휘몰아 로마로 진격한 길이기도 했으며, 그 아들 티투스 장군이 부친의 임무를 계승하여 예루살렘을 전멸한 다음 영광스럽게 개선한 길이기도 했다.

티베리아스의 해변에서 그 무서운 일을 당한 요한은 복수의 칼날을 갈면서 줄곧 베스파시아누스의 행방을 주목하고 있었다. 그러나 베스파시아누스는 욱일승천의 기세로 잇달아 성공의 가도를 달렸고, 요한 자신은 실의와 좌절의 길을 걸어온 셈이었다.

다른 야망의 청년들과 마찬가지로 17세 때 기병대에 입대한 베스파시아누스가 티베리아스의 변방근무를 끝내고 갈리아 지방으로 옮겨가 혁혁한 무공을 세우면서 25세의 재무관이 되고 있을 그 때에 요한은 스데반의 순교로 위험해진 예루살렘을 떠나 마리아와 함께 참담한 도피의 길을 걷고 있었다.

베스파시아누스가 29세의 파격적인 나이로 아이딜리스, 즉 조영관으로 승진하고 명문가의 규수 플라비아 도미틸라와 결혼하여 장남 티투스를 낳았을 즈음 요한은 사마리아 지방을 떠돌고 있었으며, 드디어 프라이토르, 즉 행정관이 된 베스파시아누스가 아우구스타 제2군단을 이끌고 게르마니아와 브리타니카를 정벌하여 빛나는 전공을 세우고 있을 때 요한은 다시 헤롯 아그립바의 박해를 피하여 도망하고 있었다.

예루살렘에 기근까지 겹쳐서 바울이 가져온 안디옥 교회의 연보로 마리아와 요한이 간신히 연명하고 있을 때, 베스파시아누스는 바로 이 아피아 가도로 개선하여 승리의 훈장 오르나멘타 트리움팔리아를 받았던 것이다.

그 혹심한 고초 가운데서 요한은 다시 베스파시아누스의 둘째 아들 도미티아누스가 태어났다는 소식을 들었다. 티투스와 12년의 터울을 두고 태어난 기이한 출생이었다. 거기까지 베스파시아누스의 행방을 추적하고 있던 요한은 마침내 어금니를 깨물며 복수에의 집념의 꺾을 수밖에 없었다. 그는 마리아와 함께 안디옥으로 옮겨가 그곳 교회를 돌보면서 타오르는 분노를 삭이고 있었다.

그러는 중에 로마에는 대화재가 일어났고 수많은 크리스티아누스들이 방화 혐의로 학살되었으며 베드로와 바울도 그 와중에서 최후를 마쳤다는 비통한 소식이 들어왔다. 그리고 에베소에서 젊은 일꾼 디모데가 순교했다는 소식도 들어왔다. 겹치는 비통한 소식들을 들으면서 요한이 움켜쥔 주먹으로 눈물을 닦고 있을 때, 마침내 열심당의 지도자 기스칼라의 요한이 예루살렘에서 폭동을 일으켰다는 소식이 들어왔다. 신임 총독 게시우스 플로루스의 수탈과 학살에 분노한 열심당이 마침내 행동을 개시한 것이었다.

이미 머리카락이 희끗거리는 장년의 요한이었으나 마침내 그는 기스칼라의 요한에게로 달려가려 했었다. 그러나 폭발하는 그의 정열에 제동을 가한 것은 바로 예수의 어머니 마리아였다. 그녀는 요한을 붙잡고 교회가 풍지박산되어 버린 에베소로 가자고 졸라대었던 것이다. 요한은 미칠 것만 같았다. 예수가 그에게 붙여준 별명이 '우뢰의 아들'이었듯 그는 격정에 못이겨 몸을 떨고 있었다. 그러나 강력한 힘으로 그를 붙잡는 것은 바로 골고다 언덕의 십자가 위에서 그 어머니를 부탁했던 예수의 모습이었던 것이다.

결국 요한은 예루살렘으로 달려가려던 결심을 꺾어 버리고 말았다. 민족의 분노가 타오르는 예루살렘을 뒤로 하고 그는 노구의 마리아를 둘쳐업은 채 에베소를 향하여 휘청거리는 발걸음을 옮겨 놓아야 했던 것이다. 그는 흐르는 눈물을 닦으려 하지도 않으면서 허공을 향해 부르짖었다.

(아아, 어째서 당신은 내게 이토록 어려운 일을 맡기셨습니까?)

그러나 오르튜가의 올리브 숲에서 마리아의 슬픈 일생이 끝나게 되자 요한은 다시 예루살렘에서 들려오는 투쟁의 소음에 귀를 기울이기 시작하였다. 이제 유대인들의 폭동은 아예 반란의 양상으로 바뀌었고, 젊은 제사장 요세푸스가 갈릴리 지역 반란군 사령관을 맡고 있었다. 요한은 마침내 더 이상 참지 못하고 에베소를 뛰쳐나가 안디옥으로 향했다. 그는 안디옥을 거쳐 갈릴리 지방으로 잠입, 요세푸스의 반란군에 가담할 작정이었던 것이다. 그리고 그는 마침내 안디옥에서 꿈에도 잊지 못하던 베스파시아누스와 마주쳤다.

유대 반란 진압군 총사령관으로 임명된 베스파시아누스는 아가야를 거쳐 헬레스폰투스 해협을 육로로 지나 안디옥에 도착, 알렉산드리아에서 올라오는 자기 아들 티투스의 군단을 기다리며 출전 준비를 하고 있었다. 그는 바로 안디옥을 출전기지로 삼았던 것이다.

요한이 베스파시아누스와 마주쳤던 곳은 헤롯이 건설한 대리석의 대로(大路)에서 였다. 그는 막 시리아 총독 리키니우스 무키아누스의 관저에서 나와 오론테스 강변에 주둔하고 있는 장병들의 출전준비를 점검하러 가는 길이었다. 요한은 로마의 사령관을 구태여 피하고 싶지 않아서 걸음을 멈추고 다가오는 말 위의 사내를 바라보고 있었던 것이다. 버티고 있는 요한을 보고 베스파시아누스는 말을 멈추었다. 그리고 따라오던 장교들에게 요한을 검문하라고 명령했다. 요한은 그를 대번에 알아보았지만 그는 요한을 알아보지 못했던 것이다. 장교들은 그를 둘러싸고 신분을 물어왔다.

"뭣하는 놈이냐? 넌 유대인이지?"

유대인과 로마인은 쉽게 구별을 할 수가 있었다. 유대인은 로마인처럼 면도를 하지 않고 수염을 기르기 때문이었다. 요한은 그 물음에도 대답하지 않은 채 베스파시아누스만을 노려보고 있었다. 마침내 이상하게 여긴 베스파시아누스가 말에서 내려 가까이 다가왔다.

"비켜라, 이 유대인 놈은 아마도 나에게 볼 일이 있는 모양이다."

그는 싸늘하게 웃으며 다가오더니 요한의 얼굴을 들여다 보며 말했다.

"말해보라, 유대인의 촌놈이여. 내게 무엇을 원하는가?"

요한은 마침내 기다리던 때가 왔다고 생각했다. 그는 품 속에 간직하고 있던 칼을 뽑았다. 그리고 베스파시아누스를 노려보며 말했다.

"베스파시아누스, 그대에게 결투를 신청한다. 신사도를 내세우는 로마의 사령관이 비겁하게 꽁무니를 빼지는 않겠지?"

베스파시아누는 차갑게 웃으며 요한의 행색을 살피고 있었다.

"넌…… 도대체 어떤 놈이냐? 천하가 두려워 하는 이 베스파시아누스에게 감히 칼을 겨누는 네 놈은?"

요한의 눈에서는 다시 젊었을 때의 그 파란 불길이 쏟아져 나오기 시작했다.

"베스파시아누스, 넌 41년 전 티베리아스의 기병대에 있을 때, 해변에서 한 헬라 인 처녀를 납치했던 사실을 기억하고 있겠지?"

"티베리아스……?"

그는 잠시 기억을 더듬어가다가 고개를 끄덕였다.

"흐음…… 이제야 알 것 같다. 그때 난 너에게 팔을 비틀렸었지, 너는 참 쓸데없는 것을 기억하고 있는 놈이로구나. 그 기억력이 오늘 네놈 자신에게 독약을 안겨 주는 모양이다."

"베스파시아누스, 넌 그때 납치했던 처녀를 어찌 했느냐?"

그는 다시 차갑게 웃었다.

"멍청한 놈, 내가 너처럼 망가진 장난감이나 기억하고 있는 줄 알았더냐? 그렇게 아쉬웠으면 내가 가지고 놀다가 내버릴 때를 기다려서 주워 갈 일이지 왜 이제와서 찾느냐? 이 미련한 유대인 놈아, 이젠 그녀도 할망구가 다 되었거나 죽어서 해골이 되었을 터이니 이왕이면 새 계집을 찾아 보려무나."

"칼을 뽑아라, 베스파시아누스. 내가 네게 사람의 목숨 귀한 것을 가르쳐 주리라."

이제 그는 피할 도리가 없게 되었다. 부하 장교들 앞에서 비겁한 꼴을 보일 수가 없었던 것이다. 그는 천천히 허리에서 칼을 뽑았다. 이미 상관의 의사를 알아차린 장교들이 한발짝씩 물러서고 있었다. 두 장년의 사내는 서로 칼을 겨눈 채 상대방을 무서운 눈으로 노려 보았다. 팽팽한 긴장이 대리석 도로에 가득차고 있었다.

요한의 칼이 먼저 상대를 이끌어 들였다. 그는 상대를 공격하는 척하다가 다시 칼을 거꾸로 거두어 들였던 것이다. 상대방의 칼이 영문 모르고 따라 들어오자 요한은 다리를 바꾸며 상대의 검신을 내려쳤다. 베스파시아누스의 자세가 흐트러지면서 그는 몹시 비틀거렸다. 요한은 틈을 주지 않고 상대방을 공격해 들어갔다.

본래 언젠가는 조국의 독립전쟁에 참가하기 위하여 어려서부터 검법을 익혀온 요한이었다. 베스파시아누스가 상대방의 날카로운 기세에 놀라서 주춤하는 사이에 요한은 재빨리 상대의 칼을 감아서 낚아채었다. 미처 손 쓸 틈도 없이 요한의 칼은 베스파시아누스의 겨드랑이 사이를 돌아 쏜살같이 그의 목줄기를 향해 날아 들어가고 있었다. 둘러섰던 장교들이 일제히 칼자루를 잡았으나 어쩔 도리가 없었다. 이제 막 로마에서 제일 무서운 사나이 베스파시아누스의 목에 구멍이 뚫리는 판이었다. 바로 그때 갑자기 요한의 귀에는 벽력과 같은 음성이 들려왔던 것이다.

"네 검을 도로 집에 꽂으라! 검을 가지는 자는 다 검으로 망하느니라!"

그것은 바로 나사렛의 목수, 예수의 음성이었다. 도대체 어디서 그 음성이 들려 왔는지도 요한은 알 수 없었다. 전광석화처럼 짓쳐 들어가던 그의 검은 그대로 공중에서 얼어붙었다. 그리고 그의 온 몸은 화석처럼 그 자리에 굳어져 버렸던 것이다.

이젠 끝장이라고 생각했던 베스파시아누스는 가까스로 다시 자세를 바로 잡았고, 둘러섰던 장교들은 그제야 칼을 뽑아들며 요한을 둘러쌌다.

그렇게 화석처럼 서 있던 요한은 마침내 칼을 땅에다 떨어뜨렸다. 그리고 무너지듯 그 자리에 주저앉아 방성대곡을 했던 것이다.

"주여! 어째서 나를 멈추게 하셨나이까?"

절대절명의 순간에 칼을 멈춘 요한을 바라보며 베스파시아누스는 매우 당혹한 표정이었다. 그는 차마 부하들에게 요한을 체포하라고 명령하지 못했다. 그는 땅바닥을 치며 통곡하고 있는 요한을 한참 동안 내려다 보다가 부하들에게 눈짓을 하고는 조용히 그 자리를 떠났다. 그리고 요한은 그 대리석 도로에 주저 앉아서 오랫 동안 그렇게 흐느껴 울고 있었던 것이다.

그렇게 해서 요한은 다시 에베소로 돌아갔다. 그리고 마리아가 살던 오르튜가의 오두막에서 밤낮으로 예수에 관한 일을 생각하였다. 그는 늘 하늘을 향하여 부르짖었다.

"당신은 지금 어디 계십니까? 당신의 명령대로 땅끝까지 당신의 증인이 되기 위하여 달리던 친구들은 이제 모두 로마 제국의 칼날 아래 쓰러졌습니다. 그러나 그렇게 해서 이 세상은 무엇이 나아졌습니까?"

에베소에 있는 요한에게 베스파시아누스의 즉위 소식이 들려왔다.

그는 드디어 전 세계를 손 안에 쥔 케사르 베스파시아누스 아우구스투스 황제 폐하가 된 것이었다. 또 유대에서는 그의 아들 티투스가 4개 군단을 이끌고 예루살렘을 포위했다는 소식이 들려왔다. 그리고 마침내 그 예루살렘은 참혹한 멸망을 당했던 것이다. 그 소식을 듣던 날 요한은 다시 오르튜가의 올리브 숲에 꿇어 앉았다. 열심당에 입당하겠다고 하던 기스칼라 요한의 비감한 모습이 자꾸만 떠오르고 있었다.

"당신은 언제 오십니까? 기스칼라의 요한도 가고 예루살렘의 백성들도 모두 다 갔습니다. 당신은 이제 속이 시원하십니까? 누구를 구원하려고 당신은 오시렵니까? 당신을 못박은 자들이 멸망 당하고 예언이 모두 성취되었으니 이제 오십시오. 저 비참한 폐허 위에 영광의 메시아로 오십시오. 시체들과 구더기들이 당신을 맞이할 것입니다. 거기에는 당신이 탈 나귀새끼도 없고 길바닥에 깔아드릴 나뭇가지도 없을 것입니다. 살 썩는 냄새가 가득한 예루살렘의 감람산으로 다시 오실 테면 오십시오. 이것이 당신의 계획이었다면 참으로 모두 다 잘도 이루어지지 않았습니까?"

나사렛의 예수는 언제나 이 세상 나라 이야기를 하지 않고 하나님의 나라를 이야기했으며 복수를 원하는 제자들에게 용서를 가르쳤다. 그래서 그는 자기가 체포되었던 날 밤, 마침내 분개한 베드로가 대제사장의 하인 말쿠스의 귀를 칼로 내리쳤을 때,

"네 검을 도로 집에 꽂으라! 검을 가지는 자는 다 검으로 망하느니라!"

하고 소리쳤던 것이다. 그로부터 크리스티아누스들의 검없는 행진이 시작된 것이었다. 그래서 그 결과는 예루살렘의 멸망이었고, 사도들의 죽음이었고, 베스파시아누스의 즉위였고, 티투스의 개선이었던 것이다.

그렇게 해서 요한이 기대하고 있던 모든 것은 하나도 남김없이 다 무너져 버린 것이었다. 그에게는 아무 것도 남아 있는 것이 없었다. 더 이상 세상에 살 이유도 없었다.

"나도 이제 당신 곁으로 가겠습니다. 내가 이 세상에 더 볼 일이 없는 것을 당신이 잘 아십니다."

요한은 마침내 더 이상 살 것을 단념하고 단식을 시작했다. 몸은 야위어 가고 의식은 몽롱했으나 그의 눈은 불꽃처럼 타고 있었다. 그는 그대로 타오르는 불덩어리 같았다.

꺼져가는 심지처럼 요한의 생명이 가물거리고 있을 때, 그는 참담한 어둠 속에서 또 나사렛의 예수를 만났다. 그의 기억 속에 나타난 것은 티베리아스의 바닷가였다.

밤바다에 배를 띄워 놓고 그는 밤새 그물질을 했으나 고기는 한 마리도 잡지를 못했다. 그 배에는 베드로와 도마, 그리고 나다나엘, 요한의 형 야고보도

함께 타고 있었다. 수확 없는 밤바다에는 바람만 차갑게 불고 그들은 모두 말이 없었다. 하루 아침에 꿈을 잃어버린 사내들이었다. 나사렛 예수가 세계를 통치하게 되면 적어도 조영관이나 행정관 한 자리쯤은 얻어 할 줄로 알았는데 이제 그들은 다시 갈릴리의 고기잡이로 돌아온 것이었다.

하늘에 찢어지는 그물처럼 어둠이 걷히기 시작하던 새벽에 요한은 문득 바닷가에서 서 있는 한 사내를 발견하였다. 그리고 그는 배를 향하여 소리치고 있었다.

"그물을 배 오른 편에 던지라!"

사내들은 그가 말한 대로 그물을 던졌다. 놀랍게도 그물에는 고기가 가득히 들어 있어서 끌어 올리기가 어려울 지경이었다. 요한이 베드로에게 외쳤다.

"주님이시다!"

베드로가 풍덩 물에 뛰어 들더니 바닷가로 헤엄쳐 가고 있었다. 남은 자들이 배를 대고 뭍에 올라와 보니 나사렛 예수가 거기 서 있었다. 그는 새벽의 바닷가에 모닥불을 피워놓고 있었다. 베드로의 이마에 식은 땀이 흐르기 시작했다. 대제사장 가야바의 집 뜰에서 선생을 세 번이나 모른다고 부인했던 그 새벽에도 모닥불이 타오르고 있었던 것이다. 나사렛 예수는 벌벌 떨고 있는 베드로에게 물었다.

"네가 나를 사랑하느냐?"

"네, 사랑합니다."

"네가 나를 사랑하느냐?"

"내가 사랑하는 줄 주께서 아시나이다."

"네가 나를 사랑하느냐?"

베드로의 얼굴이 창백해지고 있었다. 그는 울먹이는 목소리로 세번째 대답을 했다.

"주님은 아시지 않습니까? 내가 주를 사랑하는 줄 주께서 아시나이다."

예수는 비로소 그에게 말했다.

"내 양을 지키라."

나사렛 예수는 베드로가 두 팔을 벌리고 죽을 것에 대해서 말하고 있었다. 선량한 베드로는 자기의 죽음 같은 것은 상관도 없는 듯 선생을 붙잡았다.

"주여, 이 사람은 어떻게 되겠습니까?"

그러나 예수는 베드로의 뒤에 서 있는 요한을 싸늘한 눈으로 바라보더니 입을 열었다.

"내가 돌아올 때까지 그를 살려 두려고 한들 그것이 네게 무슨 상관이냐?"

나사렛 예수의 그 싸늘한 시선이 요한의 전신을 아프도록 찌르고 있었다. 요한은 몽롱한 가운데 두 손을 들고 부르짖었다.

"내가 돌아올 때까지…… 내가 돌아올 때까지……."

마침내 요한은 죽을 것을 단념하고 오두막에서 기어나왔다. 그는 마구 풀뿌리를 뽑아서 씹었다. 그의 눈에서는 다시 눈물이 주르르 흘러내렸다.

그로부터 요한의 생활은 몰라볼 정도로 달라지기 시작했다. 그는 낮이면 오르튜가의 채소밭에 채소를 일구어 에베소 시내에 내다 팔았고 그 남는 돈으로 에베소의 가난한 사람들을 찾아다니며 도왔다. 또 밤이면 그는 오두막이나 올리브의 숲 속에 꿇어 앉아 오랜 시간 기도를 드렸다. 그는 눈에 띄도록 말이 없어졌다. 에베소 시내 일대에서 그는 차차 좋은 할아버지로 되어갔다. 시내에만 나가면 아이들이 모여들었고, 그는 아이들을 앉혀 놓고 먹을 것을 사 주거나 머리의 이를 잡아 주기도 했다. 많은 크리스티아누스들이 이 늙은 사도의 가난한 사람들에게 급식을 했고, 병든 자들을 돕는가 하면 감옥에 갇힌 자에게 사식을 넣기도 하는 것이었다. 그러는 동안 그가 늘 기이하게 여겨왔던 나사렛 예수의 모습이 차츰 그의 가슴 속에 확실한 사랑으로 자리잡기 시작하고 있었다.

마침내 전 세계를 통치하던 로마의 유능한 정치가 베스파시아누스도 죽었고, 예루살렘을 처참하게 유린했던 티투스도 죽었다. 그러나 아직도 요한은 죽지 않고 있었다. 그는 이따금씩 에베소의 번화한 거리를 걸으며 혼자서 중얼거리고 있었다.

(내가 돌아올 때까지…… 내가 돌아올 때까지…….)

그리하여 이제 요한은 베스파시아누스가 개선한 아피아 가도를 따라 로마로 들어가고 있는 것이었다. 요한은 나사렛 예수와 그리고 그의 사랑하는 친구들이 짊어졌던 수많은 십자가를 생각하고 있었다. 그리고 이제 마지막 십자가가 남아 있는 것이었다.

말을 타고 달리면 하루에도 도착할 수 있는 아피아 가도를 그들 일행은 일
주일도 넘게 걸었다. 늙은 요한의 기력을 염려하여 안드로니쿠스는 일부러
보행의 속도를 느리게 하였던 것이다.

"이제 조금만 더 가면 로마입니다."

말을 타고 앞서가던 안드로니쿠스가 뒤를 돌아보며 말했다. 요한은 말없이
고개를 끄덕이고 있었다. 그렇게도 로마에 가고 싶어했던 바울의 편지가 생
각나고 있었다.

"내가 여러분을 찾아갈 때에는 그리스도의 풍성한 축복을 안고 가게 되리라
믿습니다. 형제 여러분, 나는 성령이 베푸시는 사랑을 믿고 우리 주 예수 그
리스도의 이름으로 여러분에게 부탁합니다. 여러분도 나를 위하여 하나님께
간곡히 기도하여 주십시오……."

결국 바울은 예루살렘에서 체포되어 호송장교 율리우스와 함께 지중해를
건넜고 이 아피아 가도를 걸었던 것이다.

앞에서 가던 드루시아나의 말이 멈추더니 그녀가 말에서 내렸다. 걸어가는
요한 사도가 마음에 걸려서 그녀는 오는 동안 몇 번씩이나 이렇게 말에서 내
렸던 것이다. 가이우스 소년이 쪼르르 따라오면서 드루시아나의 옷자락을 붙
잡고 있었다.

"사도님, 정말 이렇게 가셔야 하나요? 지금이라도……."

"드루시아나, 이 늙은이에게 주어진 영광의 길을 막으면 안돼……. 이 길은
베드로가 걸었고, 바울이 걸었던 길이야."

그때, 가이우스 소년이 드루시아나의 옷자락을 잡아당기며 말했다.

"저기…… 웬 사람들이죠?"

그들은 가이우스 소년이 가리키는 곳을 바라보았다. 아피아 가도와 아드레
아티나 가도가 갈라지는 지점에 세 명의 여인과 두 사람의 사내가 서서 이
쪽을 바라보고 있었던 것이다.

앞서가던 안드로니쿠스가 말을 멈추자 뒤에 따라가던 일행도 모두 걸음을
멈추었다. 안드로니쿠스는 세 여인과 함께 서 있는 청년들을 내려다 보다가
깜짝 놀라며 말했다.

"아니…… 자네들은 기병대에 있던 네레우스와 아킬레우스 형제가 아닌

가?"

안드로니쿠스는 말에서 내리더니 반갑게 두 친구의 손을 잡았다. 두 청년도 손을 마주잡으며 눈물을 글썽거렸다.

"자네들은…… 기병대를 사임하고 클레멘스 집정관 각하의 시종관이 되었다고 들었는데……?"

그러자 그들은 세 여인 중에 베일을 쓰고 있는 한 여인을 가리키며 그에게 소개했다.

"플라비아 도미틸라 부인일세."

안드로니쿠스는 깜짝 놀라 여인에게 한 걸음 다가서며 인사를 했다.

"이렇게 만나 뵈어서 영광입니다. 최근 집정관 각하의 근황에 대한 소식을 들었습니다만…… 매우 유감스럽게 생각합니다."

그러나 베일 속에서는 조용한 여인의 목소리가 새어나왔다.

"감사합니다. 먼 길을 오시느라고 피곤하실 텐데 잠시 일행 여러분과 함께 제 별장에 들르셔서 쉬시는게 어떠실까요?"

도미티아누스 황제의 조카이며 티투스의 딸인 도미틸라 부인이 이렇게 길에까지 나와서 그들 일행을 기다린 것을 보면 뭔가 깊은 사연이 있다는 뜻이었다. 안드로니쿠스는 쾌히 도미틸라 부인의 제의를 받아들였다.

"감사합니다. 그렇지 않아도 성 안에 들어가기 전에 어디선가 좀 쉬고 싶었던 참입니다."

그는 곧 집사 루키우스에게 아드레아티나 가도로 들어설 것을 지시하고 도미틸라의 일행과 함께 앞장 서서 걸었다. 걸으면서 도미틸라는 뒤따라오는 레오도라와 유프로시나의 두 여인을 소개하였고, 안드로니쿠스는 요한과 함께 걷고 있던 드루시아나를 앞으로 불러서 에베소에서 결혼한 자기의 신부임을 알렸다.

본래 아피아 가도의 종점에 해당하는 이 로마성 밖에는 많은 귀족들의 별장들이 있었다. 그래서 전장으로부터 개선한 장군들은 황제의 입성명령을 기다리는 동안 병사들을 성 밖에 주둔시키고 귀족들의 별장에 초대되어 휴식을 갖는 관습이 있었던 것이다. 그러므로 아피아 가도를 따라 들어오는 안드로니쿠스 일행이 도미틸라의 별장에 초대된 것은 조금도 이상하지 않은 일이었다. 다만 묶인 채로 그의 뒤에 따라오던 요한까지도 초대된 것이 조금 다를 뿐이었던 것이다. 도미틸라는 아름다운 집정관 별장에 이르자 다시 안드로니쿠스에게 말했다.

"재무관님, 저기 묶여 있는 노인은 나사렛 예수의 제자 요한님이신가요?"

"그렇습니다. 그리고 그 옆에 서 있는 두 사람은 그분을 따라온 크리스티아누스 두기고와 프로코루스입니다."

도미틸라 부인은 곁에 서 있던 여인들에게 고개를 돌렸다.

"레오도라, 그리고 유프로시나. 재무관님의 하인들과 수행원들을 바깥채로 안내해 주세요. 난 이분들과 함께 안채로 들어 갈 테니까……."

그렇게 해서 안드로니쿠스 부부와 가이우스 소년, 그리고 요한의 일행들은 안채로 안내되었다. 안채에 도착하자 네레우스와 아킬레우스 형제는 안으로 들어서지 않고 문 밖에서 걸음을 멈추었다. 아마도 보초를 서려는 것 같았다.

안채의 거실로 들어서자마자 안드로니쿠스는 요한의 결박을 풀었고 도미틸라 부인은 베일을 벗으며 손님들에게 의자를 권했다.

"멀리서 오시는 분을 초대하면 먼저 욕실로 안내하는 것이 도리이오나 잠시 의논드릴 일이 있어서……."

그러나 안드로니쿠스는 알겠다는 듯이 고개를 끄덕이며 도미틸라 부인의 우아한 모습을 경탄의 눈으로 바라보고 있었다. 아마도 그녀는 할머니 도미틸라의 품위를 그대로 물려받은 것 같았다. 본래 플라비우스 가문에는 베스파시아누스의 아내 도미틸라, 도미티아누스의 아내 도미틸라, 그리고 지금 안드로니쿠스의 눈 앞에 서 있는 티투스의 딸이며 집정관 클레멘스의 아내인 도미틸라 등 세 명의 도미틸라가 있었던 것이다. 안드로니쿠스가 정중한 말씨로 입을 열었다.

"부인께서 삼거리에 나와 계실 때부터 벌써 무엇인가 사연이 계실 줄을 알고 있었습니다. 사실은 저보다…… 이 요한님에게 볼 일이 있으신 것 아닙니까?"

과연 그녀는 안드로니쿠스의 지적에 놀라면서 한쪽 손을 가슴에 가져가고 있었다.

"제가 알기로는…… 클레멘스 집정관 각하께서는 크리스티아누스의 혐의로 체포되셨습니다. 그리고 아마 부인께서도 그 일과 어떤 관련이 있으신 것은 아닙니까?"

젊은 재무관의 날카로운 추궁에 도미틸라는 이미 각오했다는 듯 입술을 깨물며 잠시 생각하더니 단호한 음성으로 입을 열었다.

"그렇습니다. 재무관님. 저도 역시 크리스티아누스입니다."

안드로니쿠스는 빙그레 웃으며 부인을 바라보았다.

"그렇게 위험한 말씀을 겁도 없이 함부로 하시는군요. 부인, 사실은 저도 에베소에서 요한 사도님으로부터 세례를 받고 오는 길입니다."

"옛?"

"사실입니다. 그리고 여기 있는 제 아내 드루시아나는 저보다 선배이구요."

"오, 하나님!"

도미틸라는 너무도 감격하여 두 손을 모은 채 감사의 기도를 드리고 나서 백발의 요한 앞에 꿇어 앉으며 말했다.

"죄인 도미틸라가 사도님께 문안을 드립니다."

그제서야 요한은 도미틸라의 두 손을 잡아 일으키며 말했다.

"일어나십시오, 자매님. 지금 자매님의 당당한 모습을 보니 늙은이가 오히려 부끄러워집니다. 주님의 은총이 그대와 함께 하시기를."

도미틸라는 일어나 의자에 앉으며 눈물에 젖은 얼굴로 요한을 바라보았다.

"제 남편 클레멘스는 이곳 로마에 계시던 의원 누가님에게서 신병의 치료를 받다가 나사렛 예수의 이야기를 듣게 되었습니다. 남편이 그 이야기에 점점 호기심을 나타내기 시작하자 누가님은 예수님의 이야기들을 계속해서 적어 보내셨고, 그 편지들을 읽는 동안 마침내 남편은 크리스티아누스가 되었던 것입니다. 남편은 이곳 로마교회의 감독이신 클레멘트님으로부터 세례를 받았지요. 그 후 누가님께서는 사도들의 행적을 기록한 또 하나의 두루마리를 남편에게 맡겨 놓으신 후 이 로마를 떠나셨던 것입니다."

요한은 바울의 험난한 길을 그림자처럼 따라다니던 의원 누가의 모습을 그려보며 고개를 끄덕이고 있었다.

"그러면…… 사도행전의 첫머리에 나오는 그 데오빌로라는 이름은 바로 클레멘스 집정관이었군요?"

"그렇습니다 누가님께서는 이 기록이 새어 나가면 남편의 신상에 위험이 있을 것을 염려하여 가명을 썼던 것이지요. 그런데…… 이미 얼마 전부터 남편은 신변의 위협을 느꼈는지 나중의 두루마리를 에베소 교회로 보냈습니다. 그리고 예수님의 행적을 기록한 먼젓번 기록을 끝까지 지니고 있으려 했는데 결국 저렇게 체포되어 버리고 만 것입니다. 남편은 그 기록을 에베소에 계신 요한 사도님께 전해 달라고 부탁했어요."

"그…… 누가의 편지는 지금 어디 있습니까?"

"지금 곧 안내하겠습니다. 다른 분들도 모두 따라오세요."

도미틸라는 일어서서 일행을 옆 방으로 안내하였다. 옆 방에는 커다란 탁자 하나가 놓여 있었는데 그 탁자를 밀어내고 양탄자를 걷어내자 지하로 들어가는 통로가 나타나는 것이었다. 일행은 모두 도미틸라의 뒤를 따라 땅굴 속으로 들어갔다. 도미틸라는 통로 한쪽 구석에 걸려 있던 등잔에 불을 켠 다음 앞장서서 그들을 안내하였다.

"이 아피아 가도와 아드레아티나 가도의 연변에는 많은 지하묘지들이 있습니다. 그리고 그 지하묘지들 중에는 크리스티아누스의 순교자들이 묻혀 있는 묘지가 몇 군데 있는데 황제들의 박해가 있을 때마다 은신처로 사용되었지요. 저희 별장 밑에 있는 이 지하도는 아직 묘지로 쓰고 있지는 않으나 앞으로 교회에 헌납하여 교회묘지로 사용하게 할 생각입니다."

그들이 좀더 걸어 들어가자 통로 끝에는 넓다란 공간이 마련되어 있었고 거기에 그림자 같은 세 명의 사내가 서 있는 것이 보였다. 가운데 서 있는 사람은 요한과 비슷한 백발의 노인이었고 또 한 사람은 두기고와 같은 또래로 보였으며 나머지 한 사람은 장년이었다. 도미틸라 부인은 옆으로 비켜서며 가운데 서 있는 노인에게 말했다.

"클레멘트 감독님, 에베소의 요한 사도님을 모시고 왔습니다."

클레멘트 감독은 이미 일행 중에서 가장 늙은 요한을 알아보고 있었다. 그는 두 팔을 벌리며 온 몸을 기쁨으로 떨고 있었다.

"오오……."

클레멘트는 그렇게 외마디 소리를 지르더니 사도의 앞으로 쓰러지듯 다가

와서 무릎을 꿇었다.

"이렇게 오래 살아온 보람이 있어 사도님을 뵙는군요……."

요한은 클레멘트 감독을 일으켜 세우며 그를 끌어 안았다.

"만나서 반갑습니다. 로마 교회의 믿음과 클레멘트 형제님의 수고는 온 세계 교회의 칭송을 받고 있습니다. 목숨을 걸고 구제사업을 벌이는 성도들의 용기가 모든 크리스티아누스들에게 소망을 주고 있습니다."

참으로 깊은 감회속에 이루어진 두 노인의 만남이었다. 한 사람은 나사렛 예수의 마지막 남은 제자요, 한 사람은 바울의 마지막 남은 후계자였다. 한 사람은 예수 그리스도를 지키는 마지막 기수요, 한 사람은 고난의 로마 교회를 지키는 최후의 사령탑이었던 것이다. 요한은 포옹을 풀면서 클레멘트 감독의 늙은 얼굴을 다시 한번 들여다 보았다.

"참으로 로마 교회의 충성은 놀랍습니다. 케사르의 가족들에게까지 복음을 전파하시다니……."

"모두가 하나님의 능력이십니다. 이미 바울님 때부터도 케사르의 집 뿐만 아니라 많은 귀족들의 가정에 복음이 전파되었지요. 바울님께서는 그들의 신분을 염려하셔서 교회들에게 편지를 쓰실 때에도 그들의 이름을 전혀 밝히지 않으셨던 것입니다."

"최근에는 글라브리오 전 집정관과 여기 계신 도미틸라 부인의 남편 클레멘스 집정관도 체포되었다는 소식을 들었습니다. 도대체 이 로마에는 얼마나 많은 우리 형제들이 있는 것입니까?"

"저로서도 짐작을 할 수 없습니다만 빈민층에도, 귀족층에도 어느 곳에나 형제들은 숨어 있습니다. 아마도 로마 시민의 상당수가 이미 하늘나라의 시민이 되었을 것으로 생각합니다."

"대단하십니다. 이는 오로지 로마 교회가 목숨을 걸고 선한 일에 힘쓴 결과이지요. 위험을 무릅쓰고 고아와 빈민들을 구제하며 환자들을 치료하고 감옥에 사식을 차입한다는 이야기를 에베소에서도 듣고 있었습니다. 이제 로마는 천국의 수도가 되고 있는 느낌입니다. 클레멘트 감독님, 이 변변치 못한 사도가 부끄러움을 느낍니다."

"황송하신 말씀, 제가 몸둘 바를 모르겠습니다."

그들의 대화를 들으며 재무관 안드로니쿠스는 기이한 감동에 사로잡히고 있었다. 그들 중 한 사람은 이제 로마 황제의 특명으로 체포되어 압송되어 가고 있는 사람이었고, 또한 사람도 당국이 혈안이 되어 찾고 있는 로마 교회의 우두머리였던 것이다. 두 노인이 똑같이 인생의 낙이라고는 전혀 모른 채 험난한 가시밭 길을 걸어온 처지였다. 그런데 이 두 사람은 로마의 어두운 땅굴 속에서 만나 그 감격을 하나님께 감사드리며 기쁨에 충만하여 있었다. 그것이 바로 안드로니쿠스에게는 도저히 이해하기 어려운 점이기도 하였던 것이다.

클레멘트 감독은 요한의 뒤에 서 있는 두기고 노인을 알아보고 반갑게 인사를 나누었다. 그들은 이미 30년 전 바울의 문하에 있을 때부터 서로 아는 사이였던 것이다.

두기고는 에베소 교회에 다녀오다가 붙잡혀서 30년간 에스파니아의 광산에서 복역한 일을 클레멘트에게 간단히 설명하였고, 클레멘트는 두기고의 고난을 위로하고 그의 충성에 경탄하고 있었다. 이어서 클레멘트가 자기 곁에 서 있던 두 사람을 그들에게 소개하였다.

"이 쪽에 계신 형제는 바로 구레네 시몬의 아드님이신 루포 형제이시고……이 쪽은 저를 돕고 있는 에바레스투스 형제입니다."

그러자 요한의 눈이 번쩍하고 빛나며 루포라고 불리어진 노인을 바라보는 것이었다.

"구레네 시몬……."

"그렇습니다. 예수님께서 골고다로 올라가실 때에 십자가를 대신 짊어졌던……."

"……알고 있습니다."

요한의 눈에 눈물이 고이고 있었다. 그의 가슴이 다시 찢어지는 듯 아파오고 있었다. 예수가 그 제자 유다의 고발로 체포되고, 모든 예루살렘 사람들에게 버림받고 종교 지도자들에게 심문 당하고, 그리고 이방인에 의하여 재판받은 다음 온갖 조롱을 당하며 걸어가셨던 그 수난의 길…… 그 처절하게 외로운 슬픔의 길을 걸어가셨을 때에 요한은 어디에 있었던 것인가.

그 뼈에 맺힌 한은 요한의 기나긴 한 평생을 괴롭게 하고 아프게 한 것이었다. 요한은 예수가 최후의 판결을 받을 때까지 그 현장을 지켜보고 있었다. 그러나 빌라도의 선고가 떨어지자 요한은 더 이상 예수에게서 별 볼일이 없다고 판단했던 것이다. 그래서 그는 골고다로 가는 예수와 반대 방향으로 걷고 있었다. 그러다가 갑자기 요한에게는 이상한 생각이 떠올랐다. 예수가 골고다에서 유대의 독립을 선포하고 왕이 될지도 모른다는 생각이었다. 요한은 재빨리 골고다 언덕을 향해서 달려갔다. 이미 예수가 그때 십자가에 달려 있었다.

빌라도의 법정에서 골고다까지의 그 공백은 요한만의 비밀이었다. 그러나 그 비밀은 결국 예수의 십자가를 대신 짊어졌던 구레네 사람 시몬의 의해서 들통이 나버렸던 것이다. 그래서 요한은 시몬의 아들 루포를 보자 눈물이 솟아져 나온 것이었다. 요한은 그의 손을 잡으며 말했다.

"나는 형제님의 부모님을 예루살렘에서 만났습니다. 두 분은 마가의 다락방에서 기도하던 120명 중에 함께 계셨지요."

"그때 제 형과 저는 코흘리개 어린애였습니다. 저희 가족은 그후 헤롯 아그립바의 박해 때에 안디옥으로 갔다가 거기서 바울을 만났지요."

바울은 그들 가족과 함께 지내며 그 어머니의 보살핌을 받고 있었다. 그리고 그들은 바울이 로마로 가고 싶다며 세번째 여행길에 올랐을 때 시몬 일가는 먼저 로마로 떠났고 로마에서 다시 바울과 마가를 만난 것이었다.

클레멘트 감독이 다시 입을 열었다.

"도미틸라 부인께서 이렇게 사도님을 모셔온 것은 누가님의 기록을 보여드리기 위함이었습니다. 지금 예수님에 관한 기록들을 가장 많이 수집하고 있는 곳은 에베소 교회라고 들었습니다."

"이단들로부터 그리스도를 지키기 위해서 젊은이들이 애를 쓰고 있지요. 이미 클레멘트 감독께서 고린도 교회에 보내신 편지의 사본도 수집되어 있습니다."

"보잘것 없는 저의 서신을……."

클레멘트는 겸연쩍은 듯 얼굴을 붉히며 장년의 사내를 돌아 보았다.

"에바레스투스, 누가님의 복음서를 꺼내오게."

그는 땅굴의 벽에 설치된 비밀창고의 문을 열고 들어가더니 이내 두터운 파피루스의 노끈을 풀며 말했다

"아마도 누가님은 바울님으로부터 전해들은 자료들과 그가 만난 모든 예루살렘 사람들의 증언을 토대로 이 복음서를 기록했던 것같습니다. 또 로마에서는 주님의 아우 중 한 분이신 유다님이 계셨기 때문에 그 쪽의 증언도 참조가 되었을 것입니다. 누가님이 특별히 클레멘스 집정관에게 이 기록들을 보낸 이유는, 물론 집정관 당사자에 대한 전도의 필요도 있었겠지만 이 기록들이 안전하게 보관되기를 바랐던 이유도 있을 것 같습니다."

"기이한 일이로군요. 바울님의 편지가 글라브리오 집정관을 회심시켰고, 이번에는 누가님의 편지가 클레멘스 집정관을 구원하였으니 말입니다."

요한은 클레멘트 감독이 펼쳐주는 두루마리에 눈을 가져갔다.

"이 두루마리는 누가님의 편지들을 정리하여 만든 사본입니다. 이 편지 서두에서 누가님은 클레멘스 집정관의 신분이 노출되지 않도록 데오빌로라는 가명을 쓰고 있습니다."

요한은 누가의 복음서를 읽어 내려가기 시작했다.

…… 존경하는 데오빌로 각하, 우리들 사이에서 일어난 그 일들을 글로 엮는데 손을 댄 사람들이 여럿 있었습니다. 그들이 쓴 것은 처음부터 직접 눈으로 보고 말씀을 전파한 사람들이 우리에게 전해준 사실 그대로입니다. 저 역시 이 모든 일을 처음부터 자세히 조사해 둔 바 있으므로 그것을 순서대로 정리하여 각하께 써 보내드리는 것이 좋겠다고 생각하였습니다…….

누가의 아름다운 헬라어 문장은 요한을 매혹시키고 있었다. 읽기에 열중하는 요한에게 클레멘트가 조심스럽게 말했다.

"한 가지 사도님께 부탁드리고 싶은 것은…… 이 기록의 사실성 여부를 점검해 주십사는 것입니다. 사도님께서 인정해 주시면 이 기록은 로마 교회에서도 정당한 경전의 하나로 사용하겠습니다."

요한은 누가의 편지 속에서 클레멘스 집정관의 신앙이 발전해 가는 모습을 발견하고 있었다. 먼저 기록된 것같은 이 복음서의 서두에는 수신인을 '데오빌로 각하'라고 호칭했는데 나중에 기록된 사도행전에서는 바로 친한 형제를 부르듯 '데오빌로여……'로 시작하고 있었기 때문이었다.

클레멘스가 요한의 시선을 따라가며 두루마리를 살펴가다가 적당한 지점에 이르렀을 때 다시 입을 열었다.

"사도님, 우선 이 기록에서는 앞부분에서부터 중요한 차이점이 나타나고 있습니다."

요한은 아직도 눈을 두루마리에서 떼지 않은 채 입을 열어 반문했다.

"어떤 것입니까?"

"가령…… 여기 나타나 있는 예수님 선조들의 족보에 관한 것입니다. 마태님이 기록한 족보에서는 요셉의 혈통이 다윗 왕의 아들 솔로몬의 가계로 내려오고 있습니다. 그런데 여기서는 다윗의 아들이기는 하나 솔로몬의 형인 나단의 후손으로 되어 있는 것입니다. 더구나 이상한 것은……."

클레멘트 감독은 잠시 입을 다물고 요한을 바라 보다가 말했다.

"더구나 이상한 것은…… 설사 먼 윗대의 족보는 틀리게 알 수도 있다 하더라도, 바로 목공 요셉 즉 마리아님의 남편 요셉의 아버지 이름이 서로 틀리게 나오는 것입니다."

그제야 요한은 파피루스 종이에서 눈을 떼고 고개를 들며 빙그레 웃었다.

"클레멘트 감독, 바로 그 점이 중요한 것입니다."

"네……?"

"흔히 우리는 이런 기록을 읽을 때 우선 의혹의 눈으로 읽기 때문에 간단한 사실도 잘못 이해하기가 쉬운 것입니다. 생각해 보십시오. 누가님은 예수님을 직접 만나지는 못했지만 그 분의 아우들은 모두 만났습니다. 예루살렘에서는 야고보님과 시몬님을 만났고 이곳 로마에서는 유다님을 만났지요. 그런 누가님이 요셉의 아버지 이름을 잘못 기록할 리가 있습니까?"

"그렇다면……?"

그것은 바로 마태의 기록이 틀렸느냐는 의미의 질문이었다. 그러나 마태도 예수의 아우들을 만난 사람이었던 것이다. 요한은 아직도 미소를 띤 채로 설명을 시작했다.

"클레멘트 감독께서도 아시겠지만 우리 유대 나라에는 특이한 관습이 하나 있습니다. 즉, 어떤 사람이 아내를 얻고서도 자식을 얻지 못한 채 죽게 되면 그 가장 가까운 혈육의 한 사람이 그 미망인을 취하여 아들을 낳게 함으로써

대를 이어주는 것입니다. 나단의 후손이었던 헬리는 자식이 없이 일찍 죽었기 때문에 가장 친한 집안이던 솔로몬의 후손 중에서 야곱이 그 아내와 동침하여 요셉을 낳았던 것입니다. 그러니 요셉은 누구 아들이 되겠습니까?"

"……."

"말할 것도 없이 요셉은 헬리의 아들인 것입니다. 그런데…… 마태는 그 족보를 이렇게 기록했습니다. 아브라함은 이삭을 낳고…… 이렇게 내려가다가 야곱은 마리아의 남편 요셉을 낳았다…… 기록했던 것입니다. 요셉은 분명히 야곱이 낳았으니까요. 그런데 누가의 기록은 어떻습니까? 그는 요셉은 헬리의 아들이고, 헬리는 맛닷의 아들이고…… 이렇게 거슬러 올가면서 아담에게까지 이르고 있습니다. 그러니 야곱이 요셉을 낳았다는 마태의 기록도 정확한 것이고 요셉은 헬리의 아들이라는 누가의 기록도 틀림 없는 것이 아닙니까?"

클레멘트 감독은 그제야 황연히 깨닫고 고개를 끄덕였다. 요한은 다시 빙그레 웃으며 기록을 읽어 내려가기 시작했다. 사람들은 기침소리 하나 내지 못하고 숨을 죽이며 요한의 표정을 바라보고 있었다. 얼마나 시간이 흘렀는지 알 수 없었다. 몇 번이고 고개를 끄덕여가며 기록을 읽고 있던 요한은 마침내 한 대목에서 눈물을 닦고 있었다. 그것은 바로 하나님의 나라가 언제 임하느냐고 묻던 바리새인들에게 예수가 대답하는 장면이었다.

"……하나님의 나라는 볼 수 있게 임하는 것이 아니요, 또 여기 있다 저기 있다고도 못하리니 하나님의 나라는 너희 안에 있느니라."

요한은 그 대목에서 한참 동안을 울먹이며 더 이상 읽지를 못하고 있었다. 그는 두 손을 모으고 한동안 묵상의 기도를 드린 다음에야 다른 대목을 읽기 시작했던 것이다.

"누가님의 기록은 마지막 가는 제 길에 큰 빛을 주었습니다."

누가로부터 그에게 남겨진 목소리가 그의 믿음에 또 하나의 디딤돌이 되었음에 틀림 없었다. 그는 고개를 들어 주위를 둘러 보더니 뒤에 시립하고 서 있던 두기고를 불렀다.

"두기고 형제님, 이곳까지 함께 오시느라고 수고가 많으셨는데 이제 또 한 가지 부탁을 드렸으면 합니다."

"말씀만 하십시오, 사도님."

"이 누가님의 기록을 받으면 에베소에 있는 젊은 형제들이 얼마나 기뻐하겠습니까? 두기고님께서 그 기쁨의 전달을 맡아주시는 것이 어떨까요?"

"잘 알겠습니다. 지금 당장 복음서를 가지고 에베소로 떠나겠습니다."

"장하십니다. 천사장 가브리엘이 두기고님을 보호할 것입니다."

요한은 방금 누가의 기록에서 동정녀 마리아에게 그리스도의 회임(懷姙)을 알리는 하나님의 연락책 가브리엘 천사장의 아름다운 이야기를 읽었던 것이다. 두기고가 두루마리를 싸들고 막 출발하려 하는데 땅굴 안에는 갑자기 어디선가 방울소리가 들려왔다. 딸랑거리는 그 방울 소리는 두 번씩 연속해서 울리고 있었다.

"두 번씩 울리는 것을 보니 위험은 아닌 것 같습니다. 제가 나가 보고 오겠습니다."

도미틸라 부인이 밖으로 나간 사이 요한과 클레멘트는 각기 자리를 함께 한 사람들과 인사를 나누었다. 요한이 먼저 자기 동행자들을 클레멘트 감독에게 소개했다.

"여기 있는 안드로니쿠스 재무관은 저를 체포하기 위해 에베소를 왔다가 세례를 받았습니다. 그리고 그 옆에 있는 분이 이번에 결혼한 드루시아나 부인이고……."

안드로니쿠스가 보기에 참으로 크리스티아누스들이란 이상한 사람들이었다. 아직도 안드로니쿠스는 정말 크리스티아누스가 될 생각이 추호도 없는데 세례받은 그 사실 하나만 믿고 그들의 모든 비밀스러운 자리에 그를 서슴지 않고 동참시키기 때문이었다.

"이 젊은이는 바로 예루살렘 교회의 일곱 집사 중 하나였던 프로코루스의 손자이고…… 이 어린이 가이우스는 에베소에서 순교한 가이우스 가문의 유일한 혈육입니다. 온 가족이 순교 당하는 중에 가장 어렸던 막내 아들만이 살아 남았는데 그의 어머니도 나중에 이 아이를 낳은 후 붙잡혀서 끝내 또 순교 당했던 것입니다."

클레멘트가 가이우스 소년의 손을 잡으며 위로하고 있을 때 도미틸라 부인이 돌아왔다. 그녀의 표정은 침착했으나 조금 떨리는 음성으로 말했다.

"도미틸라 황후의 집사장 스테파누스가 황후의 전갈을 가지고 왔었습니다."

도미틸라 황후는 바로 도미틸라 부인의 숙모이기도 했던 것이다.

"제 남편 클레멘스는 오늘 아침에 처형되었답니다. 곧 이어 저에게도 체포 명령이 내릴 것이라고 합니다."

동굴 속에는 무거운 침묵이 흘렀다. 두기고 노인이 입을 열었다.

"부인…… 전 지금 에베소로 떠나야 합니다만, 괜찮으시다면 저를 따라 잠시 몸을 숨기시는 것이 어떻겠습니까?"

도미틸라 부인은 천천히 고개를 저으며 클레멘트 감독을 바라보았다.

"전…… 그리스도를 알게 된 이후로 저 자신의 생활보다는 하나님의 나라를 위하여 살아왔습니다. 언제나 저는 제가 하나님의 나라에서 꼭 해야 하는 역할이 무엇인가를 생각하며 살아왔지요. 지금까지 저는 이 나라 황제 다음의 자리인 집정관의 아내로서 교회를 돕고 감싸는 일을 위하여 살아왔습니다. 이제 그 역할은 끝난 것입니다. 물론 아직도 교회를 위하여 제가 할 수 있는 일은 많이 있습니다. 그러나 이 시간 제가 아니면 안 되는, 오직 저만이 할 수 있는 훌륭한 역할은…… 집정관 클레멘스의 아내가 주님께 충성을 다하는 딸이었음을 만천하에 밝힘으로써 고난당하는 형제들에게 용기를 주는 일일 것입니다. 아마도 하나님은 저에게 그것을 바라실 것입니다……"

참으로 야무진 판단이었다. 요한은 신음하듯이 중얼거렸다.

"하나님의 나라는 너희 안에 있느니라……. 할렐루야!"

자리를 함께 한 모든 사람들은 요한의 인도를 따라서 감사의 기도를 드렸다. 도미틸라가 다시 밝은 음성으로 말했다.

"어쨌든 사도님, 오늘은 제가 사도님을 대접해야 하는 날입니다. 사도님께서는 누구보다도 빛나는 개선장군으로 아피아 가도를 걸어오셨고, 로마에 입성하는 개선장군은 귀족의 별장에서 대접을 받아야 하는 것입니다. 오늘 이 클레멘스의 별장은 비로소 가장 영광스러운 손님을 모시게 되었습니다."

도미틸라 부인의 늠름한 모습은 모든 사람들을 감동케 하고 있었다. 그들은 모두 도미틸라 부인과 그 식솔들이 마련한 만찬에 참석하고, 요한은 이 만찬에서 예수의 마지막 만찬 이야기를 들려주었다.

"……그것은 참으로 놀라운 사건이었습니다. 예수님께서는 자리에서 일어나 겉옷을 벗으시더니 허리에 수건을 두르시고 나서 대야에 물을 담아다가 제자들의 발을 씻기기 시작하는 것이었습니다……."

좌중에 탄성과 감동이 가득하게 일고 있었다. 지금 그들의 눈 앞에 있는 요한도 바로 그 예수에게 발을 씻기었었다는 것이었다.

"제자들은 모두 어쩔 줄을 몰랐습니다. 특히 베드로는 절대로 그럴 수 없다고 꽁무니를 빼었지요. 그러자 예수님께서 그에게 말씀하셨습니다. ……내가 너를 씻기지 아니하면 네가 나와 상관이 없느니라…… 결국 베드로는 그 모습답지 않게 몹시 부끄러워하면서 주님 앞에 발을 내밀지 않을 수가 없었지요."

그것은 참으로 아름다운 이야기였다. 수많은 위기를 넘겨왔고 또 앞으로도 험난한 길을 걸어야 할 그들이었으나 어떤 위협도 그들을 이러한 아름다운 감동으로부터 끌어내지 못할 것 같았다.

그들의 만찬이 예수에 대한 추억으로 가득 차고 있을 때에 이 클레멘스 집정관의 별장에는 황제의 근위대 병사들을 이끈 백부장 툴리우스가 도착하였다. 황제의 조카인 플라비아 도미틸라 부인과 그리고 시종관인 네레우스, 아킬레우스 형제를 체포하기 위해서였다.

안드로니쿠스는 우선 클레멘트 감독과 루포, 그리고 에바레스투스를 옆 방으로 피신시키고 나서 체포 영장을 집행하기 위해 들어오는 툴리우스 백부장을 맞았다.

"툴리우스 백부장, 황제 폐하께선 안녕하신가?"

"앗, 안드로니쿠스 재무관님. 뜻밖의 장소에서 뵙는군요. 에베소에 가신 일은 잘 되셨습니까?"

"내가 하는 일에 실수하는 것을 본 적 있나? 아…… 자네에게 내 아내를 소개해야겠군."

그는 드루시아나를 앞으로 나오게 해서 툴리우스 백부장에게 소개했다.

"내 아내 드루시아나일세. 오래간 만에 고향엘 가니 결혼이 하고 싶더군."

툴리우스는 드루시아나의 아름다운 얼굴과 깨끗한 눈매를 바라보며 질리는 듯한 표정으로 말했다.

"과연 재무관님의 안목은 놀라우시군요 로마의 처녀들이 눈에 안찼던 이유를 이제야 알 것 같습니다."

"그런데…… 툴리우스, 자네는 안드로니쿠스 재무관을 환영하러 온것인가, 아니면 또 다른 볼 일이 있는가?"

"아…… 저는……."

그는 좌중에서 도미틸라 부인과 네레우스 형제를 발견하고 더듬거리며 말했다.

"실은…… 황제의 명에 의해서 도미틸라 부인과 네레우스, 아킬레우스 형제를 체포하러 왔습니다."

"음…… 자네는 이 아름다운 부인을 결박할 생각인가?"

"……."

안드로니쿠스는 툴리우스의 어깨를 잡으며 말했다.

"툴리우스, 이렇게 아름다운 부인을 결박하는 것은 로마의 신사도가 아닐 뿐만 아니라 클레멘스 집정관 각하에 대한 예의도 아닐세. 또 여기 있는 네레우스, 아킬레우스 형제로 말하면 나하고는 기병대 동기생이야. 내가 이 분들을 정중하게 모시어 마메르티누스 감옥까지 호송할 테니 자네는 뒤따라 오면서 감시나 잘 하도록 하게."

백부장 툴리우스는 재무관의 말에 어쩔 수가 없었는지 고개를 끄덕였다. 도미틸라는 레오도라와 유프로시나에게 작별 인사를 하며 뒷일을 부탁하였고, 요한과 프로코루스는 에베소로 떠나는 두기고와 작별 인사를 하였다.

마침내 요한의 로마 입성은 시작되었다. 말을 탄 안드로니쿠스와 그의 집사장 루키우스가 앞장을 섰고, 그 뒤에는 가이우스 소년의 손을 잡은 백발의 요한과 드루시아나, 그리고 도미틸라 부인이 걸었다. 그들의 걸음은 마치 성지를 순례하는 순례자처럼 진지하고도 평온하였다. 그들의 뒤에는 프로코루스와 네레우스, 그리고 아킬레우스의 세 젊은이가 당당한 걸음으로 따랐고, 그 다음에는 헤스테네스를 비롯한 안드로니쿠스의 수행원과 호송병들, 그리고 제일 뒤에 백부장 툴리우스가 황제의 근위대를 인솔하여 쫓아오고 있었다.

이 마지막 행렬에서 프로코루스는 한번 더 요한에게 마음을 돌이켜 피신할 것을 제의하였으나 역시 받아들이지 않았다. 이미 어쩔 수 없는 일임을 프로코루스는 느끼고 있었다.

아드레아티나 가도가 다시 아피아 가도와 만나는 삼거리에서 도미틸라는 요한에게 말하였다.

"여기가 바로 로마를 떠나시던 베드로 사도께서 주님을 만난 곳입니다."

로마의 대화재로 인하여 네로의 박해가 일어나자 베드로는 몸을 피하여 로마를 빠져나가고 있었다. 그 때에 베드로는 로마를 향하여 들어가는 한 줄기의 빛을 본 것이었다. 깜짝 놀란 베드로는 허공을 향하여 물었다.

"도미네, 쿠오 바디스(주여, 어디로 가십니까)?"

그때 베드로의 귀에는 예수의 음성이 들려왔다. 네가 피해가고 있으니 내가 다시 로마에 들어가 십자가에 달리겠노라는 것이었다. 그리고 바로 이 지점에서 베드로의 발걸음은 대전환을 한 것이었다.

요한은, 지금 그 길을 따라 걷고 있었다. 좀 덤벙대기는 했어도 늘 우직하고 충성스러웠던 베드로의 모습이 자꾸만 떠올라서 요한은 다시 손등으로 눈 언저리를 닦아내었다. 베드로는 본래 요한의 아버지 세베대의 배에서 고기를 잡고 그 소득을 배당 받아가는 어부였던 것이다.

요한의 일행은 마침내 로마 성의 남쪽 관문인 아피아 문을 통과하였다. 성문을 지키던 군인들이 로마의 젊은 별 마리우스 안드로니쿠스 재무관을 알아보고 군례를 올리고 있었다. 그들은 아벨티누스 언덕과 티베리스 강을 왼쪽에 두고 곧장 팔라티누스 언덕을 향하여 걸었다. 눈 앞에 거대한 전차 경기장이 나타나고 있었다. 안드로니쿠스가 전차경기에 우승했던 곳이었다. 도미틸라가 다시 말했다.

"수많은 형제들이 불에 타죽고 짐승에게 먹히운 키르쿠스 막시무스입니다."

"베드로도 여기서 순교했나요?"

"베드로님이 순교하신 곳은 티베리스 강 건너편 바티카누스 언덕에 있는 원형경기장이었지요."

고층 주택들이 즐비한 거리를 걸어 고가 수도(高架水道)의 아치를 지나자 원통형의 거대한 건축물이 나타났다. 3단으로 된 아치마다 세워진 돌기둥들은 1층이 힘찬 모습의 도리아식, 2층이 우아한 이오니아식이었고, 3층의 기둥들은 화려한 고린도식으로 되어 있었다. 그야말로 지중해의 아침과 낮과 석양을 한꺼번에 안고 있는 것 같은 이 거대한 건축물은 하루가 멀다하고 검투사의 혈투가 벌어지는 콜로세움이었던 것이다. 그리고 이 콜로세움 옆에는 그와 거의 같은 높이의 황금빛 신상이 서 있었다. 본래는 네로의 신상이 서 있던 자리였는데 베스파시아누스가 즉위하자 이를 철거시키고 플라비우스 가문의 수호신으로 정한 아폴로 신상을 세운 것이었다.

요한은 로마의 거대한 건축물들과 그 웅대한 규모에 솔직하게 감탄하고 있었다. 요한 자신과 저 예루살렘에서 숨진 기스칼라의 요한은 바로 이 거대한 로마와 한바탕 결전을 벌이려 했었던 것이다.

그러나 이제 오히려 이 힘의 도시에서 저 나사렛의 초라한 목수가 입을 열기 시작한 것이었다. 그는 아주 작은 등불을 들고 이 어둠의 도시에 나타난 것이었다. 멀리서 보이던 콜로세움과 아폴로 신상은 가까이 다가갈수록 사람을 압도하고 있었다. 이 거대한 거리를 베드로와 바울이 걸어 들어 왔던 것이었다.

그들 일행은 아폴로 신상 앞에서 왼쪽으로 길을 꺾었다. 아름다운 모습의 개선문 하나가 서 있었다. 도미틸라가 설명을 했다.

"예루살렘에서 개선한 티투스 장군에게 바쳐진 개선문입니다."

요한은 다시 무참히 깨어져버린 예루살렘과 사라져버린 조국을 회상하며 어금니를 깨물었다. 나사렛 예수는 요한에게서 모든 것을 빼앗아 간 것이었다.

사랑도, 증오도, 친구도, 원수도 그리고 마침내는 조국까지도 다 사라져갔다. 나사렛 예수는 요한의 모든 것을 철저하게 가져가버린 것이었다. 그래서 이제 요한은 빈 몸이었다. 그는 이제 맨 몸으로 나사렛 예수와 마주 서게 된 것이었다. 그는 요한을 그토록 비워놓고 죽음마저 허락하지를 않았었다. 저 안디옥에서 베스파시아누스의 목줄기를 찌르지 못하고 돌아섰던 그 때에 요한은 나사렛 예수를 향하여 부르짖고 있었다. 차라리 목숨까지도 가져가 달라고 떼를 썼던 것이다. 그러나 그것은 허락되지 않았다. 그는 오직 십자가 위에서 목이 마르다고 호소하였던 것이다.

안드로니쿠스와 말을 탄 군인들이 모두 내렸다. 역대 황제를 모신 신전들의 성역으로 들어서기 때문이었다. 티투스의 개선문을 지나고 불의 여신 베스타의 신전과 율리우스 케사르의 서원을 지나자 그들의 눈 앞에는 화려한 로마 대광장이 나타났다. 왼쪽 팔라티누스 언덕에는 아우구스투스 사원이 보였고 그 앞으로는 카스토르 사원이 서 있었다. 한편으로는 원로원 건물이 보였고 바로 맞은 편의 카피톨리누스 언덕에는 베스파시아누스가 재건한 유피테르 신전이 거대한 모습을 나타내고 있었다. 그리고 바로 그 유피테르 신전 아래쪽으로 또 한 개의 신전이 요한을 비웃듯 마주보고 서 있었다.

"저 건물은 무엇입니까, 도미틸라 자매님?"

그러자 앞서 가던 안드로니쿠스가 뒤를 돌아보며 말했다.

"바로 베스파시아누스 황제의 신전입니다. 그는 아우구스투스 이래 로마의 가장 위대한 통치자였고 애국자였습니다. 그는 살아 있을 때에도 원로원으로부터 파테트 파트리아이, 즉 조국의 아버지라는 칭호를 받았으며 죽은 후에는 신으로 추대되어 저 사원이 그에게 봉헌된 것입니다."

요한은 신전 앞에 서 있는 베스파시아누스의 대리석상을 물끄러미 바라보고 있었다. 그의 귓전에 다시 안드로니쿠스의 음성이 들려오고 있었다.

"유대 출신의 사학자 요세푸스는 베스파시아누스 황제를 가리켜 그가 바로 유대인들이 기다리고 있던 메시아였다고 고백하였다 합니다."

요한은 한번 심호흡을 한 뒤에 천천히 발걸음을 옮겨놓기 시작했다. 이윽고 그들은 다시 건물들 사이를 돌아 카피톨리누스 언덕의 서쪽 기슭에 자리잡고 있는 한 음침한 건물 앞에 이르렀다. 그것은 어쩌면 건물이라기보다는 동굴 같은 것이었다.

"여기가 바로 마메르티누스 감옥입니다."

드루시아나는 비로소 울음을 터뜨렸고, 가이우스 소년이 사도의 손을 꼭 움켜잡는데 프로코루스의 눈에도 눈물이 고이고 있었다. 도미틸라 부인이 요한에게 위로하듯 말했다.

"지금으로부터 30년 전에는 베드로 사도님도, 그리고 바울님도 모두 이 감옥에 갇혀 계셨다고 합니다."

요한은 안드로니쿠스를 비롯한 모든 사람의 손을 일일이 잡으며 축복하고 나서 다가온 툴리우스에게 말했다.

"자, 백부장님. 이제 당신과 사귀어야 할 차례인가 봅니다."

황제와 어부

밤새 악몽에 시달리고 있던 도미티아누스 황제는 아침 해가 높다랗게 떠오르도록 늦잠을 자고 있었다. 다소 비만한 체격에 굵은 목, 그리고 붉은 안색이 얼른 보아 건강한 모습이었으나 그는 이마에 식은 땀을 흘리고 있었다. 창가에 서서 키르쿠스 막시무스 쪽을 내다보고 있던 황후 도미틸라가 손수건으로 황제의 이마를 닦아 주었다.

순간, 황제의 숨소리가 잠시 멎는 것 같더니 그의 오른 손이 벼개 밑으로 들어가고 있었다. 도미틸라 황후가 황급하게 말했다.

"폐하, 고정하십시오, 도미틸라입니다."

황제는 그제야 눈을 뜨며 아내의 얼굴을 뚫어져라 바라보는 것이었다. 이미 그의 오른 손에는 벼개 밑에서 꺼낸 단검이 쥐어져 있었다.

"이마에 땀을 흘리시길래…… 수건으로 닦아드렸을 뿐입니다."

"왜 자지 않고…… 나를 관찰하고 있었지?"

"어머나 폐하…… 벌써 늦은 아침이에요. 지금 이 폐하의 궁에서 눈을 감고 있던 분은 오직 폐하 한 분뿐이었을 것입니다.”

“그래……?”

그는 찌푸린 얼굴로 창 밖을 바라보다가 손에 들고 있던 단검을 도로 벼개 밑에 넣으며 말했다.

“모두가 깨어 있는 속에서 나 혼자 잔다는 것은 기분 좋지 않은 일이로군. 다음부터 황제가 잠잘 때에는 모두가 함께 자도록 해야겠어.”

“폐하…… 폐하만은 예외이오나 아랫 것들은 잠을 많이 자면 게을러지고…… 아이만 많이 낳게 되지 않겠습니까?”

“농담할 때가 아니야.”

황후는 손뼉을 쳐서 대기하고 있던 시종관들을 불렀다.

“황제께서 기침하셨다.”

남녀 시종들이 여러 가지 도구들을 들고 들어와 황제를 화장시키기 시작했다. 얼굴을 씻어내고 면도를 한 다음 각종의 화장품들을 발랐고, 손톱, 발톱의 다듬기가 끝나자 남자 시종들은 황제의 팔과 다리를 주무르며 안마를 했다.

곧 이어서 바퀴가 달린 식사용 탁자가 들어왔다. 본래 도미티아누스는 비만을 염려하여 아침 식사를 간단히 하고 있었고 때문에 탁자 위에는 무화과 열매의 과즙과 양념한 아스파라거스가 한 접시 놓여 있을 뿐이었다.

황제가 과즙을 마시는 동안 도미틸라 황후는 곁에 앉아 남편의 모습을 측은하게 바라보고 있었다.

“폐하, 간밤에도 편히 주무시지 못했나요?”

“도미틸라, 나는 전 세계를 통치하고 있는 사람이오, 내가 잠시라도 편할 수가 있을 것 같소?”

“폐하, 전 세계는 로마의 수중에 있고 반역하는 속주는 하나도 없습니다. 모든 로마 시민은 폐하를 따르고 폐하에게 복종하고 있습니다. 폐하께서는 이제 조금 마음을 편히 가지셔도 될 것 같습니다.”

“바로 그것이 문제요, 도미틸라. 남을 다스리는 위치에 있는 사람은 잠시라도 안일에 도취하기 시작하면 마음이 나태해지고 부패하게 되거든.”

그때 남자 시종관이 들어와서 황제에게 내방자가 있음을 보고했다.

“제3지역 연락관 무시쿠스님이 뵙기를 청하고 있습니다.”

제3지역이라면 이오니아, 즉 소아시아 지역이었다. 무시쿠스는 소아시아 지역에서 활동하는 델라토르의 책임자였던 것이다.

"들어오라고 해."

시종관이 나가자 평범한 흰색의 토오가를 걸친 중년의 남자가 안으로 들어서며 깊숙이 머리를 숙였다.

"일찍 왔군, 무시쿠스."

"벌써 도착하여 밖에서 기다리고 있었습니다."

"그래? 요즘 그 쪽 사정은 좀 어떤가?"

"아직은 평온합니다."

"류코메데스 총독은?"

"보기에 아무런 흠도 들어나지 않고 있습니다. 그러나 최근……."

"……?"

"헬라의 철학자들이 이따금 총독의 관저를 드나들고 있습니다. 예를 들면 아폴로니우스 같은……."

"아폴로니우스……? 너의 보고에 의하면 그는 상당히 반골적 기질을 가진 학자가 아닌가?"

"바로 그 점이 좀 염려스럽다는 것입니다."

"류코메데스의 주위에 좀더 가까운 델라토르들을 조직하고 핵심적 정보를 캐내도록 하게."

무시쿠스는 음흉하게 웃으며 황제를 바라보았다.

"이미 그렇게 조치를 해두었습니다."

"잘했군. 그리고…… 안드로니쿠스는 어떻게 되었지?"

"네. 안드로니쿠스 재무관은 폐하께서 명하신 대로 에베소의 요한이란 늙은이를 체포하여 어제 로마에 도착하였고, 죄수를 마메르티누스 감옥에 수감시켰습니다."

"그의 동태는?"

"수상하다고 생각할 만한 동태는 없었습니다. 안드로니쿠스는 에베소에서 주로 요한의 행방을 수색하는 데 시간을 보냈고, 반역적 인사들과 만난다던가 하는 일은 없었습니다."

"요한을 체포할 때에 크리스티아누스들의 동태는 어땠나?"

"요한의 체포에 있어서 안드로니쿠스는 그의 탁월한 정치적 실력을 발휘하였습니다. 그는 자기 결혼식 날 에베소의 고아들을 자기 집에 초대하여 대접함으로써 크리스티아누스들의 호감을 샀고, 요한을 설득하여 자발적으로 로마까지 동행하게 만들었던 것입니다."

"결혼식?"

"그렇습니다. 안드로니쿠스는 에베소에 도착한 다음 날, 에베소 두란노 가문의 드루시아나라는 처녀를 신부로 맞아 결혼식을 올렸습니다. 피로연에는 류코메데스 총독을 비롯한 에베소의 유력인사들이 초대되었습니다만 비교적 간단히 끝났지요."

"에베소의 처녀라……?"

황제는 고개를 돌려 도미틸라 황후를 바라보았다.

"안드로니쿠스는…… 출세할 생각이 없는 모양이로군."

"그렇군요…… 아까운 인물인데…… 로마에서 출세하려면 로마의 명문가에서 신부감을 구해야 한다는 것쯤은 알았어야 하지 않습니까?"

"생각보다는 아둔한 녀석인지도 모르지."

"아마도 그렇지는 않을 것이옵니다, 폐하."

도미티아누스의 눈이 번쩍거리며 무시쿠스를 바라보았다.

"그렇지 않을 것이라고?"

"전부터 정치적인 야심가들은 신변의 안전을 위해 일부러 중앙에 얼굴을 내밀지 않았습니다. 폐하의 선친이신 베스파시아누스님만 하더라도…… 아그립피나와 네로 황제의 눈을 피하기 위해서 계속 변경의 외곽으로만 다니셨지요."

"그래도 그분은 시골뜨기와 결혼하지는 않았어. 야망 있는 남자는 그렇게 하지 않는 법이지. 그리고 그밖에 안드로니쿠스에 대해서 더 보고할 것은 없나?"

"한 가지 더 있습니다. 그는 아피아 가도를 따라 로마 성에 입성하기 전에 클레멘스 전 집정관의 별장에 초대되었습니다."

"그것은 무엇 때문이었지? 내 조카 도미틸라가 직접 그를 초대했단 말인가?"

"그렇습니다. 그들이 별장 안에서 무슨 이야기를 했는지는 모르나 상당한 시간이 걸렸습니다."

"어째서 별장 안까지는 침투 못했지?"

"네, 클레멘스 전 집장관의 시종관이었던 네레우스, 아킬레우스 형제가 빈틈없이 주위를 경계하고 있었기 때문에 공식 공무원이 아닌 저희로서는 비밀리에 접근하기가 매우 어려웠지요. 그러나 과히 염려할 것은 못된다고 생각합니다."

"어째서……?"

"안드로니쿠스 재무관이 설사 클레멘스 일가와 어떤 관계를 가지고 있었다 하더라도 이미 장본인이 처형되고 없으므로 더 이상 문제가 되지 않을 것입니다. 아마도 저희의 분석으로는 도미틸라 부인이 크리스티아누스였기 때문에 요한이라는 늙은이를 만나보기 위하여 그들 일행을 초대하였을 것 같습니다."

"그렇다면…… 크리스티아누스들이 어떤 음모를 꾸미고 있는 것이 아닐까?"

"그 점에 대해서도 염려할 일이 없을 것 같습니다. 이미 요한과 도미틸라 부인, 그리고 네레우스와 아킬레우스 형제까지도 모두 마메르티누스 감옥에 수감되었으니까요."

"수고했다. 그러면, 넌 다시 에베소로 떠나는가?"

"그렇게 하겠습니다."

"류코메데스 총독의 동태를 철저히 감시하고 안드로니쿠스 관계는 제1지역 책임자에게 상세히 인계하도록."

"잘 알겠습니다. 우리들의 주인이시며 신이신 플라비우스 도미티아누스 황제 폐하, 안녕히 계십시오."

무시쿠스가 물러가자 황후는 근심스러운 얼굴로 도미티아누스의 표정을 살폈다.

"폐하, 크리스티아누스들에 대해서 그토록 신경을 쓰실 필요가 있는 건가요?"

"도미틸라, 황제의 통치는 완벽해야 하는 법이오. 조그마한 문제라도 그냥 남겨두면 반드시 화근이 되거든."

"그러나…… 크리스티아누스들이 어떤 문제를 일으키고 있나요?"

"그들은 민심을 현혹시키고 로마 시민의 애국심을 손상시킬 염려가 있어."

"폐하, 민심을 안정시키려면 로마 시민을 팍스 로마나의 날개 아래 감싸는 것이 좋지 않을까요? 너무나 많은 사람들을 검거하게 되면 시민들간에는 불안과 공포가……."

"바로 그것이오. 평화는 무기력 속에서 유지되는 것이 아니고 통치자의 힘과 열의에 의해서 보장되는 것이지. 백성들이란 언제나 가슴 속에 불만을 잉태하고 있소. 어떤 혜택도 백성들의 불만을 모조리 잠재울 수 없는 법이요. 통치자는 그들에게 위엄을 보여야 하고 그들에게 불만을 배출시킬 길을 마련해 주어야 하는 거요."

"검투사의 결투나 크리스티아누스의 화형 같은 것 말씀인가요?"

"그렇지. 그렇기 때문에 내 부친 베스파시아누스 황제는 콜로세움 공사를 필생의 사업으로 완성시켰던 것 아니겠소. 대중 오락은 세 가지의 큰 이점이 있소. 첫째, 백성들의 관심을 한 군데 집중시킴으로써 민심 분열을 막는 것이고, 또 하나는 그들의 불만을 해소하도록 유도하는 것, 그리고 잔혹한 경기를 즐기는 중에 자신도 모르게 공포감과 무력감을 갖게 하여서 백성들을 순화시키는 것이오."

"그러나 백성들이 모두 무력한 존재가 되면 로마의 힘은 약화되지 않을까요."

"로마는 백성이 지키는 게 아니라 황제와 황제의 강력한 중장병이 지키는 것이오. 로마가 필요로 하는 것은 강한 군대와, 협조적인 원로원 그리고 민회가 아니겠소."

"그렇다면 어째서 원로원이나 민회를 없애버리시지 않나요?"

"원로원이나 민회는 황제가 하는 일에 입회함으로써 책임을 분담하는 데 필요한 것이요. 백성들의 대변기관이란 그들이 함부로 말할 때 골치 아픈 것이지 협조적인 입회자가 되어 줄 때엔 매우 편리한 것이거든."

"그렇다면…… 크리스티아누스들은 함부로 말하는 것도 아니고 음모를 꾸미는 것도 아닌데 왜 두려워 하시죠?"

"그들은…… 침묵보다 더 무서운 것을 믿고 있기 때문이오. 그들은 이 로마 제국이 그들의 나라가 아니라고 믿고 있는 거요."

"아니라면……?"

"그들의 나라는 이 로마 제국이 아닌 나라, 어디 있는지도 모르는 하늘나라라고 믿고 있소. 이것은 바로 로마 제국에 대한 부정이요, 반역이라고 할 수밖에 없지 않겠소?"

"그러나 그들은 로마에 반역적 행동을 보이고 있지 않는데요?"

"그것은 반역보다 더 무서운 음모요, 이미 너무나 많은 로마 시민이 그들의 신앙에 현혹되어 있고, 황제의 입상에 경배하지 않는 자들이 늘어나고 있소. 이러다간 로마 제국이 송두리째 뒤집혀 버릴 판이거든. 나는 그들을 분쇄하는 데 사명감을 가지고 있소. 우리 로마 제국으로부터 이 사교의 집단을 몰아내야 하는 거요."

도미틸라 황후는 이해하기 어렵다는 듯 고개를 갸웃거렸다.

"그들의 세력이 그토록 크다면 어째서 반역을 행동으로 나타내지 않는 걸까요?"

"그것이 바로 그들의 교활한 점이요. 그들은 온 로마 시민을 현혹해서 제국을 송두리째 뒤집어 엎으려고 획책하고 있거든. 이미 도시 빈민과 농민들의 대부분이 그들의 손아귀에 들어가 있고, 심지어는 민회와 원로원 의원까지도 상당 수가 그들에게 빠져 있소. 그리고…… 당신도 알다시피 결국은 전 집정관 글라브리오와 클레멘스까지도 포섭됐고 이제 내 자신의 조카인 도미틸라까지 그들의 손에 넘어갔으니 이 로마 제국은 누가 지켜야 하는 거요?"

도미티아누스는 괴로운 표정으로 도미틸라를 바라보며 말했다. 그는 손가락으로 넓은 이마를 문지르며 생각에 잠기고 있었다.

"그러나 폐하, 도미틸라는……."

"내게 뭘 말하려고 그러시오?"

"도미틸라는 아직 세상 물정을 잘 모르는 여자이기 때문에 일시적으로 잘못 생각했을 수도 있잖아요?"

도미티아누스는 주먹으로 탁자를 치며 벌떡 일어섰다.

"당신도 지금 무시쿠스가 보고한 내용을 들었지 않소? 그 애는 에베소에서 압송되어 오고 있는 사교의 두목 요한을 제 집으로 초대하였던 거요. 도미틸라는 이 로마의 황제요, 제 숙부인 도미티아누스보다 그 늙은이 요한을 택했단 말이오. 그리고 당신……."

그는 자기 아내 도미틸라를 날카롭게 쏘아보며 말했다.

"당신에게 부탁하오. 당신의 남편 도미티아누스는 지금 로마 제국을 거꾸러뜨리려는 거대한 세력과 외로운 싸움을 하고 있소. 그래서…… 적어도 내 아내인 당신만은 내 편에 남아 달라고 부탁하고 싶소."

"폐하, 전……."

"더 말 안해도 좋소. 당신이 무슨 말을 할 것인지 나는 잘 알고 있소. 다만 내가 염려하는 것은 요즘 당신이 부쩍 크리스티아누스들을 두둔하는 투로 이야기하는 일이 많아졌다는 점이오. 그리고…… 당신의 집사장 스테파누스는 지나치게 외출이 많은 것 같소. 별로 불편하지 않다면 신변의 안전을 위해서 집사장을 갈아치우는 게 좋을 것 같소."

도미틸라의 얼굴이 잠시 핼쑥해지는 것 같더니 다시 환하게 미소를 떠올리고 있었다.

"폐하, 혹시…… 체격 좋은 스테파누스를 질투하고 계시는 건 아니겠죠?"

"무슨 소릴!"

그러자 도미틸라는 황제에게 다가가서 그 볼에다 입을 맞추었다.

"아직도 당신은 내게 관심을 가지고 계시군요. 내가 아직…… 너무 늙어버린 것은 아닌 모양이죠?"

도미틸라의 입맞춤이 한.번 더 있었을 때 시종관이 들어섰다.

"집무실에서 마리우스 안드로니쿠스 재무관이 복명하기 위해 폐하를 기다리고 있습니다."

"알았다. 너는 곧 원로원에 연락해서 의원들을 대기하도록 하고 원로원 앞 광장에는 기름가마를 설치하도록 해라. 그리고 플라비아 도미틸라와 그 공범들, 또 에베소에서 잡아온 요한이란 자를 광장에 대기시키도록 전달해라."

"알겠습니다."

황후의 얼굴이 다시 핼쑥해지고 있었다. 시종관이 물러나간 후 황제는 도미틸라에게 말했다.

"옷을 갈아 입어야겠소. 황제의 정장을 가져 오라고 하시오."

도미틸라 황후가 시녀들을 부르러 나간 뒤 도미티아누스는 튜우닉을 벗으며 거울 앞에서 자기의 체격을 비추어 보고 있었다.

(체격 좋은 스테파누스라…….)

연일 계속되는 연회와 운동부족으로 그는 살이 찌고 있었다. 두툼한 비계살이 잡히는 배를 내려다 보던 그의 눈이 가슴에 걸려 있는 조개껍질에 멈추었다. 그는 가만히 손을 올려 조개껍질을 만지작거렸다. 작기는 하지만 오색 빛깔이 영롱하게 반짝거리고 있었다.

"그 조개 껍질, 언제 제게 주시는 거죠?"

시녀들을 데리고 들어온 도미틸라가 말했다.

"당신에게는 전 세계에서 수집해 온 보석들이 있는데 왜 이것을 탐내는 거요?"

"폐하께서 아끼시는 물건이니까요. 폐하께서는 한번도 그 조개껍질의 목걸이를 벗어 놓으신 적이 없으시거든요."

"당신이야말로…… 이 조개껍질에 대해서 질투하고 있는 모양이로군."

"멋진 역습이십니다."

황제가 옷을 다 갈아 입고 집무실로 나가려 하자 도미틸라는 그의 소매를 붙잡고 나지막한 목소리로 소곤거렸다.

"폐하, 설마 폐하의 조카를 기름에 튀기려는 것은 아니시겠지요?"

"당신, 또 크리스티아누스를 두둔하고 있군."

"폐하, 폐하께서는 제 이름을 도미틸라라고 바꿔주셨습니다. 그리고 지금 폐하께서 심문하시려는 조카는 폐하의 어머니의 이름, 그리고 아내인 제 이름과 같은 이름을 가지고 있다는 것을 잊지마세요. 만일 그녀가 기름가마에 들어간다면 폐하의 어머니와 아내가 동시에 튀겨진다는 사실을 기억하시기 바랍니다."

"도미틸라, 거듭 말하겠는데…… 날 외롭게 하지 말기를 바라오."

황제는 자줏빛의 옷자락을 펄럭거리며 집무실로 나갔다. 단정한 자세로 서서 기다리고 있던 마리우스 안드로니쿠스가 씩씩한 동작으로 경례를 올렸다.

"폐하, 분부하신 일들을 완수하고 돌아왔습니다."

"오, 안드로니쿠스…… 자네는 도무지 피곤해 보이지 않는군."

"천만에요, 폐하. 몹시 피곤해 있었지만 폐하의 밝은 모습을 뵈니까 새 힘이 솟아나는 것 같습니다."

"안드로니쿠스…… 자네의 말 솜씨는 헬라의 철학자들처럼 매끄럽단 말이야……."

황제의 말에는 언제나 올무가 놓여 있었다. 로마의 군인 정신은 헬라의 사변적 문화를 경멸하고 있었던 것이다.

"감사합니다. 제 하인 중 헬라 인이 하나 있는데 워낙 변변치 못하다보니 하인을 닮아갑니다."

도미티아누스는 그렇게 말하고 있는 안드로니쿠스의 눈을 계속해서 쏘아보고 있었다. 그가 상대방을 쏘아볼 때에는 거기에 두 가지 의도가 들어 있는 것이었다. 그 하나는 반역의 기미가 없는가 하는 의혹의 시선이었고, 또 하나는 안심하고 이용할 수 있는 상대인가를 확인하려는 눈초리였던 것이다. 이러한 도미티아누스의 시선으로 그의 응시를 받은 자의 운명은 두 갈래로 갈라지고 있었다. 백해무익한 존재로 낙인찍혀 나락으로 떨어지느냐, 아니면 목숨을 부지하면서 황제의 심복으로 이용 당하느냐 하는 것이 바로 판가름나게 되는 것이었다.

나이 스물세 살에 재무관이 된 안드로니쿠스도 그런 예비지식쯤은 가지고 있었다. 그는 이런 때에 황제 앞에서 절대로 황제보다 유능한 인간이라는 인상을 주면 안된다는 것을 잘 알고 있었던 것이다. 황제는 계속해서 그를 쏘아보며 다시 물었다.

"그래…… 에베소는 어떻던가?"

"오래간 만에 돌아가본 고향이어서 모든 것이 새로웠고, 모든 것이 정다웠습니다. 그래서……."

"그래서……."

"고향을 떠나기 전부터 점찍어 두었던 여자와 결혼을 했습니다."

"뭐라고?"

도미티아누스는 조금 목소리를 높이며 짐짓 화난 것처럼 말했다.

"자네는 결국 내가 중매하겠다고 제의한 것을 거절한 셈이로군."

"죄송합니다, 폐하."

"안드로니쿠스, 자네는 조국 로마가 기대를 걸고 있는 젊은 인재로서 사명 감을 가지고 있으리라 생각했어. 그런데 자네는 사사로운 정에 이끌려 속주의 처녀와 결혼을 했단 말인가?"

"저…… 실은 폐하, 이번 결혼은 폐하의 명령을 완벽하게 수행하기 위해서 였습니다."

그러자 다시 황제의 표정은 급변하고 있었다.

(이 녀석은 만만치 않은 놈이야……. 금방 멍청한 것 같다가는 다시 엉뚱한 소리를 지껄이거든…….)

아직 황제의 화난 듯한 표정은 변하지 않고 있었다. 안드로니쿠스는 그런 황제의 얼굴을 힐끗 바라보고 나서 좀 더 여유있는 말투로 이야기를 계속했다.

"제가 결혼한 여자는 에베소의 학자 집안인 두란노 가문의 규수였습니다. 그리고 그 두란노 가문에서 운영하는 서원에서는 자주 크리스티아누스들의 집회가 열리는 것으로 알려져 있었습니다."

"……?"

"제가 예측했던 대로 두란노 가문의 규수 드루시아나는 크리스티아누스들에 대해서 상당한 관심을 가지고 있었습니다. 그래서 저는 그녀에게 결혼을 신 청하면서 크리스티아누스들의 지도자인 요한의 주례를 받고 싶다고 했던 것 입니다."

"뭣이? 그래서 자네는 그들 식의 결혼을 했단 말인가?"

"저는 그 방법이 숨어 있는 요한을 찾아내는 가장 좋은 방법이라고 생각했 던 것입니다."

도미티아누스는 입을 벌린 채 다물지를 못하고 있었다.

"아니, 자네는 그럼……."

"물론 저는 두 번의 결혼식을 했습니다. 한번은 류코메데스 총독각하를 비롯한 여러 어른들을 모시고 정식의 결혼식을 했으며, 크리스티아누스의 지도자 요한을 초빙하여 크리스티아누스 식의 결혼식을 또 한번 비밀로 올 렸습니다."

"이봐, 지금 자네는 자기 조카사위이며 집정관인 클레멘스를 크리스티아누스의 죄목으로 처형하라고 판결한 황제 앞에서 말하고 있다는 사실을 알고 있는가?"

안드로니쿠스는 진지한 표정으로 황제를 바라보았다.

"폐하, 조국과 폐하를 위해서라면 죽음, 조롱 또는 그보다 더한 것이라도 기쁘게 받아들일 각오가 되어 있습니다. 폐하, 저는 결혼식 뿐만 아니라 요한으로부터 그들의 입회의식인 세례도 받았고, 유카리스테오라는 의식을 받아 떡과 포도주도 얻어 먹었습니다. 이제 저의 목숨은 오직 폐하께 달려 있습니다. 언제라도 폐하께서 지시하시면 저는 처형될 수 있습니다. 이 마리우스 안드로니쿠스는 폐하의 손에 목숨을 맡겨 놓고 사는 사람입니다."

도미티아누스가 시선에 점점 감동한 빛이 어리기 시작했다. 매섭기는 하늘 고독했던 그의 표정 속으로 안드로니쿠스는 참으로 절묘하게 뛰어 들었던 것이다. 마침내 도미티아누스는 그 감동을 억누르지 못하고 젊은 재무관의 어깨를 힘차게 잡아 흔들었다.

"마리우스 안드로니쿠스. 그대는 과연 비범한 젊은이일세. 자네와 같은 인재가 있는 한 로마의 장래를 염려하는 것은 기우이겠지."

"과분하신 말씀이십니다, 폐하. 저는 다만 에베소의 크리스티아누스들을 격분시키지 않고 폐하의 명령을 수행하기 위해서 소신껏 행동했을 뿐입니다. 저는 그들의 의식을 따랐고, 그들의 의식대로 결혼했으며 에베소 시내의 고아들을 집으로 초청하여 그들의 환심을 샀습니다. 요한은 자청해서 로마로 오기를 결심했고, 이렇게 무사히 도착한 것입니다."

이미 안드로니쿠스는 이런 정도의 일들이 모두 황제의 델라토르 조직에 의해서 보고되었을 것을 알고 있었던 것이다.

아직도 재무관의 어깨를 잡은 채 도미티아누스는 한 가지를 더 확인하기 위해서 입을 열었다.

"자넨 언제 이 로마에 도착했지?"

안드로니쿠스 역시 황제가 질문하는 이유를 알고 있었다.

"어제 도착했습니다. 아피아 가도를 따라 성 밖에 이르렀을 때 폐하의 조카이신 도미틸라 부인의 영접을 받고 그 댁 별장에서 저녁을 먹었지요."

역시 안드로니쿠스가 대답은 황제의 의표를 찌르고 있었다. 그는 과연 황제 앞에서 아무 것도 숨기지 않는 사람이었던 것이다.

"어째서 도미틸라가 자네를 초청했을까?"

안드로니쿠스는 얼굴에 빙그레 웃음을 띠우며 대답했다.

"매우 유감이었습니다만 아름다운 도미틸라 부인께서 초청하신 사람은 제가 아니고 요한이었습니다."

"도미틸라는 그 늙은이와 무슨 이야기를 하던가?"

"솔직히 말씀드려서 저는 그들의 대화 내용을 잘 알 수가 없었습니다. 다만 도미틸라 부인께서는 저 나사렛의 목수에 대해서 많은 것을 물으셨고, 요한은 자기가 따라다녔던 그 목수에 관해서 여러 가지 이야기를 들려 주었습니다."

이제 도미티아누스가 안드로니쿠스에게 확인할 일은 모두 끝난 셈이었다. 그는 재무관의 어깨에서 손을 내려 놓으며 믿음직한 그의 옆 얼굴을 바라보는 것이었다.

"수고했네, 안드로니쿠스 재무관. 이제 자네가 잡아온 그 요한이란 늙은이를 만나러 갈 시간이 되었군."

황제는 안드로니쿠스와 나란히 집무실을 나서서 황제궁의 뜰에 대기중인 어가를 탔다. 근위병들의 뒤를 따라 황제의 어가가 앞장을 섰고, 황후 도미틸라의 것이 그 뒤를 따랐다. 긴 황제의 행렬은 황제궁을 나서서 팔라티누스 언덕을 지나 로마 대광장으로 들어섰다.

이미 굵은 보라빛 줄무늬가 들어 있는 토오가 차림의 원로원 의원들이 원로원 앞 계단에 나와 있었고, 광장 가운데에는 커다란 기름가마가 걸려 있었다. 황제의 어가는 그 기름가마 앞에서 멈추었다. 이미 기름가마 밑에서는 시뻘건 불길이 솟아나오고 있었다. 가마 위에는 통나무로 만들어진 높다란 삼각대가 걸렸고 거기에는 고리가 달린 쇠사슬이 도르래에 달려 있었다. 결박된 죄수를 그 고리에 걸어 공중으로 들어올린 다음 천천히 끓는 기름 속으로 달아 내리는 장치였던 것이다.

황제는 어가에서 내려 준비 상황을 일일이 살펴본 다음 포박되어 나와 있는 요한의 앞으로 걸어갔다. 그는 매우 평온한 시선으로 황제를 바라보고 있었다. 요한의 곁에 서 있던 도미틸라 부인이 숙부인 황제에게 가볍게 고개를 숙여 인사를 했다. 황제의 표정이 갑자기 싸늘해졌다. 그는 도미틸라 부인의 뒤에서 있는 네레우스와 아킬레우스 형제를 훑어본 다음 발길을 돌이키더니 원로원 계단 위에 준비되어 있는 의자를 향하여 뚜벅뚜벅 걸어 올라갔다. 황제와 황후가 착석하자 모두들 물을 끼얹은 듯이 조용해졌다. 이제부터 황제의 친국이 시작되는 것이었다.

황제는 계단 아래 서 있는 죄수 요한을 향하여 물었다.

"네가 나사렛 예수의 제자였던 요한이냐?"

요한은 눈을 들어 황제를 바라보았다.

"……그렇습니다."

황제는 이상한 느낌을 받고 있었다. 이 쪽에서 날아가는 질문이 비수같은 적의를 담고 있었는데 비해서 상대방은 숨막힐 정도로 평온했기 때문이었다. 이런 느낌은 그가 심문했던 모든 크리스티아누스들에게서 공통적으로 느끼는 것이기도 했다. 황제는 미간을 접으며 긴장하기 시작했다. 지금이야말로 중대한 대결이 벌어지는 시간이기 때문이었다. 로마 제국을 통치하는 황제 도미스티아누스가 하늘나라를 기다리는 크리스티아누스들의 최고지도자 요한을 심문하는 자리였던 것이다.

"너는 언제부터 나사렛 예수를 알게 되었느냐?"

"제가 18세 때이니까 지금으로부터 67년 전이었습니다."

도미티아누스는 머리 속으로 요한의 나이를 계산하고 있었다. 67년 전에 18세였다면 아우구스투스 재위 36년에 태어났고, 그렇다면 도미티아누스의 부친 베스파시아누스와는 동갑이 되는 것이었다.

"그때 너는 무엇을 하고 있었느냐?"

"가버나움에서 고기잡이를 하고 있었습니다."

"어부였다는 말이냐?"

"그렇습니다."

황제의 눈에 금방 경멸의 빛이 지나가고 있었다. 원로원 의원들이 잠시 서로 수군거리는 소리가 들려왔다.

"그래서…… 나사렛 예수는 너에게 무엇을 가르쳤느냐?"

요한은 잠시 하늘을 바라보며 생각에 잠기는 듯 하더니 입을 열었다.

"……하나님의 나라에 대해서 가르쳤습니다."

"네가 말하는 하나님의 나라라는 것은…… 하늘나라와 같은 의미인가?"

"그렇습니다."

"그렇다면 네가 말하는 너희의 하나님은 하늘에 있다는 말이냐?"

"하늘이란…… 이 세상이 아닌 것을 의미하는 말입니다."

과연 도미티아누스는 제국의 통치자답게 매서운 심문으로 요한을 몰아가고 있었다.

"이 세상이란 무엇을 말하는 것인가, 로마 제국을 말하는 것인가?"

"로마 제국도 이 세상에 속하는 것이라 볼 수 있습니다."

도미티아누스는 비로소 얄팍한 입술에 차가운 미소를 띠웠다.

"그렇다면 나사렛 예수가 가르쳤다는 하늘나라라는 것은 결국 로마 제국이 아닌 나라를 말하는 것이렸다?"

"그렇습니다."

"그대는……."

도미티아누스는 잠시 말을 끊고 요한을 노려보다가 날카롭게 질문했다.

"로마 제국과 다른 나라를 가르치고 선동하는 것이 바로 로마 제국에 대한 부인(否認)이요, 반역이라는 것을 알고 있겠지?"

"폐하."

요한은 조용히 눈을 들어 황제를 바라보았다.

"폐하, 부인이나 반역이란 두 개념이 서로 같은 영역에 속해 있어야 가능한 것입니다. 그것은 마치 하늘과 땅이 서로 부인하거나 서로 반역할 수 없는 것이나 마찬가지입니다. 나사렛 예수는 결코 이 세상의 권세를 부인하거나 거역하지 않았던 것입니다."

도미티아누스는 잠시 말문이 막혀 주위를 돌아보았다. 마리우스 안드로니쿠스가 바로 가까이에 서 있었다.

"안드로니쿠스, 그대는 저 사람의 말에 대하여 어떻게 생각하는가?"

이번 역시 안드로니쿠스는 어려운 상황에 처하고 있었다. 상대방의 생각을 묻는다는 것은 바로 자기의 답변에 대해서 책임을 지라는 말이나 마찬가지였던 것이다. 더군다나 이 자리에는 황제의 결정에 입회하는 원로원 의원들이 참석하고 있었다. 안드로니쿠스는 지금 자기의 생각을 말해서는 안되는 것이었다.

"존경하는 플라비우스 도미티아누스 황제 폐하, 그리고 원로원 의원 여러분, 본인은 크리스티아누스들의 범죄 혐의에 대해서 조사할 때에 나사렛 예수를 처형했던 본디오 빌라도 총독의 보고서를 검토한 바가 있습니다."

원로원 의원들이 일제히 마리우스 안드로니쿠스 재무관을 바라보고 있었다. 그들이 알기로 누구보다도 황제의 신임을 받고 있는 젊은 관료가 지금 크리스티아누스에 대한 결정적인 증언을 하려 하고 있는 것이었다.

"본디오 빌라도의 보고서에 따르면…… 나사렛 예수를 체포한 빌라도 총독은 바로 이 반역의 문제에 대해서 집중적으로 심문하였습니다. 왜냐하면 그를 체포하여 총독에게 넘긴 유대의 종교지도자들이 그를 반역자로 고발하였기 때문이었습니다."

그때 원로원 의원들 중에서 한 노인이 큰 소리로 입을 열었다.

"그들이 나사렛 예수를 고발한 물증은 무엇이었습니까?"

모두들 그 목소리가 들려온 쪽으로 고개를 돌렸다. 질문을 던진 사람은 원로원에서도 바른 말 잘하기로 유명한 오비디우스 법무관이었다. 안드로니쿠스는 그 쪽을 바라보며 대답했다.

"그들이 나사렛 예수를 고발한 증거는, 그가 자칭 유대인의 왕이라고 했다는 것과 케사르에게 세금을 바치지 말라고 했다는 것이었습니다."

안드로니쿠스는 다시 황제를 바라보며 말하였다.

"빌라도 총독은 나사렛 예수에게 네가 유대인의 왕이냐고 질문했습니다. 그때 피고의 답변은…… 내 나라는 이 세상에 속한 것이 아니라는 것이었습니다."

도미티아누스가 다시 차갑게 웃으며 안드로니쿠스에게 물었다.

"결국 나사렛 예수의 하늘나라라는 것은 로마 제국을 대적하는 개념에 불과한 것이다."

"그런데…… 이상한 것은 예수의 답변에 그러한 반역의 증거가 없었다는 것입니다. 그는 말하기를, 내 나라가 이 세상에 속한 것이었다면 내 부하들이 나를 위하여 싸웠을 것이라고 했습니다."

그로써 크리스티아누스들이 로마에 대하여 행동적 반역을 획책하고 있다는 단정에 의문이 제기된 셈이었다.

"그렇다면 나사렛 예수의 하늘나라란 도대체 무엇이란 말인가?"

"빌라도 총독도 그 점에 대해서 다시 추궁했습니다. 총독은 그렇다면 네가 왕이 아닌가고 물었고, 예수는 다시 자기가 왕이라고 대답했습니다. 총독이 묻기를 너 혼자 왕이라고 하면 그 왕은 도대체 무엇을 하는 왕이냐고 했더니 자기는 진리에 대하여 증거하기 위해 이 세상에 온 왕이라는 것이었습니다."

다시 도미티아누스가 안드로니쿠스에게 물었다.

"그가 말한 진리라는 것은 무엇인가?"

"빌라도 총독도 폐하와 똑같은 질문을 했습니다. 총독은 진리가 무엇이냐고 물었지요. 그러나 예수는 입을 다물고 더 이상 대답을 하지 않았다고 합니다."

도미티아누스는 다시 계단 아래 서 있는 요한을 내려다보았다.

"요한, 네가 말하라. 진리란 무엇이냐?"

"진리란 바로 예수 그리스도 그분 자신입니다."

"어째서 사람이 진리라는 것인가?"

"예수 그리스도는 하나님의 아들이시기 때문입니다."

"뭐라구? 그러면 그 하나님은 누구에게 장가들어서 예수를 낳았느냐? 예수의 어머니는 누구란 말이냐?"

"그분의 육신적 어머니는 나사렛 마을에 살던 마리아라는 동정녀였습니다."

"흐음…… 그렇다면 하나님이 그 여자에게 장가들었다는 것이냐?"

"아닙니다. 예수님은 성령으로 마리아에게 잉태되었던 것입니다."

"성령이란 또 무엇이냐? 성령도 남자야?"

"성령이란 인간의 구원을 위해 일하시는 하나님의 섭리이십니다."

"그렇다면 예수는 진리이고 하나님과 성령은 진리가 아니란 말인가?"

"아닙니다. 하나님도 성령도 예수님도 모두가 진리이십니다."

"그러면 진리가 셋이라는 말이로군."

"그 셋이 바로 하나입니다."

도미티아누스는 얼굴에 노기를 띠우고 있었다.

"보라, 이 늙은 놈은 로마의 황제를 조롱하고 있다. 이놈은 내 심문을 마구 우습게 알고 멋대로 대답하더니 급기야는 셋이 하나라고 지껄였다. 이제 더들을 것도 없다. 저놈을 사슬에 꿰어서 매달아라."

근위병들이 요한에게 달려들어 그 결박한 밧줄에 고리를 걸었다. 그때 다시 원로원 의원들 쪽에서 오비디우스가 큰 소리로 말했다.

"처형하는 것이 급하지는 않으니 예수가 고발된 두번째 증거…… 납세 거부의 진상은 어떻게 되었는지 들어보기로 합시다."

안드로니쿠스가 원로원 쪽을 바라보며 말했다.

"유대 종교 지도자들의 이 고발은 무고였음이 밝혀졌습니다. 그들이 예수에게 가서 케사르에게 세금을 바치는 것이 옳습니까, 옳지 않습니까 하고 물었을 때 예수의 대답은……."

그는 묶여 있는 요한을 내려다 보다가 말했다.

"그의 대답은 이러했습니다. 케사르의 것은 케사르에게, 하나님의 것은 하나님에게……."

원로원의 오비디우스가 다시 목소리를 높혀 질문했다.

"케사르의 것이란 무엇이며 하나님의 것이란 무엇입니까?"

"케사르의 것은 물론 로마 정부에 바치는 세금을 말하는 것이고…… 하나님의 것이란 바로 하나님에 대한 그들의 사랑을 의미한다고 합니다."

황제는 잠시 안드로니쿠스 쪽을 흘겨보며 입맛을 다셨다. 안드로니쿠스는 도대체 종잡을 수 없는 인간이었다. 조금 전 황제의 집무실에서는 상당히 영리한 모습을 보여주더니 이제 이 중요한 자리에서 다시 멍청한 증언을 함으로써 황제가 몰고가던 논조에 혼란을 일으켜버린 것이었다.

황제는 잠시 심호흡을 하더니 막 고리에 꿰어져서 매달리려 하는 요한을 향해 질문을 던졌다.

"요한, 지금 안드로니쿠스 재무관이 말한 것은 틀림 없는가?"

"그렇습니다. 이 세상의 나라는 보이는 나라이나 하늘나라는 보이지 않는 나라입니다. 그러므로 우리는 이 세상 나라에 보이는 화폐를 내지만 하나님의 나라에는 보이지 않는 마음을 바칩니다."

요한의 답변에서 황제가 트집잡을 수 있는 것은 아무 것도 없었으나 그는 심한 모욕과 분노를 느끼고 있었다. 그 답변은 황제에게 세금을 낼 수 있으나 마음을 바치지는 않는다는 의미였던 것이다. 그리고 그 마음이라는 것은 결코 로마의 힘이나 법률로도 강요할 수 없는 것이었다.

도미티아누스는 몹시 불쾌한 표정으로 요한을 노려보았다.

"요한, 너는 이 로마 제국이 장차 어떻게 되리라고 생각하느냐?"

그는 이제 더 이상 나사렛 예수 쪽으로 우회하지 않고 요한 자신을 직접 몰아 붙이기로 작정한 것이었다. 요한도 이미 그 의도를 알아채었는지 황제의 얼굴을 물끄러미 바라보다가 천천히 답변하기 시작했다.

"폐하, 이 세상의 모든 다스리는 권세는 완전하지 못합니다. 왜냐하면 세상 모든 권세가 진실을 외면하고 각자의 욕망에 따라 집행되기 때문입니다. 그러므로 이 세상 권세는 어둠의 권세라고 할 수 있습니다. 수많은 모순과 비리들을 가리우고 살아야 하기 때문입니다."

도미티아누스의 표정이 심하게 일그러지고 있었다. 이제 요한의 말은 날카로운 칼날처럼 오히려 도미티아누스의 심중을 꿰뚫어 오고 있기 때문이었다.

"폐하, 그러나 우리들 나사렛 예수의 제자들은 하늘나라의 권세를 지니고 삽니다. 우리는 진리 가운데 살고 있으며 오직 그에게 마음을 바칩니다."

"네가 진리라고 하는 그 나사렛의 목수는 피를 흘리고 죽었지 않았는가?"

"우리가 그를 믿는 것은 그가 죽지 않고 다시 살았기 때문입니다."

"너는 또 해괴한 말로 사람들을 미혹하고 있구나. 나사렛 예수는 이미 처형된 지 65년이나 지났다. 그가 지금 어디에 있는가? 그가 다시 살았다면 내게로 데려올 수가 있는가?"

"폐하, 나사렛 예수는 보이지 않는 나라에 계십니다. 폐하께서 보이는 모든 것을 모두 포기하시면, 그분을 만날 수가 있습니다."

도미티아누스는 더 이상 앉아 있기가 힘들었는지 의자에서 벌떡 일어섰다.

"요한, 너는 로마 제국의 선량한 백성들로 하여금 현실에 대한 불만을 갖게 해서 백성과 정부 사이를 이간하고 있다. 너희들의 참 목적은 바로 로마 제국을 전복시키려는 것이다. 똑바로 말하라. 너는 이 로마 제국이 어떻게 되리라고 생각하는가?"

"로마 정부는 많은 진실을 외면하고 있습니다. 로마가 자랑하는 팍스 로마나의 깃발 아래서 수많은 백성이 굶주려 죽어가고 있으며 정신적으로 병들어가고 있습니다. 일하지 않는 부유층이 늘어나고 티베리아스 강에는 버려지는 어린아이가 불어나고 있습니다. 사람들 사이에는 사랑이 없어지고 모략과 탐욕만이 난무하고 있습니다. 이러한 어둠의 나라는 오래가지 못합니다. 어둠이 아무리 깊더라도 빛의 나라가 들어오면 견디지 못합니다. 비록 그것이 연약한 작은 등불일지라도 그것은 어둠을 밝히게 되고 어둠은 아픔을 갖게 됩니다. 지금 바로 폐하께서도 그러한 아픔을 느끼고 계실 것입니다."

황제의 얼굴이 마치 술을 마신 듯 붉게 달아오르고 있었다.

"이제 모든 것은 명백해졌다. 이 늙은 놈은 로마의 황제를 어둠의 괴수라고 말했으며 로마 제국이 멸망할 것이라고 선언했다. 이로써 크리스티아누스들의 정체는 명백해졌다."

그는 원로원 의원들을 향하여 돌아섰다.

"로마에 충성하는 원로원 의원 여러분, 지금 크리스티아누스들과 그 괴수인 요한의 반역죄에 대하여 이의가 있으면 발언하시기 바랍니다."

황제의 말투가 살기에 가득하고 있었다. 그의 날카로운 시선이 쓸고 지나가자 아무도 감히 발언하려는 의원은 없었다. 황제는 손가락을 들어 요한을 가리키며 말했다.

"나, 플라비우스 도미티아누스 케사르는 로마 제국의 법률과 원로원의 판결에 따라 반역자 요한에게 사형을 선고한다."

근위병들이 삼각대의 사슬을 당기기 시작하자 요한의 몸은 공중으로 끌려 올라가기 시작했다. 이제 그가 가마솥 위에 매달리게 되면 그의 몸뚱이는 차츰차츰 내려져서 그 발목부터 시작하여 끓는 기름 속으로 서서히 들어가게 되는 것이었다.

"잠깐."

도미티아누스는 싸늘한 눈으로 요한을 쏘아보며 병사들에게 말했다.

"옷을 입힌 채로 튀김 요리를 할 수야 없지. 저 늙은 놈을 발가벗겨서 천천히 바삭바삭하게 튀겨라."

병사들이 달려들어서 요한의 옷을 찢어냈다. 그의 가슴판이 햇볕아래 드러났을 때 도미티아누스는 거기 무엇인가가 반짝거리고 있는 것을 발견했다.

"……?"

　이미 요한의 몸뚱이는 공중에 대롱대롱 매달려 올라가고 있었다. 도미티아누스는 그 반짝거리는 물건에 시선을 정한 채 계단을 내려서서 가마솥 가까이까지 걸어갔다.

　요한의 목에 걸려 있는 것은 작은 조개껍질이었다. 도미티아누스는 그것을 뚫어져라 쏘아보더니 병사들에게 요한의 몸뚱이를 다시 내리라고 명령했다. 요한의 벌거벗은 몸뚱이가 다시 내려오자 그는 다가가서 요한의 목에 걸려 있는 그 조개껍질을 자세히 들여다 보는 것이었다. 이윽고 그는 손을 내밀어 그 조개껍질을 움켜잡았다.

　"이…… 이 조개껍질은 어디서 난 것이지?"

　"……."

　요한은 불같은 눈으로 황제의 눈을 쏘아보며 입을 다물고 있었다. 황제는 곁에 서 있는 근위병의 칼을 뽑아 그것을 요한의 목으로 가져갔다. 잠시 숨막힐 듯한 정적이 흘렀다. 마침내 황제는 칼로 조개껍질에 꿰어져 있는 노끈을 끊었다. 황제는 그 조개껍질을 손에 쥔 채 서서히 원로원의 계단을 오르고 있었다.

　그는 다시 돌아서더니 또 요한을 바라보았다.

　"……나 플라비우스 도미티아누스 케사르는 판결을 수정한다. 저 반역자의 괴수가 로마 제국에 대한 충성을 되찾을 때까지 밧모섬에 유배시켜 중노동에 처할 것을 명령한다. 그리고……."

　도미티아누스는 잠시 혼란에 빠져 있었다. 그의 손바닥에는 아직도 그 작은 조개껍질이 들려져 있었던 것이다.

　그것은 자기가 지니고 있는 조개껍질과 똑같은 모양이었다. 다만 그 한개는 황금의 줄에 걸려 있었고 또 한개는 찌들은 노끈에 달려 있었던 것만 다를 뿐이었던 것이다.

　도미티아누스 자신도 왜 그것이 어려서부터 자기 목에 걸려 있었는지 알지 못하고 있었다. 자기 부친 베스파시아누스도, 어머니 도미틸라도, 그리고 플라비우스 가(家)의 어느 누구도 그 내력을 말해 주지 않았기 때문이었다.

　그는 이마의 땀을 씻으며 새삼스럽게 태양을 바라보았다. 눈이 부셨다. 그는 미간을 찌푸리며 아직도 계단 아래에 서 있는 조카 도미틸라를 바라보았다.

"도미틸라는 고개를 들라."

도미틸라 부인의 얼굴은 약간 창백해져 있었지만 아직 침착한 모습으로 숙부를 바라보았다.

"도미틸라, 너는 로마의 시민으로서, 그리고 전 황제 베스파시아누스의 손녀이고 티투스의 딸이며 이 도미티아누스의 조카로서, 그리고 이 나라의 최고의 행정 책임자인 집정관의 아내로서 어찌하여 크리스티아누스들과 내통하였느냐?"

"……나사렛 예수를 사랑했기 때문입니다."

"바보같은 소리 말아라, 도미틸라!"

도미티아누스가 소리를 버럭 지르며 역정을 내었다.

"넌 지금 무슨 소리를 하고 있는 거냐? 넌 남편이 있는 여자로서, 그리고 이 날의 황제 계승권을 가지고 있는 두 아들의 어머니로서 어떻게 함부로 다른 남자를 사랑한다고 지껄인단 말이냐?"

"폐하, 그것은 로마 사람들이 생각하는 사랑과는 다른 것입니다."

"듣기 싫다. 모든 여자들이 그를 사랑한다면 나사렛 예수는 미풍양속을 해치는 난봉군에 불과한 거야! 넌 어째서 로마에도 유피테르가 있고 바쿠스, 헤르메스 같은 위대한 신들이 있는데 하필이면 일개 목수 따위를 사랑하겠다는 것이냐?"

"그들은 신이 아니요, 사람이 만들어낸 우상에 불과하기 때문입니다."

"닥쳐라! 너는 감히 유피테르의 신전이 내려다 보는 이 거룩한 광장에서 신들을 모독할 셈이냐?"

다시 황제가 벌떡 일어나자 황후 도미틸라가 따라 일어서며 황급히 소곤거렸다.

"폐하, 그녀에게 극형을 내리시면 폐하는 인기 없는 남자가 될 것입니다."

도미티아누스는 이를 부드득 갈며 신음소리를 내었다.

"저 음란한 계집을 폰티아 섬으로 유배시켜라."

황제가 획 몸을 돌이키며 원로원 안으로 들어가려 하자 서기관이 뛰어오며 말했다.

"폐하, 도미틸라 부인과 함께 체포한 네레우스와 아킬레우스 형제들은 어떻게 하시겠습니까?"
"모두 다 함께 폰티아 섬으로 보내라."
서기관은 아직도 일이 남았는지 황제의 뒤를 쫓아가며 다시 물었다.
"도미틸라 부인과 그들 형제의 죄명은 무엇이라고 할까요, 폐하?"
황제는 귀찮다는 듯이 내뱉었다.
"무신론(無神論)이야!"

채석장의 벽화

　뜨거운 태양이 내려 쬐이는 밧모섬의 채석장에는 온종일 감시원들의 고함치는 소리와 비명소리, 그리고 돌을 깨는 망칫소리들이 파도와 함께 부서지고 있었다. 젊고 힘센 죄수들은 다듬어진 돌을 해안에 정박중인 배까지 운반, 적재하는 일을 맡았고, 비교적 나이 많은 죄수들은 주로 채석장에서 돌을 다듬는 일에 동원되고 있었다.

　그 많은 죄수들 가운데서 늙은 요한은 백발을 펄럭이며 돌을 쪼아내고 있었다. 돌 위에 정을 갖다대고 망치를 들어 내리치는 그의 동작은 이제 매우 익숙하여 보였고 벌거벗은 그의 등에는 따가운 지중해의 태양이 사정없이 쏟아져 내려서 희기만하던 그의 피부가 구리빛이다 못해 검은색으로 번쩍거리는 것이었다.

　일정한 속도로 망치를 내리치면서도 그의 입술은 이따금씩 달싹거렸다.

　"주여."

　그는 헐떡거리면서 말했다.

"아직도 제게 죽음을 허락하시지 않는 이유는 무엇입니까."

그 많은 박해의 소용돌이 가운데서도 요한은 죽지 않았고, 에베소 사람들이 던지던 돌에도 죽지 않았고, 베스파시아누스의 칼날 아래서도 살았으며, 도미티아누스의 기름가마에서도 다시 건짐을 받은 것이었다. 그리고 이제 이 혹독한 밧모섬의 채석장까지 끌려온 요한이었다. 채석장의 중노동은 그 어느 형벌보다도 가혹한 것이었다. 젊은 죄수들도 들어온 지 몇 달이 못가서 탈진하여 죽어 나가는 곳이었다. 그런데 그 채석장에서 요한은 모진 목숨을 기적처럼 이어나가고 있었던 것이다.

"주여."

그는 또 허공을 향하여 불렀다.

"제게 맡기신 인생이 너무나 무겁습니다. 저의 모든 것을 다 가져가시고도 어째서 목숨을 가져가시지 않습니까?"

요한은 계속되는 망칫소리 가운데서 또 어떤 음성을 들었다. 그것은 바로 티베리아스의 바닷가에서 그가 들었던 음성이었다.

"내가 올 때까지…… 내가 올 때까지 너는 머무르라."

"당신은…… 이미 오시지 않으셨습니까? 이렇게 당신은 제 앞에 와 계시지 않습니까? 당신을 사랑한다고 고백한 베드로처럼 이미 저도 그렇게 고백하지 않았습니까?"

그는 뭔가 자꾸만 중얼거리며 망치질을 하고 있었다. 그는 너무나 망치질에 몰두하고 있었기 때문에 점심 식사 시간임을 알리는 타종 소리도 듣지 못하고 있었다.

"저…… 사도님."

누군가 자기를 부르는 소리를 듣고서야 요한은 망치질을 멈추고 고개를 들었다. 머리털이 곱슬곱슬한 청년이 거기 서 있었다.

"접니다. 프로코루스입니다."

프로코루스는 요한을 따라 이 밧모섬에까지 와 있었던 것이다. 그는 이 밧모섬 채석장의 감시대 파견대장인 막시미누스에게 간청하여 채석장 중노동을 지원했던 것이다. 그의 지원 이유는 노 사도 요한의 체력으로 감당해내기 어려운 작업량을 배당 받았을 때 그의 작업을 도와주겠다는 것이었다.

요한은 비로소 정과 망치를 내려놓고 일어서서 허리를 폈다. 허리에서 우두둑 하는 소리가 울려 나오고 있었다. 돌을 잘라내는 바위선의 단면이 그대로 하얀 화면처럼 그의 안전(眼前)에 펼쳐지고 있었다.

아직도 하얀 그 공백 위에 시선을 던지며 그는 입을 열었다.

"프로코루스, 자넨 왜 내 말을 듣지 않고 이 섬에 남아서 쓸데없는 시간을 보내고 있는가?"

"쓸데없는 것이 아닙니다. 사도님께서는 지금 예수 그리스도를 지키는 최후의 수호자이시고, 저는 그 사도님을 지키는 파수병이올시다."

"프로코루스, 지금 세상에는 젊은이가 해야 할 일이 너무나 많다. 그대들은 예수 그리스도의 오시는 길을 닦아야 하는 귀중한 일꾼들이란 말이야."

"에베소의 형제들이 제게 이 일을 맡긴 것입니다."

그는 차마 파피아스와 폴리캅의 부탁을 그대로 전하지는 못하고 있었다. 그들은 프로코루스에게 요한의 언행 일체를 빠짐없이 따라다니며 기록해 두라고 했던 것이다. 그것은 바로 침묵하려는 요한과 그에게서 하나라도 더 알아내려고 하는 젊은 제자들 사이의 치열한 공방전이었던 것이다.

"사도님, 잡수실 것을 받으러 가셔야지요."

요한은 두 손가락을 서로 비벼서 손의 돌가루를 털고, 허리춤에 차고 있던 그릇과 숟가락을 떼어들었다. 늙은 사도의 손바닥에는 돌가루보다 더 단단한 굳은 살이 박혀 있었다.

본래 어려서부터 요한은 별로 고생을 모른 채 자라온 처지였다. 비록 가버나움의 고기잡이는 했으나 아버지 세베대가 여러 척의 배를 가지고 있는 선주였기 때문에 힘든 일들은 모두 베드로와 같은 고용 어부들이 했고 요한이나 야고보는 그들을 거드는 정도에 불과했던 것이다. 예수의 처형 이후로도 많은 크리스티아누스들이 박해의 와중에서 고난을 당할 때 그래도 요한은 비교적 그들보다 낫게 살아왔다. 왜냐하면 그는 바로 예수의 어머니 마리아를 모시는 책임을 지니고 있었기 때문에 늘 안전한 곳을 골라 피해 다녔고, 성도들이 우선적으로 연보를 보내어 부족함이 없도록 도와주었던 것이다. 그가 해본 일이라고는 만년에 에베소 고아들을 돕기 위하여 오르튜가의 숲에서 채소 농사를 지어본 것이 고작인 정도였다.

그러한 요한에게 이 채석장의 중노동이야말로 엄청난 환경 변화가 아닐 수 없었다. 그러나 이제 요한의 순종은 상당히 습관화되어 있었다. 하나님이 자신을 부르실 때까지는 무엇이든 그의 지시대로 따를 수밖에 없다고 생각하게 된 것이었다. 그는 늘 식사 시간이 되면 하나님께 감사를 드리고 있었다.

(감사합니다……. 이곳을 모르고 주님 앞에 섰더라면 저는 얼마나 부끄러웠겠습니까?)

식사는 변함없이 밀과 보리를 야채와 함께 넣어서 끓인 죽이었다. 요한과 프로코루스는 그것을 한 그릇씩 받아들고 자갈밭에 앉아서 감사의 기도를 드렸다.

그때였다. 프로코루스가 사도의 소매를 잡아다녔다. 채석장 감시대장 막시미누스가 그 커다란 몸뚱이를 뒤뚱거리며 가까이 다가오고 있었던 것이다.

채석장 감시대는 죄수들에게 공포의 대상이었다. 죄수들에게 최악의 유형지가 채석장이듯이 병사들에게도 역시 가장 두려운 것이 채석장 근무 명령이던 것이다. 그렇기 때문에 이 채석장 감시대에 파견되어 오는 군인들은 장교와 병사들을 막론하고 사고를 저질렀거나 무능하다고 판단된 부류들이었던 것이다.

그렇기 때문에 감시원들은 죄수들에게 더욱 난폭하고 사나왔다. 그러한 그들의 행동에는 쓰레기로 밀려버린 자신들에 대한 분통까지도 모두 포함되어 있었던 것이다. 지금 요한과 프로코루스가 앉아 있는 자리로 다가오고 있는 감시대의 파견대장 막시미누스의 손에는 언제나처럼 가죽 채찍이 들려져 있었다. 그는 감시대원 중에서도 으뜸가는 채찔질의 명수였던 것이다.

요한은 막시미누스에게 관심 없는 듯 감자죽을 숟가락으로 퍼서 입에 넣고 있었다. 이윽고 요한의 눈 앞에까지 큼직한 파견대장의 가죽구두가 다가왔다. 그리고 머리 위로부터 그의 음성이 들려왔다.

"당신은 크리스티아누스들의 지도자라고 들었는데……."

요한은 비로소 고개를 들어 막시미누스의 커다란 얼굴을 올려다 보았다. 이상하게도 오늘따라 그의 험상궂은 얼굴이 많이 누그러져 있었다. 요한은 입에 물었던 감자 덩어리를 삼키고 나서 입을 열었다.

"지도자라고 할 수는 없지만…… 나이는 제일 늙은 축에 들 거요."

그러자 막시미누스는 잠시 주위를 둘러보더니 요한의 앞에 쪼그리고 앉으며 말했다.

"당신은 유대인이라고 들었는데…… 혹시 나사렛 예수를 본 적이 있소?"

"……?"

곁에서 듣고 있던 프로코루스가 끼어들었다.

"요한 사도님께서는 나사렛 예수님을 직접 모시던 제자이십니다."

대장은 잠시 미간을 찌푸리며 생각에 잠기다가 결심한 듯이 말했다.

"내 아내도 당신과 같은 유대인이 올시다만…… 당신들이 믿고 있는 그 예수라는 사람은 중풍병이나 문둥병과 같은 어려운 병도 기도로써 고쳤다고 하던데 그게 사실이었소?"

대장의 말투가 처음보다 더욱 공손해져 있었다. 요한은 그의 얼굴을 물끄러미 들여다보며 말했다.

"그렇습니다. 그분은 가시는 곳마다 가난한 이들을 위로하며 병자들을 고치고 귀신들린 자들을 낫게 하셨습니다."

"그리고…… 그분의 제자들도 그와 똑같은 기적들을 나타내게 했다고 들었소이다만."

"그 제자들이 한 것이 아니라 그것도 역시 예수 그리스도의 이름으로 한 것이지요."

그러나 막시미누스는 두터운 손으로 요한의 거친 손을 덥석 잡으며 간절한 목소리로 부탁하는 것이었다.

"선생, 부탁이오, 내 하나밖에 없는 아들이 지금 열병에 걸려 죽어가고 있습니다. 와서 좀 도와주십시오."

막시미누스가 그 큰 손으로 요한의 손을 잡아당기고 있는데 요한은 그대로 앉아서 잠시 주저하고 있었다. 사실 그는 지금까지 많은 사람들을 위하여 기도했으나 베드로나 바울이 행했던 것과 같은 놀라운 기적은 체험하지 못했던 것이다.

나사렛 예수는 언제나 중요한 자리에 베드로와 야고보 그리고 꼭 요한을 입회시키곤 했었다. 요한은 이미 가나의 혼인잔치에서 예수가 물을 포도주로 변하게 한 사실을 목격하고 놀란 바 있었지만 더욱 놀랐던 것은 가버나움의 회당장 야이로의 죽은 딸을 살려냈을 때였다. 그 때에도 예수는 베드로, 야고보, 요한만을 대동하고 아이의 집에 들어가더니 그 열두 살 난 소녀의 손을 잡아 일으켰던 것이다.

이러한 예수의 기적은 사실 일일이 기록하기도 어려울 정도로 많았다. 나사렛 예수는 그 자신을 십자가에서 구하지 못한 일 외에는 무엇이든 다 할 수 있었던 사람이다.

그러나 그 예수의 기적이 비단 예수에서 끝난 것은 아니었다. 예수의 부활 이후 50일이 되던 오순절(五旬節), 마가의 다락방에서 그 기이한 성령 강림 사건이 있었던 며칠 후 요한은 다시 그 놀라운 기적을 체험하게 된 것이었다.

그날도 요한은 베드로와 함께 오후 기도를 드리기 위하여 예루살렘 성전에 올라가고 있었다. 그때 성전문에 앉아 구걸을 하고 있던 앉은뱅이 거지가 베드로의 옷자락을 붙잡았던 것이다. 그러자 베드로는 담대하게도 앉은뱅이의 손을 잡고,

"은과 금은 내게 없거니와 내게 있는 것으로 네게 주노니 곧 나사렛 예수의 이름으로 일어나 걸으라!"

하고 외치며 그를 잡아 일으켰다. 놀랍게도 앉은뱅이는 일어나서 걸었을 뿐만 아니라 뛰기도 하며 하나님을 찬양했다. 이 일은 삽시간에 예루살렘 온 성에 소문이 났고 다시 종교 지도자들은 예수 믿는 무리들을 박해하기 위해 대책을 세워야 했던 것이다.

그러나 누구보다도 놀랐던 것은 베드로와 동행하였던 요한이었다. 요한은 언제나 예수의 측근에서 그를 섬기던 제자였고, 또 그 자신도 자기가 수제자임을 자처하고 있었다. 더구나 베드로는 자기 집의 고용인이었기 때문에 늘 자기보다 한 단계 아래의 동료로 여겨왔던 것이었다.

그런데 이 엄청난 기적을 보고 요한은 그만 질려버렸다. 그리고 나중에는 베드로 뿐만 아니라 예수님을 직접 보지도 못한 바울이 연이어서 기적을 일으키며 선교여행을 하고 있을 때 요한을 심한 모멸감을 느끼며 피신에만 급급하고 있었던 것이다.

기적에 대한 그런 모멸감이 요한으로 하여금 기적 기피증을 갖게 했다. 그는 늘 베드로를 자기보다 앞세웠고, 자기 자신을 뒤로 숨겼다. 그래서 요한의 길은

언제나 물러서는 길이었고 그늘 속의 길이었던 것이다. 그리고 그것은 또한 은사를 불공평하게 주는 예수의 처사에 대해서 요한이 갖는 은근한 불만의 표시이기도 하였다.

그래서 요한의 믿음은 기적보다 차라리 순종의 믿음이었고 사랑과 인내로 버티어 나가는 침묵의 믿음으로 성숙하기 시작했던 것이다. 그런 요한에게 지금 이 덩치 큰 군인은 기적의 기도를 요청하고 있는 것이었다.

"열병이라고 했습니까?"

"그렇습니다. 선생님, 제발 제 아들을 살려 주십시오. 나는 유대인 아내를 얻었기 때문에 온갖 수모를 당하며 살아 왔습니다. 출세도 포기했고 이런 황량한 섬으로 밀려오게 되었습니다. 내 사는 보람은 오직 자식에게 기대를 걸며 사는 것이었습니다. 그런데 그 아들이 지금 다 죽어가고 있는 것입니다."

열병이란 의원들도 고칠 방법이 없는 무서운 병이었다. 더구나 그것은 전염병이었기 때문에 환자를 살리기보다는 다른 사람들과 어떻게 격리시키느냐가 더 중요한 문제였던 것이다.

요한은 베드로의 장모가 열병에 걸렸던 가버나움에서의 일을 생각하였다. 그때 베드로의 장모 역시 치료를 포기한 채 격리되어 죽을 날만 기다리고 있었던 것이다. 그런데 나사렛 예수는 누구도 가기를 꺼리는 그 집으로 들어갔다.

그리고는 부드러운 손길로 그녀를 잡아 일으켰던 것이다.

(주여…… 이 가엾은 군인에게 자비를 베푸소서.)

마침내 요한은 자리에서 일어섰다. 그는 막시미누스의 결사적인 간청에 감동했던 것이다. 가뜩이나 유대인과 결혼한 탓에 이 섬으로 밀려온 그가 크리스티아누스를 집으로 데려갔다는 사실이 상부에 알려지기만 하면 어떤 불길한 일이 그에게 또 떨어질지 모르는 것이었다.

막시미누스는 오후 작업을 부관에게 부탁하고 나서 요한과 프로코루스를 데리고 채석장 반대편에 있는 파견대장의 관사로 갔다.

관사 내부는 매우 어지러진 상태로 있었다. 출세를 포기한 군인과 그 가족의 피곤한 삶이 집안 구석구석에 그대로 배어 있었던 것이다. 어두운 방 안에는 얼굴이 새까맣게 말라버린 소년이 눈을 감은 채로 누워 있었고, 그 침대 곁에는 머리를 헝클어뜨린 여인 하나가 넋을 잃은 채로 앉아 있었다. 막시미누스는 자기 아내를 요한에게 소개하였다. 주인의 몸집이 너무 컸기 때문에 좁은 방은 더욱 초라해 보이고 있었다.

"선생님, 제 아내 밀가올시다. 여보, 이분은 바로 그 나사렛 예수의 직접 제자라고 하오. 이분이 우리 아들을 고쳐주실 것이오."

밀가라고 불리어진 그 여인은 번쩍이는 눈으로 요한을 바라 보았다. 우선 요한은 그녀에게 위로의 말을 했다.

"너무 상심마십시오, 부인."

요한은 소년에게로 다가가서 그의 이마에 손을 얹었다. 이마가 불덩이같이 뜨거웠다. 그는 살아 있을 때의 예수를 생각하며 입을 열었다.

"당신이 이 세상에 계실 때에 내 이름으로 무엇이든 구하면 시행하리라고 약속하셨습니다. 이제 이 늙은 죄인이 당신의 약속을 기억하오니 이 아이를 불쌍히 여겨 주옵소서……."

요한은 마지막 만찬 때에 예수가 말한 그 약속을 기억하고 있었다.

"당신은 또 말씀하셨습니다. ……내가 너희를 고아와 같이 버려두지 아니하고 너희에게로 오리라…… 이제 당신이 와 계신다면 제 마음이 아플 때에 함께 아프실 것을 믿습니다."

요한의 눈에 이슬이 맺히고 있었다.

"이 아이를 낫게 하여 주십시오. 우리 주 예수 그리스도의 이름으로 빕니다."

방 안에 무거운 침묵이 흐르고 있었다. 요한의 떨리는 손이 아직도 아이의 이마에 있었다.

(……?)

요한은 아이의 이마에 얹고 있는 그 손에 형언하기 어려운 권능이 임하고 있음을 깨달았다. 요한의 이마에 구슬 같은 땀이 솟아나오고 있었다. 그때였다. 바로 요한의 손 아래에서 아이의 목소리가 들여온 것이었다.

"엄마!"

막시미누스도 놀라고 아이의 어머니 밀가도 놀라고 프로코루스도 놀랐다. 그러나 누군보다도 놀란 것은 요한 자신이었다. 이미 손 아래 놓여 있는 아이의 이마는 서늘하게 식고 있었던 것이다.

막시미누스의 아내는 달려들어 아이를 껴안았고, 요한과 프로코루스는 꿇어앉아 감사를 드렸다. 요한의 눈에서는 뜨거운 눈물이 흘러내리고 있었다.

바로 그날 막시미누스 부부와 아들까지 세 식구는 요한의 세례를 받고 크리스티아누스가 되었다. 프로코루스는 그의 군인으로서의 앞날에 대해 걱정을 해 주었으나 당사자는 어차피 글러먹은 군인 생활이라며 오히려 태평한 표정이었다. 그는 이제부터 아예 크리스티아누스들이 기다리는 하늘나라에나 그 소망을 걸겠다는 것이었다.

그 중에서도 요한의 감격은 이루 형언할 수 없는 것이었다. 지금까지 그는 사실 사랑하는 선생인 예수로부터 버림받은 것 같은 심정으로 살아왔던 것이다. 예수는 요한의 장래에 대해서 걱정스럽게 묻는 베드로에게 이렇게 대답했었다.

"내가 올 때까지 그를 머물게 하고자 할지라도 네게 무슨 상관이냐?"

그 많은 동료들이 순교의 영광을 안았을 때에도 그에게는 기회가 주어지지 않고 있었다. 그리고 이제 다 늙어서 로마까지 찾아갔는데도 역시 그는 죽지 못했던 것이다. 요한은 예수로부터 용서함 받기를 단념하고 있었다. 그는 예수와 함께 있을 때 그에게 진실하지 못했던 것이다. 그러나 그가 잊으려 하면 할수록 그에게 예수의 추억은 아프게 살아나고 있었다.

그런데 이제 오랜 시간이 지난 후 이 황량한 밧모섬에서 그는 다시 예수와 만난 것이었다. 그는 흥분을 감추지 못하고 채석장으로 돌아와 망치질을 시작했다. 그는 쉴새없이 중얼거리고 있다.

(선생님은 나를 기억하고 계셨다. 그는 나에게 오셨던 것이다…….)

다른 죄수들이 모두 작업을 마치고 막사로 돌아간 후에도 요한은 채석장 바닥에 그냥 꿇어앉아 기도를 드리고 있었다. 그렇게 요한의 기도는 계속되었다. 식사도 하지 않은 채 작업과 기도, 기도와 작업이 이틀간을 계속되었고 마침내 사흘째되는 날이 왔다.

그날은 마침 휴무일이었다. 죄수들도 감시병들도 모두 피곤한 몸을 쉬는 날이었고 크리스티아누스들에게는 그것이 바로 '주의 날'이었던 것이다.

요한은 막시미누스 대장 관사에 가서 그들 세 식구를 합한 다섯 사람으로 아침 예배를 드린 다음 곧장 다시 채석장으로 향했다. 그리고 또 기도가 시작되었다. 따가운 태양이 느릿느릿 머리 위를 지나 다시 새빨간 석양을 드리우고 있을 때쯤 바다를 향하여 꿇어앉아 있던 요한은 갑자기 등 뒤로부터 덮쳐오는 커다란 나팔소리를 들었다.

요한은 깜짝 놀라 뒤를 돌아보며 말했다.

"당신은…… 당신은 누구십니까?"

그러자 바위들을 잘라낸 하얀 암벽에 새빨간 불길이 타오르기 시작했다. 그리고 나팔 소리에 섞여서 큰 음성이 울려나오고 있었다. 석양을 드리고 있을 때쯤 바다를 향하여 꿇어앉아 있던 요한은 갑자기 등 뒤로부터 덮쳐오는 커다란 나팔소리를 들었다.

"나는 알파와 오메가라……."

"옛?"

"……이제도 있고, 전에도 있었고, 장차 올 자요, 전능한 자이니라."

요한의 온 몸이 사시나무 떨듯 떨리고 있었다. 하얀 절벽의 그 타오르는 불꽃 가운데 벽화처럼 일곱 금촛대가 나타난 것이었다. 그리고 촛대 사이로는 한 사람의 모습이 나타나고 있었다. 그는 발에 끌리는 옷을 입고 가슴에는 금띠를 띠었는데 그 머리털은 양털처럼 희었고 그 눈은 불꽃같이 타고 있었다.

요한은 그 자리에 엎드려서 더 이상 고개를 들지 못하고 있었다. 다시 맑은 물소리와 같은 음성이 그의 귀에 들려왔다.

"두려워 말라. 나는 처음이요 나중이니 곧 산 자라. 내가 전에 죽었었노라. 볼지어다. 이제 세세토록 살아 있어 사망과 음부(陰府)의 열쇠를 가졌노니 그러므로 네 본 것과 이제 있는 일과 장차 될 일을 기록하라……."

요한은 다시 고개를 들고 사방을 둘러 보았다. 아직도 제자 프로코루스가 등 뒤에 두 손을 모으고 서 있었다.

"프로코루스…… 급히 가서 파피루스와 먹물과 갈대를 준비하여 오너라. 지극히 높으신 이의 계시(啓示)를 기록해야 한다!"

프로코루스는 즉시 채석장을 돌아 마을 쪽으로 달려갔다. 그가 필기 도구들을 가지러 간 동안 하얀 절벽에는 일곱 교회의 비밀들이 나타나기 시작했다. 마치 벽화처럼 암벽에 나타나는 환상은 바로 닥쳐올 교회들의 문제를 보여주고 있었다.

　첫번째 교회에서는 이단과의 투쟁이 나타났고, 두번째의 교회가 처참한 수난으로 물들어지더니 세번째 교회에서는 세상으로 돌아가는 타락한 선지자들이 보이고 있었다. 마침내 네번째 교회에서는 우상과 음행이 나타나기 시작했고 다섯번째 교회가 불결한 모습이 되어 썩어가고 있었다. 여섯번째에 이르러 교회는 다시 본래의 모습을 되찾는 듯하더니 일곱번째 교회로 들어서면서 오염되기 시작하는 것이었다. 그리고 그 일곱번째 교회 앞에는 이미 흰옷을 입은 사람이 이르러 있었다. 세상 쪽에서는 부유하고 하늘나라 편에는 빈곤한 일곱번째 교회에 이르러 그 흰옷 입은 사람은 이미 문의 손잡이를 잡고 있었던 것이다.

　프로코루스가 필기도구를 준비하여 돌아오자 요한은 곧장 구술을 시작하였다.

　"나 요한은 아시아에 있는 일곱 교회에 이 편지를 씁니다. 지금 계시고 전에도 계셨고, 또 장차 오실 그분과 그분의 옥좌 앞에 있는 일곱 영신(靈神)께서, 그리고 진실한 증인이시며 죽음으로부터 제일 먼저 살아 나신 분이시며, 땅 위의 모든 왕들의 지배자이신 예수 그리스도께서 여러분에게 은총과 평화를 내려주시기를 빕니다. 아멘."

　채석장의 암벽을 바라보며 구술하는 요한의 음성도, 그리고 받아쓰는 프로코루스의 손도 떨리고 있었다. 요한은 마치 옛날의 선지자처럼 두 손을 들어 올리며 말했다.

　"그분은 구름을 타고 오시리라…… 모든 눈이 그를 보리라…… 그분을 찌른 자들도 볼 것이며…… 땅 위에서는 모든 민족이 그분 때문에 가슴을 치리라…… 반드시 그리 되리라…… 아아멘."

　그러자 채석장의 벽화가 지워지는가 싶더니 다시 하늘의 보좌가 나타나는 것이었다. 보좌에는 찬란한 영광이 자리해 있었고 그 주위로는 이십사 장로가 흰 옷을 입고 앉아 있었다. 이십사 장로와 천사들이 보좌에 앉은 분을 찬양하는 가운데 마침내 보좌에 앉은 이가 일곱 번 봉인(封印)한 책을 들어 보이니, 나사렛 예수가 그 앞으로 걸어 나오더니 책을 받아 봉인을 떼는 것이었다.

　일곱 개의 봉인은 잘못되어 가는 세상을 바로잡기 위해 준비된 일곱 단계의 대환난을 의미하고 있었다.

첫째 봉인을 뗄 때 암벽에 나타난 것은 흰 말을 탄 기사(騎士)였다. 돌이킬 수 없이 더러워진 세상이 받는 환난은 바로 진실 때문에 시작되고 있었다. 흰 말을 탄 기사는 수많은 진실의 화살을 쏘았고 세상은 아픔으로 인하여 괴로워하기 시작한 것이었다.

둘째 봉인을 뗄 때에는 붉은 말을 탄 기사가 나타났다. 그 기사는 드디어 땅 위의 화평을 제거하고 증오와 살육만을 남겨두는 것이었다.

세번째로 나타난 것은 검은 말을 탄 기사였다. 이 기사는 땅 위의 소출을 줄이고 곡식 값을 올렸다. 땅 위의 모든 사람들은 고용인이 되었고 먹고 살기 위하여 노예로 전락하는 것이었다.

네번째로 나타난 것은 청황색 말을 탄 기사였다. 그는 땅 위에 무서운 무기들과 기근과 죽음을 쏟아붓는 것이었다.

나사렛 예수가 다섯째 봉인을 떼자 땅 위에 남아 있는 크리스티아누스들이 환난을 당하기 시작하고 있었다. 그리고 마침내 그들이 땅 위에서 사라진 다음 정말로 무서운 일들이 나타나기 시작하는 것이었다. 그것은 여섯번째 단계에서 시작하고 있었다. 땅 위에는 큰 지진이 나고 해는 먹물처럼 검게 변하는데 달은 핏빛이 되고 하늘의 별들이 떨어져 내리고 있었다.

아직 나사렛 예수가 일곱째 봉인을 떼기 전에 요한은 다시 놀라운 일을 목격하였다. 그것은 바로 유대인 구원의 장면이었던 것이다.

솔로몬 이후 나라가 둘로 찢어지면서부터 계속해서 수난을 당해온 유대인들. 그들은 앗수르에 짓밟히고 바벨론에게 잡히고 다시 메대와 페르시아로 넘어갔다가 알렉산더에게 굴욕을 당했었다. 알렉산더가 죽자 그의 후계자들은 유대인들의 자존심을 철저하게 짓밟았고 마카비 가문의 저항으로 소생하는가 싶던 유대는 다시 로마 제국의 강대한 힘에 겁탈 당한 것이었다.

까마득하게 먼 옛날부터 하나님의 택함을 받고 약속의 백성으로 살아온 하나님의 장자(長子), 그 어려운 고난 속에서도 신의 약속을 믿으며 계율을 목숨 걸고 지켜온 사람들. 그 사람들이 당한 저 예루살렘의 참극에 대해서 요한은 아직도 의문을 풀지 못하고 있었던 것이다.

더구나 나사렛 예수는 예루살렘의 종교지도자들을 향하여 말할 수 없는 욕설을 퍼붓고 있었다. 예루살렘의 지도자들은 예수의 꾸중을 들으며 당황하여 어쩔 줄을 몰랐던 것이다. 그래서 그들은 갑자기 나타난 이 낯선 사람을 처치하지 않으면 안되겠다고 생각하기에 이르렀다. 그리고 그 엉겁결의 대응에 대해서 하나님의 징계는 너무도 참혹한 것이었다. 요한은 이 점을 풀지 못하여 눈물로 기도하였던 것이다.

그런데 오늘 암벽에 나타나는 이 계시는 유대인들의 구원을 보여 주고 있는 것이었다. 마침내 요한은 크게 깨달았으며 가슴이 뻥 뚫리도록 상쾌해지고 있었다.

공의의 하나님이며 또한 사랑의 하나님인 여호와. 그는 결코 반역의 세력에게 세상을 맡겨두지 않을 분이었다. 그러나 세상의 죄악을 용서하려면 자신의 아픔으로 보상하는 일이 필요했다. 그것이 바로 자기 아들 예수의 파견이었던 것이다. 그리하여 예수는 모든 하늘나라 백성의 장자(長子)가 된 것이었다.

그러나 사탄의 세력은 신에게 항의했다. 신만의 아픔으로 인간의 죄를 용서하는 것은 부당하다고 참소한 것이었다. 마침내 하나님은 자기의 고통을 동반할 세력으로 모든 민족의 장자인 유대백성을 희생시킬 결심을 한 것이었다.

그리하여 예수는 바로 이 희생 당하는 장자의 대표자로서 온 것이었다. 그는 자기와 고통을 함께 할 동반자인 유대 백성들을 꾸짖고 욕했다. 그것은 바로 자기를 향한 아픔이었던 것이다. 요한은 비로소 예수가 예루살렘에 입성하기 전 그 성을 바라보며 울던 이유를 깨닫고 있었다. 이스라엘 백성은 세상 죄를 감당하기 위해 예수와 함께 십자가를 진 것이었다. 요한은 예수에 관해서 예언했던 이사야 선지자의 글을 다시 한 번 되뇌어 보았다.

그는 실로 우리의 질고를 우리의 슬픔을 당하였거늘
우리는 생각하기를 그는 징벌을 받아서
하나님께 맞으며 고난을 당한다 하였노라
그가 찔림은 우리의 허물을 인함이요
그가 상함은 우리의 죄악을 인함이라
그가 징계를 받음으로 우리가 평화를 누리고

그가 채찍에 맞음으로 우리가 나음을 입었도다

우리는 다 양 같아서 그릇 행하여 각기 제 길로 갔거늘

여호와께서는 우리 무리의 죄악을 그에게 담당시키셨도다

그가 곤욕을 당하여 괴로울 때에도 그 입을 열지 않았음이여

마치 도수장으로 끌려가는 어린 양과

털 깎는 자 앞에 잠잠한 양같이

그 입을 열지 아니하였도다

아직도 얼마나 많은 고난이 각처에 흩어진 유대인들에게 남아 있을지 알 수 없었다. 그리고 얼마나 더 오랜 시간들을 고난 속에 살아가야 할지도 알 수 없었다. 유대인들은 지금 모두 에베소와 로마와 알렉산드리아 등지에 노예로 팔려가 있는 것이었다. 그리고 세상의 죄가 무거워질수록 유대인들의 고난은 그 정도를 더해갈 것이었다. 결국 예수의 재림은 진실의 깨달음으로부터 와야 하는 것이었다. 타인의 고난이 바로 나 때문이라는 그 진실을 깨닫게 될 때에 나사렛 예수는 구름을 타고 다시 오시는 것이었다.

나사렛 예수는 드디어 일곱째 봉인을 떼고 있었다. 채석장의 암벽에는 일곱 천사의 모습이 나타났다. 그리고 그 일곱 천사는 모두 나팔을 하나씩 들고 있었다.

첫째 천사가 나팔을 불자 땅과 수목의 3분의 1이 불타고, 둘째 천사가 나팔을 부니 바다의 3분의 1이 오염되어 바다 속의 생물들이 떼죽음을 당하였다. 다시 셋째 천사가 나팔을 불자 강들과 강의 상류까지도 그 3분의 1이 오염되어 더러운 물을 마신 많은 사람들이 죽었고, 넷째 천사가 나팔을 부는 것과 함께 일월성신이 일제히 어두워지기 시작하는 것이었다. 이어서 다섯째 천사가 나팔을 불었다. 땅 위에는 온갖 무서운 사상(思想)들과 교리(敎理)들이 사람들을 위협하고 들볶고 목조르기 시작하는 것이었다. 사람들의 신음소리와 울부짖는 소리가 요란한 가운데 여섯번째의 나팔이 울렸다. 땅 위에 있는 네 개의 강대국이 마침내 군대를 움직이기 시작하고 동방에서는 2억의 군대가 유프라테스 강을 향하여 진격해 들어가고 있었다. 육지와 바다와 공중에서 기괴한 무기들이 불을 뿜었고 땅 위에 사는 인간의 3분의 1이 이 전쟁에서 죽어가는

것이었다. 그리고 마침내 일곱째 천사가 나팔을 들고 나섰다.

이미 땅 위에서는 세상 권세가 인간을 완전히 노예로 만들고 있었다. 땅을 다스리는 자는 모든 사람들의 이마에 번호를 받게 하고 그 번호가 없는 사람은 아무 것도 매매하지 못하게 하는 것이었다. 어디를 가나 사람들은 번호를 달고 다녀야 했다. 번호 없이는 아무 것도 할 수가 없었다. 사람들의 행동은 모두 그 번호와 함께 기록되고 번호를 받은 사람의 이름은 마침내 하늘나라의 명부에서 지워지고 있었다. 그리고 번호를 받은 사람들은 돌에다 새겨서 금과 은을 입힌 말하는 기계를 만들고 그것의 명령대로 살아가는 것이었다.

드디어 일곱째 천사가 들고 있던 나팔을 불었다. 하늘에 있는 하나님의 성전이 열리고 예루살렘 성전의 파괴와 더불어 사라졌던 여호와의 언약궤가 보이고 있었다.

그리고 채석장의 암벽에는 다른 일곱 천사가 나타났다. 그들은 모두 커다란 대접 하나씩을 가슴에 안고 있었다. 첫째 천사가 그 가진 대접을 땅에 쏟으니 우상의 번호를 받은 사람들에게 악성 종양이 발생하였고, 둘째 천사가 대접을 쏟자 모든 바다가 오염되어 바다 생물이 모두 죽었으며, 셋째 천사가 대접을 쏟은 것과 함께 강들이 모두 상류까지도 다 오염되어 먹을 물이 없어지는 것이었다.

넷째 천사가 대접을 쏟았을 때에는 기상의 이변이 생겨서 땅 위의 모든 생물들이 햇볕에 타 죽었고, 다섯째 천사가 대접을 쏟으니 사람들이 그 종양으로 인하여 아픔 때문에 혀를 깨물었고, 여섯째 대접이 쏟아지자 인류 최후의 전쟁이 아마겟돈이라 하는 장소에 준비되기 시작했다.

그리고 드디어 일곱째 대접이 땅에 쏟아졌다. 번개와 뇌성이 요란한 가운데 지진이 일어나고 땅은 깨어지며 지각이 바뀌었다.

마침내 세상의 도시들은 썩는 냄새를 내며 바다 속으로 꺼져 들어가고 있었다. 도시에 모여들던 온갖 금 은 보석이며 비단과 그릇과 향수와 독주(毒酒)들이 그것을 팔고 사던 장사꾼들의 비명소리와 함께 그대로 모두 다 꺼져 들어가고 있었던 것이다.

온갖 더러운 연기와 냄새들이 사라지자 다시 암벽에는 하늘 군대가 행군하여 나오고 있었다. 그리고 그 선두에 선 장수는 바로 백마를 탄 나사렛 예수였다. 그가 입은 세마포에는 아직도 핏자국이 남아 있었으나 그 옷자락에는 '진실'이라는 글자가 선명하게 박혀 있었다. 그를 따르는 군대도 모두 눈처럼 세마포를 입고 백마를 탄 용사들이었다.

"오오…… 주여!"

요한은 더 이상 참지를 못하고 비틀거리고 일어섰다. 처음 하늘과 처음 땅이 없어지고 새 하늘과 새 땅이 나타나고 있었다. 이로써 드디어 한 세대가 지나고 새로운 시대가 시작된 것이었다. 백마를 탄 예수는 고난 가운데서 이기고 나오는 모든 사람들의 손을 씻어주고 있었다.

하늘에서 새 예루살렘이 내려왔다. 그것은 티투스에 의하여 포위되어 3년이나 굶주리다가 마침내 자기 아이를 구워서 먹은 비참한 성 예루살렘이 아니었고, 평화와 사랑의 성이었다. 그 성은 시체의 썩은 물이 흐르는 예루살렘이 아니라 하나님과 그 아들 나사렛 예수가 다스리는 영광의 성이었다.

개선하는 나사렛 예수의 행진은 점점 더 다가오고 있었다. 아무도 그의 길을 막을 수가 없었다.

"오오…… 주여!"

요한은 허우적거리며 앞으로 걸어 나갔다.

"얼마나 당신을 기다렸는지 아시지요? 이 세상 어두운 곳에서 얼마나 당신을 기다리며 울었는지 아시지요?"

요한은 기뻐서 춤을 추고 있었다. 덩실덩실 춤을 추고 있었다.

"이렇게 될 줄 알았지, 이렇게 될 줄 알았네."

그는 계속해서 춤을 추며 모세의 노래를 부르고 있었다.

주 하나님 곧 전능하신이여

하시는 일이 크고 기이하시도다

만국의 왕이시여 주의 길이 의롭고 참되시도다

주여, 누가 주의 이름을 두려워하지 아니하며

영화롭게 하지 아니하오리이까

오직 주만 거룩하시니이다

주의 의로우신 일이 나타났으매

만국이 와서 주께 경배하리이다

숨이 차도록 춤을 추고 난 요한이 다시 땅바닥에 꿇어앉았을 때 나팔소리와 같은 음성이 들려오고 있었다.
"나는 알파와 오메가이며 처음이요 나중이니라."
"주여, 감사와 찬송을 드리나이다."
요한은 두 손을 마주 잡았다. 실로 놀라운 체험이었다. 곁에서 받아쓰는 프로코루스의 이마에도 땀이 흐르고 있었다. 아직도 채석장의 암벽에는 찬란한 빛이 서려 있는 가운데 또 음성이 들려왔다.
"내가 진실로 속히 오리라."
요한은 다시 자리에서 일어서며 두 손을 들고 큰 소리로 부르짖었다.
"마라나타!"
그것은 아람어였고 '주여, 오시옵소서'라는 의미였던 것이다.

저자 김 성 일

· 1940년 서울 출생
· 1961년 현대문학지에 단편〈 분묘 〉,〈 흑색시말서 〉로 소설 추천 완료
· 1965년 서울대학교 공과대학 기계공학과 졸업
· 1985년 제2회 기독교 문화상 수상

작품 : 〈 땅끝에서 오다 〉 (홍성사 7-22)
　　　〈 땅끝으로 가다 〉 (홍성사 7-30)
　　　〈 제국과 천국 〉 전2권 (홍성사 7-44, 45)
　　　〈 뒷골목의 전도사 〉 (홍성사 7-64)
　　　〈 사랑은 죽음같이 강하고 〉 (홍성사 7-70)
　　　〈 홍수 以後 〉 전4권 (홍성사 7-76~79)
　　　〈 땅끝의 시계탑 〉 전2권 (홍성사 7-88, 89)
　　　〈 다가오는 소리 〉 (홍성사 7-96)
　　　〈 땅끝의 십자가 〉 전2권 (홍성사 7-121, 122)
　　　〈 사랑은 언제나 오래 참고 〉 (홍성사 7-125)
　　　〈 공중의 학은 알고 있다 〉 전 2권 (홍성사 7-133, 134)
　　　〈 빛으로 땅끝까지 〉 전 2권 (홍성사 7-145, 146)

　　　〈 성경과의 만남 〉 (신앙계)
　　　〈 성경대로 살기 〉 (신앙계)
　　　〈 비느하스여 일어서라 〉 (신앙계)
　　　〈 건너가게 하소서 〉 (국민일보사)
　　　〈 성경의 신비 〉 (공저, 국민일보사)
　　　〈 성경으로 여는 세계사1,2 〉 (신앙계)

제국과 천국 上

지은이 김성일

1987. 5. 20. 초판 발행
2010. 7. 12. 39쇄 발행

펴낸이 이재철
만든이 정애주
편집 송승호 이현주 한미영 황교진 김기민 김준표 오은숙 유진실
미술 김진성 문정인 송하현 최혜영
제작 홍순흥 윤태웅
영업 오민택 차길환 국효숙 이진영 오형탁
관리 이남진 안기현
총무 정희자 마명진 김은오

펴낸곳 주식회사 홍성사
1977. 8. 1. 등록 / 제 1-499호
121-897 서울시 마포구 합정동 369-43
TEL. 333-5161 FAX. 333-5165
http://www.hsbooks.com
E-mail : hsbooks@hsbooks.com

ⓒ 김성일, 1987

ISBN 978-89-365-0044-3
ISBN 978-89-365-0504-2(전2권)
값 9,000원 ※잘못된 책은 바꿔 드립니다.
Printed in Korea

홍성사. HONG SUNG SA, LTD.